复旦文史 丛刊

The Interweaving of Rituals:
Funerals in the Cultural Exchange
Between China and Europe

礼仪的交织

明末清初中欧文化交流中的丧葬礼

【比利时】钟鸣旦 著

张佳 译

上海古籍出版社

"复旦文史丛刊"编纂说明

复旦大学文史研究院成立后,致力于推动有关中国文化与历史的研究,近期重心是围绕着"从周边看中国"、"批评的中国学研究"、"交错的文化史"和"域外有关中国的文学资料与图像资料"、"宗教史、思想史与艺术史的综合研究"等课题进行探讨,同时,也鼓励其他相关文史领域的各类研究。为此,复旦大学文史研究院与上海古籍出版社合作,出版这套"复旦文史丛刊",丛刊不求系统与数量,唯希望能够呈现当前文史研究领域中的新材料、新取向、新视野和新思路,并特别愿意收录年轻学人的著作。

本丛书基本体例如下:

(一)本丛刊收录有整体结构和完整内容的有关中国文史的研究专著,不收论文集。

(二)本丛刊内所收专著,一般字数在25—40万字,个别情况可以超过此限。

(三)接受国外以其他语言写成的专著的中文译本。

(四)注释一律采用页下注,书后要有《引用文献目录》,如有《人名索引》和《书名索引》,则更为欢迎。

（五）本丛刊设立匿名审稿制度,由复旦大学文史研究院聘请两位国内外学者担任匿名审稿者,如两位审稿者意见和结论彼此相左,则另请第三位审稿者审查。

（六）本丛刊由上海古籍出版社负责编辑出版。

2008 年 5 月

目　录

致　谢

本书的论题是在反复互动交流中明确起来的，从根本上说本书是共同创作的成果，虽然它只被归于作者一人名下。和很多对话交流的成果一样，本书包含了许多人的思考。首先我要感谢鲁汶大学的亲密同事，在过去的十年里，他们为我提供了热情融洽的思考环境。我尤其要向戴卡琳（Carine Defoort）和杜鼎克（Ad Dudink）表示感谢。戴卡琳和我进行了许多富有启发意义的讨论，并在其他很多方面支持我的工作；作为长期合作伙伴，杜鼎克一直鼓励我在这个领域的深入研究。他们两位通读了全书文稿，并提出了批评意见。周越（Adam Chau）、沙敦如（Dorothee Schaab-Hanke）和两位匿名评审人，也通读全书并提出了意见；欧梅金（Eugenio Menegon）在鲁汶期间阅读了本书的部分初稿。他们提出的建议，大大改进了本书的写作，我对此深表谢意。在此还要感谢 Noël Golvers、Pablo Alonso 和 Hugo Roeffaers，他们一直热心帮助我解决语言问题。要特别提到的是卜正民（Timothy Brook）、韩书瑞（Susan Naquin）和戴梅可（Michael Nylan），他们鼓励和帮助了本项研究的出版。

本书的某些章节，曾在北京大学、法国国家科学研究中心（Centre National de Recherche Scientifique）、哈佛大学、普林斯顿大学、中国人民大学、厦门大学、辅仁大学和香港中文大学举行的演讲和学术会议以及

2004 年 6 月鲁汶大学礼仪研讨会中发表。我要向创造这些对话交流机会的 Pierre-Antoine Fabre、普鸣(Michael Puett)、Antonella Romano、孙尚扬、杨念群和张先清致谢。非常感谢参加讨论的学者,他们提出的意见,推动了本书的深入研究。

衷心感谢让我无私分享自己的研究成果、为我提供基本文献和研究参考的同仁们,他们是:Liam Brockey、Claudia von Collani、魏希德(Hilde De Weerdt)、Michele Fatica、韩琦、沈艾娣(Henrietta Harrison)、黄小娟、伊维德(Wilt Idema)、詹嘉玲(Catherine Jami)、马如雷(Roman Malek)和许理和(Erik Zürcher)。我还要向华贝妮(Benedicte Vaerman)、雷哈诺(Hanno Lecher)、何义壮(Martin Heijdra)等图书馆员的帮助表示感谢。本书的定稿,要感谢 Els Ameloot、Marleen De Meyer 和华盛顿大学出版社的编辑 Lorri Hagman、Lenore Hietkamp 与 Marilyn Trueblood。本研究承蒙鲁汶研究院(Onderzoeksraad K. U. Leuven)、比利时国家科研基金会(FWO-Vlaanderen)和普林斯顿高等研究院慷慨资助。

本书的中文版,是在复旦大学文史研究院葛兆光教授的鼓励下完成的。在此要特别感谢本书的翻译者张佳,也要感谢黄静的帮助。

最后,我向研究期间各位朋友的深切友谊表示深深的感谢。我会特别铭记我的家人、同行、同事和朋友,他们用理解的微笑(竟有人会乐意研究中国 17 世纪的葬礼)鼓励了我。

导　言

　　1681 年春,康熙皇帝下令为几年前去世的孝诚、孝昭两位皇后举行葬礼。为了等待康熙皇帝的陵寝完工,皇后的灵柩已经在靠近北京的一个村庄分别停厝了七年和三年之久。这是康熙皇帝成年之后首次主持丧礼。康熙为两位皇后的葬礼安排了盛大的仪仗,耶稣会士南怀仁曾在一封寄回欧洲的信中,简要地提及此事:

　　　　当她们的灵柩运往墓地时,整个北京朝廷都出动了,数不清的官员加入到这个庞大而喧嚣的送丧行列中来。安放皇后遗体的棺椁极为奢华,看上去就像是用纯金打造的两座大房子。一千八百名役夫按一定的距离换班抬灵,另有六百名官员专门负责指挥役夫。我也在送葬队伍中间。[1]

----

　　〔1〕　1681 年 9 月 15 日南怀仁北京来信,收入 Josson and Willaert(1938),363,法文译本收入 Bosmans(1912),97;这封信是写给耶稣会助理总会长 Charles de Noyelle(1615—1686)的。De Noyelle 于 1681 年 11 月 26 日成为代理总会长,1682 年 7 月 5 日起担任总会长。

　　孝诚皇后 1665 年与康熙帝成婚,康熙十三年五月三日(1674 年 6 月 6 日)因生皇子胤礽(1674—1725,将来的法定皇位继承人)而死于难产。孝昭皇后是康熙四位辅政大臣之一的遏必隆的女儿。她起先只是一位嫔妃,1667 年晋封皇后,然而一年之后(康熙十七年二月二十六日,1678 年 3 月 18 日)遂即辞世。康熙的父亲顺治皇帝,在康熙只有六岁的时候驾崩,康熙的母亲孝康皇太后也于两年后去世。(转下页)

这幅有外国传教士参与其中的中国丧礼图像,代表了本书所要讨论的主题:礼仪在文化交流中所扮演的角色,具体地说,丧礼在 17 世纪中欧交流中的角色。

关注中西文化交流中的这个问题,是受到了近年出现的新的礼仪研究的影响。上一代学者研究中国宗教,基本上仅仅集中于和宗教教义有关的问题,只分析宗教文献,而不关注宗教的实践活动。然而由于道教研究的发展,有关宗教礼仪方面的研究逐渐受到重视。由此而产生的结果是,正统实践("orthopraxy",即正统行动)而非正统教义("orthodoxy",也即正统信仰),被视为理解中国宗教的主要途径。在中世纪和近代基督宗教研究当中,礼仪最近也成为一项主要的讨论内容。在一项重要的基督宗教历史编纂学研究中,史学家 John Van Engen 指出:"宏观衡量基督宗教文化的真正标尺,应该是看时间、空间以及礼仪习俗,从基督宗教礼仪年度(Christian liturgical year)的角度被定义和领会的程度。"[1]当进入到一种异俗盛行的新文化环境中时,基督宗教的礼仪规范在多大程度上能得以坚持,对这一问题的研究还很少。当然,"礼仪之争"(一场关于天主教徒是否可被允许参加某些中国仪式的争论,它塑造了 17 世纪末 18 世纪初的中欧关系)已经被讨论过。然而令人惊奇的是,有关这一争论的礼仪方面的内容却一直被忽视。大部分有关礼仪之争的研究,都侧重于讨论西方传教士对教义的争论。在一篇具有启发性的、题为《关于

(接上页)康熙皇帝的陵寝景陵,始建于他第一位皇后去世之后的 1676 年,1681 年完工。在此期间,两位皇后的灵柩暂厝于京北沙河岸上的巩华。按照惯例,皇帝和皇后的遗体要安放在由楠木(一种中国硬木)制成的棺椁之内,并且停灵两周供人吊唁。然后棺椁被运到一个暂存之所,由工匠涂上四十九道油漆,最后涂一道金漆。有关两位皇后葬礼的细节以及皇室葬礼的介绍,参看 Rawski(1988b),228—53;Rawski(1998),277—85,292;de Groot(1892—1897),vol. 3,esp. 1282—1290.

引文所描述的运送棺椁的过程,大约要花一周的时间。康熙二十年二月十九日(1681 年 4 月 7 日)棺椁离开暂厝之所,二月二十五日(1681 年 4 月 13 日)到达墓地。中国的文献资料里并未给出参与葬礼的精确人数,只列出了那些参与葬礼并护送棺椁的官员。参看:《清实录》(1985)第四册,页 1192—94(《圣祖实录》卷 94,页 19a—23a);《康熙起居注》(1984)第一册,页 668—670。也可参看《大清会典(康熙朝)》(1696)的相关内容(《大清会典》卷 68,页 18a,《礼部二十九·丧礼二》))。

〔1〕 Van Engen(1986),543. 对礼仪的研究兴趣,明确出现在 1970 和 1980 年代出版的几位现代早期史学家的著作中,参看 Scribner(1997),17.

礼仪之争的一些基本问题:一项未来研究的计划》("Some Naive Questions about the Rites Controversy:A Project for Future Research")的文章中,道教学者施舟人(Kristofer Schipper)从中西礼仪体系比较的角度,呼吁重视"礼仪之争"的礼仪方面的内容可能具有的潜在意义。通过对比,学者们可以对中西两种完全不同的礼仪传统如何理解对方、如何相互影响,有更深的认识。中国和西方在多大程度上可以改变自己、接受对方的影响,施舟人鼓励对此进行研究,因为这将有助于我们理解中国的和天主教的礼仪文化[1]。选择礼仪作为视角的根本原因,是因为以前对中西交往、尤其是对17世纪中国天主教的研究,一直聚焦于宗教教义和西方科学,而具有同样重要意义的礼仪研究却被忽略了。

　　本书的研究得益于近几十年来中国基督宗教研究的巨大变化[2]。这期间发生了研究范式的转变:从一种基本是传教学和欧洲中心的立场,转变为一种汉学和中国中心的路数。这种范式转换最典型的表现,是将中国文献作为基本材料、将中国人物作为基本研究对象。这种范式转变的结果是,基督宗教被视为一种内涵广阔的文化现象,它不仅包含了神学、礼仪学、教理讲授学等典型的宗教内容,而且包含了与基督宗教教理和实践相关的众多文化元素,诸如数学、天文学、植物学、哲学和艺术等。由于本项研究具有跨文化、跨学科的性质,学者们越来越对一些基本概念——宗教的、基督宗教的、中国的、数学的和礼仪的等等——产生日益浓厚的研究兴趣。

　　对礼仪的关注推动了上面的这些转变,也使得我们超越了欧洲中心或中国中心的研究,而代之以一种关注文化互动的新范式。这种现象学的、描述性的、对比求异的研究方法,与那种认为中西社会文化互不兼容、根本不存在文化交融的可能性的本质论(essentialist)观点,形成了鲜明对比。这种关注互动的研究方法,同样体现在各种中西基本文献所呈现出的互补与冲突上。将历史人类学而非思想史作为关注点,这种研究路向

---

〔1〕　Schipper(1996),308.
〔2〕　关于这些变化,参看 Standaert(1997).

引起了研究视野的下移:从关注中国精英分子的皈依和内廷传教士的活动,到关注普通的、无名的地方天主教徒和流动布道的传教士。而且,团体而不是个人,成为研究的焦点。

礼仪(ritual,也即中文的"礼")的概念本身,也是研究的对象。本书并不研究礼仪的定义,对此读者可参看近期的相关研究。在这个问题上,白恺思(Catherine Bell)的《礼仪:角度和纬度》(*Ritual:Perspectives and Dimensions*)是一部有用的参考书[1]。白恺思接受过中国学训练,她用一种概括的和比较的方法来研究礼仪的主题,并注意到礼仪是一种历史的和文化的构建。本书对以往的礼仪研究的方法(心理分析的、进化论的、功能主义的、结构主义的等等)作了很好的概述,并总体地(从形式主义、传统主义、恒定性、支配规则、神圣象征、表演等角度)概括了礼仪类活动的特征。和上个世纪的研究者一样,她还对礼仪(主要是宗教性礼仪)进行了分类:生命转换之礼(出生礼、成年礼、婚礼、丧礼)、历法之礼(诸如历法中的各种主要节日)、交流与沟通之礼(对神灵的祭祀与贡献)、疾病之礼(治疗疾病、安抚神灵等等)以及宴会、斋戒和庆典(宗教情绪的公开展露)。天主教神学类型学可对上面的礼仪分类进行补充,它将圣事(洗礼、坚振、感恩、告解、婚礼、傅油礼和圣职任命仪式)和非圣事礼仪(斋戒、念诵祷告、驱邪、祈祷和丧礼)区分开来。

本书只关注一种礼仪——与死亡有关的礼仪,具体来说是丧葬礼,因为它通常被认为处于中国文化的核心位置。本书所要讨论的中心问题是,在中西礼仪传统相互碰撞之后,葬礼发生了何种变化?祭祖活动虽然也与葬礼有关,但它不是本书谈论的核心,因为按照中国古典的礼仪分类,它被视为"祭礼"而非"丧礼"。祭祀活动当然也是葬礼的一部分,但它们在葬礼结束之后仍然要定期举行。本书将研究的时段限定在17世纪,主要因为与那一时期的葬礼相关的材料大量地保存了下来。举例来说,这一时期有关中国葬礼和中国天主教徒葬礼的描述性文献,既有西文

---

〔1〕 Bell(1997).还可以参看她更早的一部著作(1992),里面提到了更多理论方面的问题。

的,也有中文的;皇帝对传教士葬礼的抚恤,既有中国方面的记载,也有西方人的描述;这一时期既有从欧洲翻译来的天主教礼仪规范,也有根据实地经验新创的中国天主教礼仪规则。限定时间框架的另外一个主要原因是,本书并不把已被学者们广泛讨论的"礼仪之争"作为重点。因为单单是葬礼之类的礼仪本身就值得研究,不必从"礼仪之争"的角度来解读它们,虽然1690年代之前的有关中国葬礼的文献就已经日益受到这场争论的影响。"礼仪之争"只是本书研究的边缘问题,但由礼仪问题而引发的紧张,还是要放在这场显示了中西礼仪活动特质的争论的背景下来考虑。将时限设在17世纪的最后的一个原因是,这一时期具有几个典型特色,使得它特别适合从文化碰撞的角度进行观察。

首先,这一时期的研究样本具有足够的代表性,而规模又不会过于庞大。研究涉及的外国传教士人数很少。1610年,当在中国工作了30年的著名传教士利玛窦在北京去世之时,中国一共只有16名耶稣会士——八名外国人、八名中国人。在接近本书研究下限的1690年,中国一共有67名西方教士、十名中国教士。受传教士影响的中国人,数量同样有限。到1700年,天主教徒的人数最多不超过20万,这相对于中国的总人口(超过两亿)来说微不足道[1]。中西文化的互动,就是在这两组人数差别悬殊的人群中展开的,与研究相关的那部分人群,总体来看数量不大,这使得研究变得相对容易。

其次,许多与文化传播相关的研究,会涉及到两种水平悬殊的文化,但欧洲和中国在印刷、教育等文化再生产的方式上较为相似。与其他国家不同的是,中国在传教士到来之前就已经广泛使用印刷术。而且,在其他国家广建学校的耶稣会士,在中国遇到了体制完备、水平极高的教育体制,这使得他们几乎无法在中国建立新的学校。因为这些相似点,中国和欧洲可以在较高的、至少在西方人看来不同于其他国家的层次上进行交流。

---

〔1〕　<u>HCC</u>,300—308,380—86.

　　第三,外国势力在中国的影响较小。虽然传教士不断传扬欧洲文化,并且不断从教廷和殖民机构那里获得物质支持,但将他们和商人、殖民者区别对待,并最终决定其去留的,是明清两代的政府。虽然几次反天主教运动最终导致了传教士被逐,但整个时期中国政府一直较为开放,至少一直允许传教士进入中国、允许教团更新。在中西交流中,很大程度上是中国人占据了主导,因为他们是在自己的土地上接待这些外国人,并且通过中国的“文化指令”(cultural imperative)来迫使传教士适应本土文化[1]。这方面最显见的例子,是汉语在中西交流中所占的支配地位。可以与之形成对比的是,在和耶稣会士交流过程中,日本人主动地学习葡萄牙语或拉丁语;今天参加文化交流的中国人也要学习外语。但在 17 世纪的中国,除去极少数被培养为圣职人员的中国人外,根本没有人学习外语。这种现象非常重要,正如中国史专家柯文所指出的:“在这些外国思想能引起回应之前,它们必须不断地进行宣传,而且得用汉语和中国人的思维方式进行宣传。”[2]

　　17 世纪的这三个特点不仅反映在天主教的在华经历上,在中国与其他外来宗教(犹太教、伊斯兰教,尤其是佛教)的交流中,我们同样可以发现类似的情况。因此,17 世纪只是一个方便研究文化碰撞、考察葬礼在中西文化交流中的地位的时间框架[3]。

　　本书共分八章。第一章提供必要的背景知识,介绍在 16 世纪末中西相遇之前,中国和欧洲各自的丧葬礼仪。这一部分重点描述中西葬礼各自的基本结构和本质特征,并指出 10 到 16 世纪之间它们所经历的变化。

　　第二章考察 17 世纪欧洲原始民族学(proto-ethnographic)所描述的中国葬礼。这些欧洲文献不仅加深了我们对 17 世纪中国葬礼的了解,并且能帮助我们认识同时代的欧洲人如何以西方葬礼为比照,来解释和体验

---

　　〔1〕　参看 Zürcher(1994),40—41.
　　〔2〕　Cohen(1984),14.
　　〔3〕　中美文化交流中葬礼的研究,参看 Chung and Wegars(2005);当代中国基督宗教葬礼研究,参看 Lozada(2001),132—55.

中国葬礼。

　　第三章和第四章讨论1580年代到1680年代之间,葬礼所发生的变化。第三章将对照中西文材料,追溯天主教葬礼在中国施行的过程。本章将概述传教士和中国天主教徒在葬礼上态度的变化:从一开始以一种纯粹主义的排他态度、强调严格的天主教葬礼的必要性,到中国天主教徒试创礼仪——这引起了中西礼仪的交织和天主教礼仪规范的重新修订,再到1660年代中国天主教葬礼的本土化。第四章讨论1671年以后的时段。这一时期在传教士的推动下,天主教葬礼已经成为反驳天主教徒不孝指控的一种鲜明而又自觉的"策略"。中国的文化指令,使天主教偏离了其支持者最初设定的方向。

　　接下来的第五章是个案研究,所用的材料大部分来自1680年代。本章将关注点转移到新创立的中国天主教葬礼,它以通行的中国葬礼为框架,在其中嫁接了天主教葬礼的内容。这部分将以1685年广州草拟的32项葬礼决议所确立的指导方针为分析对象。礼仪交流引发的紧张、尤其是传教士有关正确实践的指令性决定导致的中国礼仪的变化,将是第六章研究的主题。根据欧洲的礼仪规范和西方对中国天主教徒所行礼仪的描述,本章将考察哪些礼仪是可被容许的——它们被认为是国民性、政治性的,而不是迷信礼仪。本章同样关注那些被认定为"迷信"的礼仪,包括设置祖先牌位、供奉食物、焚烧纸钱等。在分析了有关传教士和康熙讨论焚烧纸钱的一系列材料之后,本章将得出一个礼仪悖论:通常被认为是重视思想正统的天主教,开始强调正确的宗教实践;康熙帝却忽略实践的正统性,而关注思想的纯正。

　　第七章将继续沿着这条悖论前进。皇帝对内廷传教士葬礼的抚恤,给了他们只有贵族或者高级官员才能获得的哀荣。皇帝的这些决定,鼓励了传教士和天主教徒们关注葬礼问题的主动性,但传教士们也被皇帝的主动所束缚:他们死后,被遵照以中国传统习俗为主导的礼仪安葬(甚至他们的报告也以中国礼仪为主)。

　　最后一章将从前面对丧葬礼的分析中得出本书的结论。对于文化交流研究，"织布"（textile weaving）的比喻，有助于阐明由于文化碰撞而导致的葬礼变化的复杂性。对那些称作"具备有效礼仪的团体"（communities of effective rituals）的分析，揭示了西方和中国的宗教表达方式在形式上的特征。最后，礼仪在新身份认同的构建中起着核心的作用，新创的中式天主教葬礼不仅确认和巩固了参与者的天主教徒身份，而且使得他们能够在广阔的中国社会内部融合成一体。

第一章 中国和欧洲的丧葬礼仪

规定性文本影响、而不一定完全控制实际的礼仪活动,在 17 世纪早期中欧相遇之前,双方在这点上是一致的。这些礼仪规范为我们理解人类学家华琛(James Watson)所谓的丧礼的"基本结构"[1]——也即丧礼中的前后相继的仪节与程序——提供了很好的切入点。从这些礼仪规范的文本当中,我们不仅可以了解那些后来被接受为正统的礼仪规则,而且可以了解这些规则与当时一般社会风俗的种种差异[2]。这种变化可以从丧礼传统所经历的历史演变中得到说明。这些演变显示了在中国规定性文本如何将形形色色的礼俗统一化;在欧洲,这些礼仪活动的规定性文本又是如何反映了 10 到 16 世纪人们有关死亡和葬礼观念的剧烈变化[3]。

---

〔1〕 Watson(1988a),12;相关批评讨论,参看 Sutton(2007b),128ff.
〔2〕 Ebrey(1991a),xiv.
〔3〕 本章系根据这一领域的最新研究而作的背景叙述,采纳了相关研究论著的成果。

一、中国的丧葬礼仪

本书首先要讨论的,是明代的儒家丧礼传统[1]。这种传统的起源,可以追溯到《礼记》《仪礼》等这些可能是编定于公元前 1 世纪的古老文献[2]。这些经典文献,提供了从葬礼开头的洗尸到最后埋葬的一整套详细指导。在宋代,试图恢复儒家传统的理学家,对这些经典重新进行了修订。朱熹(1130—1200)等宋代思想家的一项重要贡献,就是试图用正统的儒家礼仪,来纠正平民中流行的错误礼俗[3]。在明太祖及其继任者选定"四书五经"阐发的儒家学说作为思想正统之后,理学家继续在平民和官绅之中宣扬儒家礼仪。由于科举考试制度和印刷业发展的推动,理学虽未成为唯一的思想正统,却也在学者和平民当中产生了极为广泛的影响[4]。理学思想的传播,同样影响到了宋代学者们制定的丧礼规定性文本。

中国主要的礼仪规范

明代最重要的丧礼规定性文本,是宋代学者朱熹编定的《家礼》。它是一本私人家庭的礼仪手册,包含冠礼、婚礼、丧礼和祭礼四部分,每部分占一卷。根据每卷篇幅的长短来判断,丧礼无疑是中国所有礼仪中最为重要的[5]。它是明清时期中国人普遍接受的正统价值观念的核心——

---

[1] 有关中国丧葬礼仪的概述,参看:de Groot(1892—1897),Ebrey(1991a),Naquin(1988),Watson(1988a),最近有关葬礼历史沿革的概述,参看:陈成国(2002),万建中(1998),徐吉军(1998),张捷夫(1995),郑小江(1995)。这些研究建立在大量的中国基本文献基础上。研究综述参看:Tong(2004),15ff,Oxfeld(2004),965ff,Chung and Wegars(2005),1ff.

[2] 以下是《礼记》中与丧礼有关的最重要的篇章:第三十四篇《奔丧》,三十五篇《问丧》,三十六篇《服问》,三十七篇《间传》,三十八篇《三年问》,四十九篇《丧服四制》。此外还有《仪礼》中的第十一篇《丧服》,十二篇《士丧礼》。

[3] Rawski(1988a),30.

[4] 科举制度对理学传播的重要意义,参看 Elman(2000);印刷业的作用,参看 Chow(2004).

[5] 这些礼仪的轻重,可以从礼仪手册或者类书分配给它们的篇幅中看出来;例如《古今图书集成》(1726—1728)的《礼仪典》中,冠礼占 5 卷,婚礼 17 卷,丧葬 68 卷,谥法 24 卷,卹典 2 卷,吊哭 4 卷。

"孝道"的集中体现[1]。通过丧礼,孝子们得以报答父母给予他们的恩情——这种报答并不因父母的去世而结束[2]。

丧礼的基本结构包含"敛"和"葬"两部分,这两大环节中间还有一些吊唁的礼仪。《家礼》对丧礼程序做了详细的规定[3]。死者断气之后,亲属们开始号哭,并举行招魂("复")的仪式。丧主、主妇、护丧、司书和司货的人员都要确定下来。所有的家庭成员改易服装、停止进食。要将棺木(通常是早已买下的)准备好,并将讣告通知到死者的亲戚、同事和朋友那里。执丧者要立即开始准备丧礼的第一个主要环节"大敛"(敛尸入棺),他们清洁尸身(沐浴)、为死者穿好衣服,并将灵床迁移到堂中间,大敛的仪式将在这里举行。灵座、魂帛和旌铭都要做好。第二天早晨,执丧者准备好"小敛"(为死者穿衣)所需的衣衾,亲属们为死者举行小敛的仪式,然后丧主和主妇要抚尸、哭踊。大敛的仪式在第三天早晨举行。执丧者将棺木抬进堂中,放置在中央偏西的地方。大敛之后,停止"代哭"(亲人轮流哭泣)。次日上午,五服之内的亲属都要穿好丧服。与丧者所穿着的衣、履、冠(用粗布或麻制成)都是有规定的,反映出与死者关系的亲疏。在丧服体系里,最重的是斩衰,要服三年(图1.1);其次是齐衰,又细分为齐衰三年、齐衰杖期(用丧杖,丧期一年)、齐衰不杖期(不用丧杖,一年)、齐衰五月和齐衰三月五种等级;丧服的第三等是大功,要服九个月;第四等是小功,服五个月;最后一等是缌麻,服三个月[4]。在大敛之后的时间里,亲人们要朝夕哭踊,并按时向死者献食(图1.2)。在此期间,亲友们穿着素服前来吊唁,他们带来香烛、茶酒、水果等礼品,并献上财帛助葬。他们会送上一张写有自己名字的卡片("具名通刺"),入堂之后号哭拜祭、安慰丧主,然后离去。

三个月之后,选定了合适的墓地和日期,死者将被安葬——这是丧

---

[1]　Naquin(1988),63.

[2]　Oxfeld(2004),965.

[3]　以下叙述主要根据 Ebrey 概括而来,参看 Ebrey(1991a),第65页及以下,第194页及以下;也可参看 Naquin(1988),38ff.;Watson(1988a),第12页及以下以及《家礼》(1341)。

[4]　有关丧服体制的历史研究,参看丁凌华(2000)。

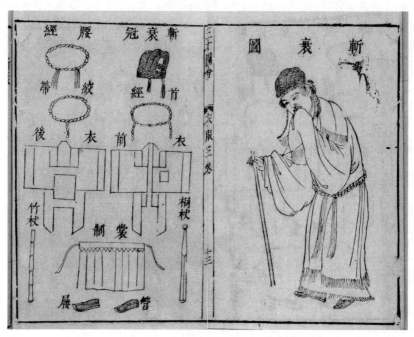

1.1 斩衰图:粗麻布缝成的衣和裳以及拄杖、腰带、鞋子和丧冠。

采自《三才图会》(1607),《衣服》,卷三,页13a—13b。普林斯顿大学葛斯德东方图书馆惠允复制:善本图书,T9299/1142。

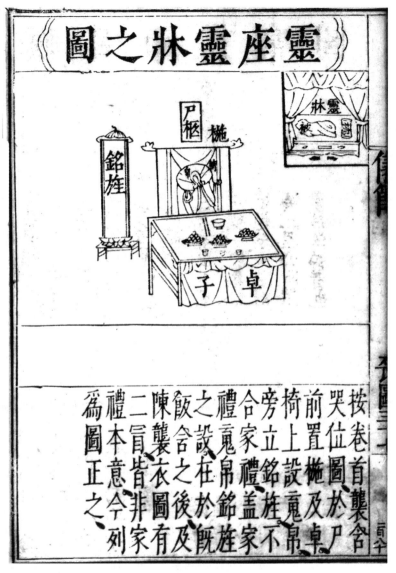

1.2　灵床以及前面桌子上设有供品的灵座。

采自《家礼仪节》(1608)，丘濬纂、杨廷筠修订，卷4，页37b；东京内阁文库惠允复制。

礼第二个重要环节。挖掘墓穴时,丧主要祭祀后土之神,并准备好墓石、明器、灵车、木主等物。出殡的前一日,亲属们要抬着棺枢朝拜祖庙("朝祖"),然后将棺枢抬到厅事之上。第二天清晨,棺枢被抬上灵车,亲属们要为死者拜祭送行("遣祭")。前往墓地的途中,主人以下的男女亲属号哭跟随,他们之后是长者、五服之外的亲戚,最后是朋友宾客。到达墓地之后,死者的主要亲属们就位号哭,棺枢连同明器、墓石一起放入墓穴,然后墓穴被掩土筑实。司礼者要在坟墓的左侧,祭祀后土之神。题主之后,司礼者将木主放上马车,所有人员返回家中。回家之后,司礼者将木主放在灵座之上,死者亲属在灵座前哀哭,然后举行虞祭。虞祭之后,朝夕的哭奠就停止了。再过几天,举行卒哭之礼。卒哭的第二天,将木主祔庙。一年之后,举行小祥之祭;再过一年,举行大祥之祭;大祥之后一月,举行禫祭。

中国丧礼的差异

《家礼》所规定的程序,反映了正统丧礼的基本结构。然而,在丧礼实践多样性的大背景下,丧礼程序发生变化,至少受三个因素的影响:地域性差异、其他丧礼传统的影响和《家礼》的历史实践。

地域性差异,不是指汉族与非汉族之间的文化差异,而是指汉族文化内部的地域性差别。反映这些差异的文献资料并不容易找到,因为各地实际的礼仪活动并不都被记录下来[1]。中国文献喜欢描述那些理想化的礼仪,这给我们一种强烈的错觉,那就是不同地区的丧礼都是相似的、而且在历史上是恒定不变的。我们对礼仪地域差异的论述,根据的是 19世纪和 20 世纪民族学的描述,而非直接来自 17 世纪[2]。然而正如韩书

〔1〕 Kutcher(1999),21.

〔2〕 这方面的经典案例,有 Justus Doolittle(1867,vol. 1,168—235)对福州(1865)、Henri Doré(1911,vol. 1,41—146)对江南地区(1911)、Jan Jacob M. de Groot(1892—1897)对厦门的考察。较早的对黄河流域、长江流域、珠江流域和东北地区丧葬差异的概述,参看陈怀桢(1934),147。1960—1980 年代的田野调查,主要由 Arthur Wolf、Emily Martin Ahern 和徐福全等在台湾地区以及 Maurice Freedman 和 Watson 等在香港地区进行。近期更多的研究、尤其是中国学者的研究,覆盖了中国大陆的不同地区,参看何彬(1995)对浙江温州、冯建至(2006)对江西婺源、Chen Gang(2000)对重庆长寿村、Adam Yuet Chau(2006)对陕北、William Jankowiak(1993)对内蒙古、Kenneth Dean(1988)对福建、Charlotte Ikels(2004)对广州的研究;海外华人地区,有 Tong Chee-Kiong(2004)对新加坡的研究。尤其值得注意的是 Chung 和 Wegars(2005)对美籍华人丧葬礼仪的研究。有关规范化与差异性之间的紧张的讨论,参看 Sutton(2007b)。

瑞(Susan Naquin)的研究所显示的,从总体来看,中国北方和南方的礼仪实践,存在着明显的差异。例如,中国不同地区之间许多最重要的礼仪差异,都与死者的遗体和坟墓有关。形成强烈对比的是,珠江三角洲地区对待死者尸身的做法和北方截然不同。这突出反映在尸体的"二次埋葬"上:死者遗体装入棺椁,但不久之后又重新挖掘出来,骨头被拆碎并暂存在陶瓮里,过后再安葬在风水适宜的地方。另一个明显的差异是,在北方死者多和家族成员埋葬在同一墓地,而在广州地区家族成员的坟墓是分散的,各在不同的地方[1]。这些以及其他许多方面的不同——诸如墓穴的形状、朝庙和招魂的仪礼等等,显示了礼仪结构的差别,也反映了不同地区间礼仪差异的广泛性。而且,这些地域性差异,又和那些由于家庭状况、社会地位和宗教信仰的不同所导致的、用以标志社会身份的种种礼仪差别,纠缠在一起,相互影响[2]。

导致丧礼发生变异的第二个最为显见的原因,来自正统儒家丧礼和其他丧礼传统的关系。正如《家礼》中的礼仪程序所显示的,在中国,丧礼的核心是家庭:死者的家人以及宗族亲戚(从晚明开始)是丧葬仪式的主要参与者。然而,丧礼之中还有许多别的人员存在,例如那些处理尸身的人和乐师,他们也参与到丧礼的某些特定环节中来[3]。死者亲属还会聘请一些宗教人士,包括佛教僧侣和其他道行高深、能够超度亡魂的神职人员。他们被请来减轻亡灵的痛苦,并引导亡灵进入彼岸世界[4]。

僧侣的参与,是16、17世纪影响广泛的佛教丧礼的一个重要特点。正如卜正民(Timothy Brook)和太史文(Stephen Teiser)所解释的,佛教丧礼建立在灵魂不死和生者可以帮助死者穿越此世、到达彼岸的信仰之上[5]。中国佛教徒认为,死者气绝之后,进入到一个最长为49天的特殊阶段(即中阴身),在此期间占有一个并非完全是人身的躯体。死者

---

[1]　Naquin(1988),58.
[2]　Naquin(1988),52,68.
[3]　关于这些不同的葬礼专家,参看 Watson(1988b).
[4]　Naquin(1988),59.
[5]　Brook(1989),492;Teiser(1994),27.

在冥界停留时间之长短,取决于他生前所造之业以及亲属对待丧事的态度和表现[1]。

佛教丧礼有自己的一套仪节。丧礼从亡人死后的第一天开始,在小殓和大殓的中间,要请僧人来做法事,以帮助亡魂从尸身转移到灵位上。这一仪式之后,僧人们主持进行丧礼最主要的安魂法事——主要是念诵《佛说阿弥陀经》,向西方世界的主宰阿弥陀佛祈请,以使死者能够往生净土。丧礼持续的时间、仪节的数目和频度,因家属的愿望和财力不同而变化。死者去世后的第一个或者前三个晚上,通常要彻夜做法事,此后在第七天再举行一次法事。在七周之内,每次逢"七"都要举行类似的仪式(源于印度以七为周期的循环理论),这其中又以"三七"和"五七"(死者亡故后的第 21 天和第 35 天)最为人看重。这套仪式称为"做七",第 49 天("七七")举行的仪式称作"断七斋"。在这些仪式中诵经,目的是使亡魂能够穿越冥界、前去往生。如果死者的家庭有足够的财力,法事可以一天早晚两次举行,一直持续 100 天(源于中国以十为周期的循环理论)——第 100 天是举行"卒哭"仪式的日子。接下来的悼念性的法事活动,在死者亡故头三年中每年的忌日举行,最后一次称为"除丧"。至此,生者追悼死者的所有仪式都已完毕;自此之后,死者被当作祖先而不是新亡之人来对待[2]。

正如太史文所解释的,基于与佛教类似的理论,道教的丧礼习俗也有很多法事活动。对道教徒而言,神灵掌管生与死的方方面面,人身体的每个部分都潜藏着不同的神灵。这些身体内部的和外部世界的种种神灵,被安放在一个官僚等级体系之中,并且相互协作,纪录每个人的日常举动。功过善恶不仅取决于人的行为,也取决于对神灵的祭享。因此无论是生前还是死后,祭祀神灵总是有益的。道教丧礼由十道追荐亡魂和向神灵致祭的仪式组成,程序与佛教丧礼相同。[3]

---

〔1〕 Teiser(1994),28.

〔2〕 本段叙述根据 Brook (1989),481—82;也可参考 Naquin (1988),41;Teiser (1994),23—27;以及 Welch(1967,179—205)对佛教丧葬礼仪的描述。

〔3〕 Teiser(1994),28—30. 最近有关道教丧葬礼仪的描述,参看:Lagerwey(1987), 168—237,Dean(1988)以及 Johnson(1989)的几篇文章。

　　上述有关对佛教、道教丧礼的介绍,有助于我们理解《家礼》创作的背景。和朱熹的其他著作一样,《家礼》也是11、12世纪儒学复兴运动的结晶。民众日常礼仪乖离《礼记》《仪礼》等经典的规定,理学家们对此深感忧虑。对于民间丧葬活动,学者们不遗余力地进行批评。数百年来,丧葬活动已经从异教传统中吸收了许多元素,其中包括佛教有关死亡、业力、转生、天堂与地狱等的学说——在宋代,这些理论有很多也被道教吸纳。此外,中国本土的有关阴阳吉凶的数术思想、巫师风水师的活动、浸染了佛道信仰的祖先灵魂观念,也都深刻影响到了丧葬活动[1]。为了削弱佛教对民众的影响,地方官员有必要推行包括丧葬礼仪在内的儒家礼仪活动。一些学者认为,正是因为儒家礼仪的崩坏,致使佛教成功地渗透到普通民众的日常生活中来。因此,朱熹也认为生活中应该"不作佛事"[2]。

　　历史上对《家礼》所定礼仪的发展和实践,是导致丧礼变化的第三个因素。宋元的学者团体、尤其是朱熹的门人弟子,做了许多向民众普及经典知识的工作。这一运动在明初得到了国家的强力支持,当时明太祖朱元璋(1368—1398在位)正力图清除蒙元异族文化、恢复中国古代礼仪。明太祖将礼仪当作一种社会控制的手段、一种重建社会等级秩序的方式,明政府主要依靠《家礼》来建立各种礼仪制度。举例而言,《(大)明集礼》(1370编成;1530重修)有关官员和平民丧礼的规定,与《家礼》非常相近,而且有时会直接引用《家礼》[3]。在1374年一位没有子嗣的嫔妃去世之后编定的《孝慈录》里,详细规定了守丧的细则。皇帝认为,子女仅为母亲守丧一年有悖于人情,新的仪礼规则将为母亲(包括父妾)守丧期限延长到三年[4]。《家礼》也和其他理学著作一样,被收录在由官方资助编纂、大量印行的《性理大全》(1415刊行)之中[5]。儒家学者们不

〔1〕　Ebrey(1991a),xx.
〔2〕　Ebrey(1991a),79,196.
〔3〕　《(大)明集礼》(1530)卷36—38,《四库全书》第650册,第128—187页;参看何淑宜(2000),第45—47页中的图表。
〔4〕　何淑宜(2000),第49页及以下;陈成国(2002),第303页及以下。
〔5〕　何淑宜(2000),第29页及以下;Ebrey(1991b),150ff.

仅支持国家推行《家礼》，而且他们自己也将《家礼》用作家庭礼仪的指南。不仅仅因为它是一本儒家经典或官定的手册，单是这种对礼仪的需求，就足以使它在全国各地被多次改编、反复刊印。不仅如此，学者们对《家礼》怀有浓厚的研究兴趣，这最终产生了一部《家礼》的权威注释修订本——杰出政治家、学者丘濬（1420—1495）的《家礼仪节》（1474）。到15世纪晚期，这个注本已在士人中广泛流通[1]。

16、17 世纪的发展

丧礼在16、17世纪的发展，值得特别注意。到明代中期，朱熹的《家礼》已被国家和儒家学者们——更广泛地说被士大夫视作正统[2]。然而除此之外，理学家的丧葬礼仪并没有取代佛教，而且佛教仍然深深地和人由生到死的各种礼仪联系在一起。但16世纪以后，少数士绅再次挑战佛教对丧礼的控制，建议用理学家的礼仪彻底取而代之。从16世纪初开始，各地方志将《家礼》与士绅身份联系在一起。一般的读书人都选择摒弃佛教和其他非正统丧葬礼仪，晚明的士绅们也越来越清楚地意识到，为亲属处理丧事时，他们也必须在佛教和理学家的礼仪中间作出选择[3]。导致这种发展的一个主要原因是经济的商业化，这是16世纪最令人瞩目的变化，正如包筠雅（Cynthia Brokaw）所指出的。不断扩张的商业机会，对中国的社会结构产生了深远的影响，它既颠覆了传统的等级界限，同时也加剧了各阶层间的紧张。正如一些富商超越了正统儒家和帝国法律为他们设定的身份界线一样，许多法律地位低下的仆役，也成了与其身份不符的经济和社会权威。这些变化同样也对士大夫的经济安全与社会地位，产生了重要的影响。一方面（传统的）乡绅和士人们都可以从晚明的商业繁荣中获益；但另一方面，这种商业扩张的结果，也使得他们

---

〔1〕 Brook(1989),476;Ebrey(1991b),173ff.；何淑宜(2000),第160—161页;Kojima(1996),403—6;《家礼仪节》(1518)。

〔2〕 Ebrey(1991b),188.

〔3〕 Ebrey(1991b),157—58;Brook(1989),466—68,480—81.

的精英地位面临着越来越激烈的竞争[1]。这些挑战深深影响到了丧葬礼仪的讨论与实践。

主要的批评

何淑宜、张寿安以及 Norman Kutcher 最近的研究显示,在方志、笔记和私人出版的礼仪手册中,士绅们对丧事活动有三种批评。晚明学者谢肇淛——他因天主教"与儒相近"[2]而了解并同情天主教——在《五杂俎》中对有关丧礼的批评进行了概括:

> (一般民众)丧不哀而务为观美,一惑也;礼不循而徒作佛事,二惑也;葬不速而待择吉地,三惑也。[3]

这些批评并不是晚明才出现的,但在晚明中国社会商业化的大变革中,它们具有更为重要的意义。第一条批评直接针对丧礼的日益铺张[4]。随着商业经济的发展,在一般家庭的支出当中,丧葬费用变得越来越庞大——这其中包括奢侈的陪葬品、用以愉悦宾客的各种表演(戏剧和舞蹈)和盛大的筵席。铺张的葬礼成为一种显示子女孝心的方式,一种拓展社会关系、提高社会地位的机会。一些持批评态度的士人认为,这样的丧礼失去了其表达哀痛的基本内涵。士人们对丧礼浪费钱财批评较少,他们更关心的是,采用这种奢华丧礼的平民,逾越了他们的身份界限,消泯了原有的阶层之间与社会等级之间的差别[5]。

第二条批评是特别针对佛教、道教丧葬礼仪的,这些礼仪被士大夫们日渐采纳,他们认为雇用大批的佛僧道士来做法事,是子女孝心的显现。除去那些传统的批评——例如,佛道法事中男女混杂有碍风化,正统士人还对这些法事背后隐含的基本观念,像天堂、地狱和往生等,进行了抨击。

---

〔1〕 Brokaw(1991),4ff.;何淑宜(2000),第71、90 页;Brook(1989),470.
〔2〕 谢肇淛(1959),第56、120 页;Ad Dudink,"2.6.1. Sympathising Literati and Officials,"收入HCC,477;Zhang Xianqing(2003),53—54.
〔3〕 谢肇淛(1959),第419 页。
〔4〕 关于这方面的传统争论,参看 de Groot(1892—1897),vol.2,659ff.
〔5〕 何淑宜(2000),第60 页及以下、第71 页、第88 页及以下;张寿安(1993),第70—73 页;Kutcher(1999),23—24;陈江(2006),第95—97 页。

他们认为,这些做法将丧礼功利化了:这些礼仪的目的,是为了让死者在来生过上好日子。相反他们依据人的行为自身的善恶、而非一套天堂福报或地狱惩罚的理论,来作为衡量儒家道德的标准[1]。因此,用祭文来展现儒家道德、并且严格地执行儒家礼仪,就成为一种抵制佛道思想和活动的方式。这些正统学者,同样批评火葬这种源于佛教、流行日广的古老风俗。火葬的流行(尤其在平民当中)不是因为信仰,而是出于经济上的考虑。随着人口密度日益增高、空间日渐狭小,穷人们买不起墓地,因此不得不火葬死去的亲属[2]。

第三条批评与察看风水、选择墓地的葬师所引发的社会问题有关。正统的士人开始关注这些葬师的角色,这些葬师对利用自己的职业身份获取经济收入,怀有日益浓厚的兴趣。士人们辩称,以谋求钱财富贵为目的,违背了"风水"的本意——它原本是要帮助人们养成一种慎终的态度,精心选择墓地也不过是为了给亲人寻找一个安魂之所。这些批评在很大程度上着眼于这种风习对社会秩序可能会造成的威胁。他们指出,葬师们的活动引发了各种各样的社会冲突:人们抢占吉壤,墓地价格日高;争夺墓地的诉讼与侵占良田的纠纷不断;而且在某些极端的情况下,葬师会强迫丧家迁葬到风水更好的吉地。批评者对丧家听信葬师之言,为等待吉时、选择吉壤而长期停棺不葬,更是严加谴责。在这种情况下,一口棺木停厝数年,是很常见的;而且只要棺木没有入土,丧期就不能结束。然而儒家的丧葬制度,却根据每人所属的阶层与职位,为丧期设定了时限:一般来说,官绅要在三个月内、平民要在一个月内埋葬。儒家学者谴责这种平民延丧的行为,破坏了传统的丧葬体制[3]。

---

〔1〕 何淑宜(2000),第64页、第97页及以下、第101页及以下。
〔2〕 何淑宜(2000),第67页、第108页及以下。《大明律》(2005,第119页)第二百条规定火葬有罪。
〔3〕 何淑宜(2000),第69—71页、第85页及以下、第111页及以下、第116页;Kutcher(1999),22—23.还可参看《大明律》(2005,第119页)第二百条的规定。

士绅们的回应

面对来自丧礼和其他礼仪上的挑战,士绅们以多种方式进行回应。对推行《家礼》的日益关切,引发了明末大量刊印《家礼》的浪潮,它通常是在学者重编、简化、注解或以其他方式改编后,由私人自发地印行[1]。有些版本实际上是丘濬 1474 年编定的《家礼仪节》的改编,1608 年的一个再刊本,便是许多江南地区重要官员合作的产物。这些官员之中就有杨廷筠(1562—1627)——他在几年之后受洗成为天主教徒[2]。这一时期还出现了《家礼》的节要本,比如学者吕坤(1536—1618),他深深感到向一般民众(包括妇女)普及基本的儒家观念的必要性,因此撰写了《四礼翼》(1573 年序)和《四礼疑》(1614 年序),公开宣扬自己对丧葬礼仪的看法[3]。他的后继者吕维祺(1587—1641)在《四礼约言》(1624 年序)中详细而透彻地阐释了有关地方风俗的知识[4]。上面的这些、以及其他一些礼仪书籍,不只是面向士大夫,而是旨在向普通民众宣传儒家礼仪。这些书籍不仅宣讲正统礼仪实践,而且还直接批评市井风习所导致的问题。这在一定程度上,使得儒家礼仪融入了民间礼俗。虽然这些作者容忍焚烧纸钱等民间习俗,但他们坚决地抵制佛教的法事活动。他们坚定地认为,《家礼》的原则是纯儒家的,而不是儒佛混杂的[5]。在明清鼎革之际也有同样的例子,这一时期的礼仪著作多以论文、随笔和对某种礼仪进行注疏的形式出现。这些篇幅短小的作品,为适应纯化礼仪活动的需要而产生。例如,陈确(1604—1677)为用于葬礼和祭祖的各种礼仪作注[6]。以攻击佛教礼仪而闻名的陈确,熟悉传入中国的欧洲文化(他甚至有一副西洋眼镜),但在实际上却反对一切异族学说。他称:"夫诵

---

〔1〕　Ebrey(1991a),xxvi-xxvii;Brook(1989),第 479 页;何淑宜(2000),第 156 页;这类著作更多的书单,参看 Ebrey(1991b),231ff. 以及何淑宜(2000),第 261 页及以下。

〔2〕　《家礼仪节》(1608);Standaert(1988),46ff.

〔3〕　吕坤(1573)、(1614);Ebrey(1991b),181.

〔4〕　吕维祺(1624);Ebrey(1991b),182.

〔5〕　Ebrey(1991b),177—83;何淑宜(2000),第 161 页及以下;Handlin(1983),146.

〔6〕　Chow(1994),130;何淑宜(2000),第 165 页及以下;张寿安(1993),第 74 页及以下;Ebrey(1991b),189. Chow 指出,张履祥(1611—1674)在《丧祭杂说》(1640)中也用类似的方式批评流行的丧葬风俗。

习周公、仲尼之道者,中国之所以为中国也。遵奉佛、回回、天主诸教者,夷狄之所以为夷狄也"[1]。在他看来,所有威胁国家的异端当中,风水葬师为害最巨,佛教道教尚在其次。为表达对当下流行的火葬与缓葬习俗的反对,他专门写了一本《葬书》(1650)来论述如何用正确的方式建造墓穴、安葬死者。陈确认为,"葬法有六要:曰时,曰近,曰合,曰深,曰实,曰俭。时不出三月,近不出乡,合谓族葬,深入地至丈以外,实谓棺外椁内以灰沙实筑之,不留罅隙,俭谓不事虚文。"[2]

正统丧礼的推行,同样在各种"家训"中体现出来。家训是一些编纂起来用以指导家庭成员的训诫,有时也被印成小册子。明代的家训中,经常会包含有关丧葬指导的内容。到了晚明时期,族规之中通常会包含家训,宗族成员要一体遵守[3]。总体来看,《家礼》、尤其是它的丧葬礼仪,在宗族之中也发挥着一定的作用,正如卜正民研究所显示的。或许是因为士绅和大众日益两极分化所导致的压力,士绅们通过整合明代之前的血缘组织,创造出了宗族制度,借此他们可以巩固自身的主导地位,并有办法动员影响一批血缘较为疏远的亲属[4]。虽然《家礼》原来并不是为指导宗族礼仪而编写的,但经过逐步地改编修订,它在实际上成了一部宗族礼仪规范[5]。因为士绅要通过宗族来显示自己的领导地位,每一次丧礼都为他们提供了聚合所有宗族成员的好机会。通过这样一个仪式,士绅们得以确认宗族成员的身份,因而理学家的丧葬礼仪被认为有利于收拢宗族[6]。一些士绅主动用理学家倡导的丧礼替代佛教礼仪,这被地方士绅看作是推行士人最高文化理想的一大标志[7]。

---

[1] 陈确(1979),第433页;Zhang Xianqing(2003),54;他对西洋眼镜的称赞,参见:陈确(1979),第356、668页。
[2] 陈确(1979),第494—495页;何淑宜(2000),第211页。
[3] 何淑宜(2000),第178页及以下。
[4] Brook(1989),472—73;Ebrey(1991b),158ff.
[5] Brook(1989),480.
[6] Brook(1989),486.
[7] Brook(1989),465—66.

除了刊印礼仪手册和在自己的家庭家族内推行正统丧礼,为改变民众习俗,士绅们还采取了许多具体行动。因为在 17 世纪早期,士大夫和地方士绅不能真正依靠政府来重建秩序,地方士绅开始在自己的团体内部推行理想。例如,他们创立"乡约",以为普通民众提供道德指南和政治规章。在明代,这类说教活动不再像以前一样是自发自愿参加的,组织者期望本地所有民众都加入其中。这些乡约之中同样包含丧礼规范。它们不仅被用来指导正确的礼仪实践,而且被当作向平民宣传儒家丧礼观念的一种有效手段[1]。此外还有一些慈善组织,"同善会"专门负责为当地的穷人提供帮助。通过每月的募捐,这些慈善组织资助维修道路、兴建义仓等地方公益活动。它们也为穷苦人家的丧事提供经济援助。随着经济的商业化以及丧葬费用的日益高昂,许多人家负担不起体面的丧礼,只得长时间地拖延葬期。明清易代之际,产生了一些专门赞助丧葬事务的慈善团体。除去施舍棺木等实际的救助之外,他们还劝说民众按儒家礼仪组织丧礼,并且坚持土葬力阻火葬。因为能够深入家庭内部,这些慈善团体成为了传播儒家思想的重要组织[2]。

17 世纪末期出现了一个新潮流,学者们对朱熹的《家礼》多有批评。周启荣(Chow Kai-wing)已经指出,越来越多的学者意识到,为了适应南宋的时代环境,朱熹实际上对很多古代礼仪进行了改造;故此他们认为,朱熹的这套方案未必真的适应于五百年后他们自己的这个时代。对经典文献的追溯与考释,导致了对宋学正统、尤其是礼仪的新解释[3]。

徐乾学(1631—1694)是这方面的著名学者,他是顾炎武(1613—1682)的外甥,著有多达 120 卷的通论性著作《读礼通考》。徐乾学从1677 年为母丁忧时开始研究礼仪,在同时代的著名学者万斯同(1638—1702)、阎若璩(1636—1704)、顾炎武、朱彝尊(1629—1709)等人的帮助

---

〔1〕 何淑宜(2000),第 9 页、第 189 页及以下;Handlin(1983),48.
〔2〕 何淑宜(2000),第 11 页、第 202 页及以下;Leung(1997),218ff.;Handlin(1987).
〔3〕 Ebrey(1991b),188—189;对这个问题的详细分析,参看 Chow(1994).

下,他收集积累了大量的有关丧葬的文献材料。他在本书完成之前去世,这部遗稿最终在 1696 年出版。作为一部礼仪类书,它在很大程度上要回应现实的礼仪需求、探究礼仪的理论与实践〔1〕。这一时期还有对礼仪的专项研究。例如,以文本考证闻名的毛奇龄(1623—1716),写过好几篇反驳《家礼》的仪礼考据文章。为了满足人们对正统礼仪日渐强烈的关注,他撰写了两本有关丧礼和祭礼的小册子:《丧礼吾说》和《三年服制考》。除去这些实用性的著作,他还对经典中的礼仪有大量的论述〔2〕。

满族丧礼

满族的入主,是 17 世纪礼仪舞台上的重要事件。1644 年,满族统治者征服了一个具有悠久民族丧葬传统的国家。满族有他们自己的丧葬礼仪,这些礼仪中有些是满族特有的,有些和汉族相同〔3〕。满汉之间的差别,无论在大的礼仪还是具体的细节上都能找到。与汉族相比,满族丧礼最大的不同是遗体火葬和寡妇自杀(经常如此)。而且汉族的三年之丧,对满族来说也很陌生。服丧之时,满族男性会剪下一段辫发(长度视与死者关系的亲疏而有所不同)并除去帽子;女性则摘去首饰,在某些情况下会剪断头发,有时则仅仅让头发披散下来。满汉礼俗在细节上也有差异。例如,汉族将死者遗体停放在堂上,过后通过门道将尸体移出;而满族将尸体停放在房屋西侧的房间内,通过窗户将尸体移出。一般而言,汉族要在入殓三个月之后才会安葬;而对满族来说,由入殓到安葬这段时间的长短,取决于死者的经济与社会地位:穷苦人在死去的当天就被埋葬,而上层人物因受佛教的影响,最长可以停灵 49

---

〔1〕《读礼通考》(1696);Chow(1994),51,136. 这部著作广泛利用了当时学者的礼仪论著,包括张尔歧(1612—1678)、汪琬(1624—1690)、黄宗羲(1610—1695)、陆元辅(1617—1691)、应撝谦(1615—1683)以及那些协助徐乾学完成此书的学者们的作品。18世纪参考《读礼通考》完成的一部重要著作,是秦蕙田(1702—1764)著名的《五礼通考》(260 卷,1761 年成书)。还有一部以《(大)明集礼》为模本的官方著作《大清通礼》(50卷,1736 年刊行)。

〔2〕 Chow(1994),57,131;毛奇龄(康熙时期)以及(1697—1700)。

〔3〕 Kutcher(1999),87.

天。停灵期间满族会立起一面红色的旗子——颜色与汉族丧礼所用的白色不同,每天日出之时将它竖起,天黑后收起来放在棺木旁边。满族棺椁的棺盖隆起,与汉族的平整棺盖不同。所有的祭祀物品包括食物,都被全部烧掉,而汉族主要焚烧那些纸制的物品。丧礼上满族不会组织大的筵席[1]。然而,正如汉族那样,满族内部的风俗也有差异。例如,满族处理尸体的风俗多种多样。火葬是最为流行的,但有些地区实行土葬,有些则是树葬[2]。

进入中原地区之后,满族的丧葬礼仪开始发生变化。有一些风俗的改变,实际上是受到了清朝统治者的鼓励。对满族统治者来说,丧葬礼仪最大的变化,是在17世纪后期放弃了火葬。入关之前的满族君主努尔哈赤(1559—1626)和皇太极(1592—1643)以及入关后第一个皇帝顺治(1638—1661)以及他们的妻子,死后都是实行火葬。但自此之后,皇帝以及大部分的嫔妃,死后都是土葬。至于在外驻守的八旗军,他们不可以在外省建造墓地,因此只得回北京安葬。这一规定实际上巩固了火葬的习俗,因为骨灰比尸体更容易保存和运输。后来的清朝统治者像康熙皇帝,认为火葬有违孝道,发布命令禁止火葬,结果一般的满族民众在南迁之后也基本选择了土葬。满族在棺材底部铺上青草和栗树枝的习俗,就是火葬习俗的孑遗。康熙皇帝还下令禁止寡妇自杀[3]。

然而满族并没有全部放弃他们的丧葬习俗,在有些情况下,满汉礼俗是交织在一起的。被满族征服之后,汉族男性仍然保留着在丧期百日之内不剃须发的风俗,而且并不剪断辫子;到18世纪,满族接受了汉族的这一习俗,但仍旧保留剪断辫发的传统。满族同样逐渐接纳了汉族由门出棺的风俗,但在这个过程中仍要打开窗户——这是他们原有丧葬传统的残留[4]。总得来说,满族的丧礼变得越来越复杂精细。结果,满族统治

---

〔1〕　Kutcher(1999),89n.56;蒙林(1997),第57—59页;塔娜(1994),第49—51页。

〔2〕　蒙林(1997),第56—57页;Kutcher(1999),88.

〔3〕　蒙林(1997),第57—58页;Kutcher(1999),88;Rawski(1998),277;Elliott(2001),263—64;塔娜(1994),第48—49页。

〔4〕　Kutcher(1999),89;塔娜(1994),第51—52页。

者最终注意到并要求戒除汉族丧礼的铺张行为,强调丧礼不应该浪费太多宝贵的资源。虽然皇室的丧礼仍旧要焚烧数量庞大的衣物和家具,但在普通旗人之中,纸制祭品(家具、人和牲畜)逐渐取代了实物[1]。

中国丧礼的交织

明帝国的瞬间崩溃,给中国的士绅带来了强烈的思想冲击。周启荣已经指出,在从被满族征服的噩梦中惊醒之后,出现了一股宣扬、论证汉族自己的文化的强大潮流,这股潮流为礼学与考据学的发展提供了持久的动力,尤其是在康熙时代(1662—1722)。礼仪不仅像明代后期那样是一种抵制佛教的现实武器,而且在这时也成为了汉族身份的一种有力象征。实行汉族礼仪,也就显示了对满族权威的轻蔑[2]。虽然不断遭到文化精英的批判,佛道丧葬法事活动在整个清代都一直顽强地存在着。在日常的丧事活动中,它们经常与朱熹的《家礼》并存。这时因为在很多情况下,理学家和佛教的丧礼,既不相同也不相互排斥。不仅不同宗教的礼俗相互交融,而且士绅们也经常站在民众习俗一边,不赞同文化阶层的标准礼仪[3]。相信宗教仪式能够帮助死去的亲人免除痛苦,这是死者家属举行佛教法事最主要的动机。这种混融了佛教和儒家宇宙观的礼仪,使得人们可以表达自己最为信服的那些观念。对大部分将佛教生死观念视为天经地义的那些人来说,纯粹的儒家礼仪,只能表达对儒家意识形态的忠诚信仰。儒家礼仪与大众的生死观念是脱节的,因此无法满足人们的心理需求[4]。那些想尽各种可能的方式使死去的亲人得以安息的士绅们,也在佛教的观念里得到了满足[5]。不仅佛教道教的礼仪活动,葬师所倡导的风水观念,同样反映了士大夫文化与大众文化的交汇。

---

[1] 蒙林(1997),第58—59页;Kutcher(1999),90;Rawski(1998),279;塔娜(1994),第51页。

[2] Chow(1994),44.

[3] Brook(1989),484—485;何淑宜(2000),第13—14页。

[4] Ebrey(1991b),212—213.

[5] 张寿安(1993),第75页。

虽然葬师仍然常被士大夫批评,但很多学者对研究风水抱有浓厚的兴趣,而且也不可避免地在选择墓地时应用风水理论[1]。

只有很少一部分士绅,认为佛教与理学家的礼仪是有冲突的。几乎每个葬礼都会包含一些来源不明的、不怎么重要的仪式。各个家庭选择不同的丧葬礼仪,主要根据的是当地的风俗和经济状况的好坏,而不是为了效忠于某种思想信仰或承担某种社会理想。[2]

二、欧洲的丧葬礼仪

和中国一样,欧洲的丧葬礼仪也有很多差异。然而在 16 世纪之前,欧洲并不具备中国那种统一的、体制完备的官僚体系,因此不能像中国那样在全境之内推行统一的礼仪规范。或许欧洲唯一能跟中国的官僚体系相比的,是天主教教会,虽然后者从未达到中国科举制度下的那种经典统一的水平。而且,后来才引入欧洲的印刷术,也解释了为何采用印刷手册的办法来规范礼仪,欧洲要晚于中国。欧洲 16 世纪的手抄本礼仪手册大多是地方性的,对整个欧洲不具有普遍指导意义。而且根据各自的环境和需要,不同的修会和教区都有自己的祷文和祷告姿势[3]。特利腾大公会议(the Council of Trent, 1545—1563)有关整合结构礼仪的决定,改变了这一切。1588 年,教皇西克斯笃斯五世(Pope Sixtus V, 1585—1563 在位)建立了礼部(Congregation of Rites),以监督各拉丁教区严格按照规定的方式举行弥撒和其他礼仪[4]。至少在一个世纪以后,这个决议才在各地产生实际影响。

欧洲的礼仪规定性文本

有几份官方制定的礼仪规范,构成了 17 世纪传教士传入中国的天主教

---

〔1〕　何淑宜(2000),第 72 页;张寿安(1993),第 75 页。

〔2〕　Brook(1989),493.

〔3〕　Jungmann(1961), 74—77. Jungmann 的著作对特利腾大公会议礼仪教谕颁布之前,欧洲礼仪传统内部存在的差异,作了很好的调查。还可参看 Maher(2002),204.

〔4〕　Jungmann(1961), 105.

丧礼的基础[1]。其中最重要的是特利腾大公会议确定的《罗马礼书》(*Rituale Romanum Pauli V. Pont. Max iussu editum*)。这部规定性文本出版于 1614 年,适用于所有罗马天主教教区。这部礼书含有几种主要是由神父举行的非弥撒礼:圣礼庆典,如洗礼、婚礼、忏悔和终傅以及其他的一些仪式,包括临终探视、游行仪式和祝福。第四、五两章涉及死后和临终时的礼仪。第四章包括对傅油圣礼(*De sacramento extremae unctionis*)、临终探视(*De visitatione et cura infirmorum*)和为临终者准备后事(*Modus iuvandi morientes, Ordo commendationis animae, De exspiratione*)的具体指导。第五章是有关殡葬或者说丧礼的程序(*Exsequiarum ordo*),它描述了丧礼所要遵循的不同步骤和整个过程中(从死者由家中运往教堂开始,直到神父从墓地返回为止)要作的祈祷。总的来说,《罗马礼书》所规定的丧礼包含五个部分:将死者运往教堂、诵念亡者日课、丧礼弥撒、告别礼和葬礼[2]。

当身穿短白衣、脖子上挂着圣带的神父,在侍从和圣职人员陪伴下进入死者家中时,丧礼就开始了。神父首先在棺柩上洒三次圣水,然后和参加者一起吟诵"我从深渊呼求你"(*De profundis*,《圣咏》129)。然后丧礼的程序启动,死者被抬往教堂,途中大家吟诵"求你怜悯我"(*Miserere*,《圣咏》50)、轮唱"枯骨在主那里欣悦"(*Exultabunt Domino ossa humiliata*),最后以"望主赐以永远安息"(*Requiem aeternam dona ei*)结束。在整个过程中,侍从扛着十字架,走在送葬者和穿长袍短白衣的圣职人员的最前面。圣修会圣职人员走在教区圣职人员的前边,他们两两并行,举着点燃的蜡烛。所有的圣职人员都在棺柩前边;棺柩的后面是送葬的人群,他们为死者默默祷告。到达教堂之后,棺柩伴着对答咏"遵他的教诲而行,主的圣徒(*Subvenite, Sancti De*)被抬进教堂,放置在圣坛前面,环绕着蜡烛。一位教友身体平躺,脚向着圣坛;一位圣职人员的头向着圣坛。棺柩

---

[1] 传教士都是天主教徒,因此他们关注的是当时多数欧洲人通用的天主教丧葬礼仪。
[2] *Rituale Romanum*(1614): *Exsequiarum ordo* and *Officiium Defunctorum*;相关描述参看: Gy (1955), passim; Philippeau (1956) and (1957), passim; Rowell (1977), 71—72; Rutherford(1970), 41, 69ff., 90ff.; Fortescue and O'Connell(1962), 392ff.; "Dodenliturgie," *Liturgisch Woordenboek*(1958—1962);以及"Christian Burial," *Catholic Encyclopedia*(2003).

通常被盖上黑色的棺罩。然后开始诵念亡者日课,包括晨经(有三个夜经)和赞美经。晨经之时,要诵读《约伯传》中的传统训诫。日课的最后是《天主经》和祷词《赦免》(*Absolve*)。然后亡者弥撒遵照着追思弥撒的程序开始了。弥撒之后是告别礼,吟诵祷词"不要使我受试探"(*Non intres in iudicium*)然后是对答咏"主,请将我从永恒的死亡中解脱"(*Libera me Domine de morte aeterna*),《求主垂怜经》"上主求你垂怜"和《天主经》。主持弥撒的神父在执事的陪同下,围绕棺枢行环两周,先倾洒圣水,然后焚香。仪式在神父"噢,永远仁慈的上主"(*Deus, cui proprium est misereri*)的祷告中结束。当棺枢被运往墓地的时候,仪式再次启动,圣职人员吟唱赞美诗"愿天使领你进入天国"(*In paradisum deducant te angeli*)。达到墓地之后,墓穴尚未被祝福,圣职人员吟诵祷词"仁慈的上主"(*Deus cuius miseratione*),洒水焚香为墓穴和死者祈福。然后死者的遗体被安放进墓穴。这一过程中要吟唱赞主曲:对经"我就是复活和生命"(*Ego sum resurrectio et vita*),然后是《求主垂怜经》和主祷文。此时圣职人员要向棺枢泼洒圣水(不围绕棺枢行环)。在"造主,我们恳求你"(*Fac quaesumus*)的祷词结束后之后,圣职人员在墓穴上树立十字架标志,吟唱对答咏"永远安息"(*Requiem aeternam*)和"愿他安息"(*Requiescat in pace*)。在由墓地返回教堂的途中,再次吟诵"我从深渊呼求你"(*De profundis*,《圣咏》129),轮唱赞美诗"如果你垂顾"(*Si iniquitates*)。

构成 16 世纪末天主教丧礼基本结构的最重要的两个仪式,是亡者日课和亡者弥撒。《亡者日课》(*Officium defunctorum*)的文本,也收录在《罗马礼书》的第五章。《亡者日课》由修道院传统的清晨、黄昏和夜晚祷告所念诵的赞美诗和经文组成。日课最初在死者去世的当天或忌日,在修道院中举行[1]。中世纪晚期和文艺复兴时期天主教修道院中的精美手绘细密画, 生动地描绘了丧礼的各个环节(图 1.3)[2]。《亡者日课》经

---

〔1〕　参看:Callewaert(1940);Ruland(1901),189ff.;Binski(1996),53—54;"Dodenofficie,"*Liturgisch Woordenboek*(1958—1962);以及"Office of the Dead,"*Catholic Encyclopedia* (2003).
〔2〕　Wieck(1988),124ff.;亡者日课中所有祷文的目录,见66—67;Wieck(1998),117ff.

1.3 15世纪一份手稿插图所描绘的天主教葬礼弥撒。借助祈祷和善行,亡灵正在从炼狱中解脱出来。图片底部的文字,是亡者日课(在葬礼弥撒前举行)开头念诵的《圣咏》114。

采自 Book of Hours;Office of the Dead,Coëtivy Master(Henri de Vulcop?)绘,法国 Angers(?),1460 年代,fol. 118;还可参看 Wieck(1988),146. 巴尔的摩(Baltimore)沃尔特艺术博物馆(Walters Art Museum)惠允复制;Walters 274;cat. no. 42.

常被单独印行,或是收录到其他礼书之中〔1〕。例如,它曾被收录到供圣职人员日常使用的祷告书《罗马日课经本》(*Breviarium Romanum ex decreto Sacrosancti Concilii Tridentini restitutum*,1568 年编成,1602、1632 重订)的后面〔2〕。

用于举行圣体的《罗马弥撒经书》(*Missale Romanum ex decreto Sacrosancti Concilii Tridentini restitutum*,1570 年编成,1604、1634 重订)中,有丧礼弥撒的经文和祷词。《弥撒经》"亡者弥撒"(*Missae defunctorum*)的部分,包括丧礼弥撒(在葬礼后的第三、第七和第三十天举行)、周年弥撒和纪念所有亡故者的追思弥撒以及普通弥撒(人们也可以在这些弥撒中纪念亡者)中的"各种亡者祷词"(*Orationes diversae pro defunctis*)〔3〕。

因此在 17 世纪初期,天主教圣职人员要按照三种书面文献来组织丧礼:《罗马礼书》、《亡者日课》和《罗马弥撒经书》。在经过礼仪专家的历史考察和长期修订之后,罗马当局将这些礼书全部公布。这三本书中,《罗马礼书》出版所用的时间最长,从 1575 年开始直到 1614 年才完成。在这段时间内,还有几部地方性"礼书"编定完成,其中的一种是由耶稣会主教 Luís Cerqueira(1552—1614)为日本教团编定的《教会圣事礼庆典手册》(*Manuale ad sacramenta Ecclesiae ministranda*),1605 年出版于长崎〔4〕。

这几部礼仪规范,都被中国的传教士用作礼仪指导手册。这些传教士来自不同的国家(大部分来自今天的意大利和葡萄牙,也有来自西班

---

〔1〕　经常和 *Officium Parvum Beatae Mariae Virginis* 放在一起。

〔2〕　*Breviarium Romanum* (1568). "Brevier," *Liturgisch Woordenboek*(1958—1962).亡者日课每月念诵一次,通常是在固定的日子,以及每年特定的几天(例如 11 月 2 日)。

〔3〕　*Missale Romanum*(1570).

〔4〕　*Manuale* (1605);López Gay(1970),276—79;相关讨论见 272—295 页;Tsuchiya (1963),221—232;Laures(1941);Laures(1957),71—73;Kataoka(1997),153ff.北堂图书馆有三份 *Manuale* 复本,其中一份带有部分日文音译,参看 Verhaeren(1949), n. 1246—48;Laures(1941);其他复本参看 Laures(1957),73;López Gay(1970),272,n.133;还有一份复本藏于阿姆斯特丹大学图书馆(971 C 17)(本信息由 A. Dudink 提供)。*Manuale* 主要依据 *Manual Toledano*(Salamanca,1583)编成;两书的内容比较,参看 López Gay(1970),276—79. *Manuale* 还部分参考了其他礼仪著作,尤其是 Antonio de Santorio(1532—1602)的 *Rituale Sacramentorum Romanum* (1584),该书是 1614 年 *Rituale Romanum* 的主要文献来源之一,参看 López Gay(1970),273,291ff.这解释了为何 *Rituale Romanum* 和日本教团的 *Manuale* 之间高度一致。

牙、德国、比利时、法国和波兰的)或者来自同一个国家的不同地区。因为这些地区在具体的丧礼仪节上存着诸多差异,传教士们在礼仪实践上也多有不同。这些礼书的出版以及其携带的方便,至少原则上说,使得中国传教士有了共同的礼仪实践参考规范。

欧洲丧葬礼仪的变化

欧洲的礼仪规范有几个方面比较重要。它们首先反映了特利腾大公会议之后出现的礼仪革新以及对优化圣职人员结构的关注。特利腾大公会议确立了统一礼仪的目标,而印刷业的兴起使得书籍的传布更为广泛快捷,因而有利于建立起一套更为统一的天主教礼仪规章。同时,正如Philippe Ariès 所详细论述的[1],这些规范也反映了有关死亡和丧礼的观念在 11 到 15 世纪所经历的演变。这一时期观念的四大转变,影响了欧洲礼仪与中国丧礼相遇之后发生的一切,构成了欧洲丧礼为适应中国传统而进行的改造的基础。

首先,人们对待死亡的态度,由乐观变为悲观消极,正如前面讨论过的那些礼仪规范中所载的亡者祷词反映的那样。在 10 世纪之前,这些为亡者进行的祈祷是以纪念的形式出现的,基本上反映的是对死后生活的乐观态度。人们认为死者已经获得了拯救,只是在"亚巴郎"(Abraham,也称 Refrigerium,即"舒适之处")等待世界末日时的复活而已。在丧礼仪式中,生者认为除去坚定信仰、感谢天主和庆祝死者获得喜悦期待的安息长眠之外,别无他事可作[2]。而且,在普通的弥撒之中,在奉献圣品之后举行的纪念仪式上,死者的名字通常和生者写在同一张名单中进行朗读,这也反映了生者和死者是很自然地被一体看待的。在接下来

---

〔1〕 Ariès(1977) and (1981);Ariès 的发现确证了更早的几项研究;特别参看:Gy(1955),Philippeau(1956)及(1957),Rowell (1977),Ruland (1901)以及 Rutherford (1970). Ariès 的著作问世之后,欧洲丧葬的几项区域研究(尤其关注遗嘱中的葬礼指导)出版了,诸如 Chiffoleau(1980)(15 世纪的阿维尼翁[Avignon]地区),Eire(1995)(16 世纪的西班牙),Lorenzo Pinar(1991)(16 到 18 世纪的西班牙)以及 Cohn(1988)(13 至 19 世纪的锡耶纳〔Siena〕);还可参看 Strocchia(1992)(14 到 16 世纪的佛罗伦萨)。

〔2〕 Ariès(1997),174—48/(1981),147—48.

的几个世纪里,有关死亡的礼仪发生了重要的变化,这反映了人们对于自身命运的新看法。与原先不同的神学观念(像更具悲观倾向的奥斯定学派)、修道院的发展以及圣职人员的增多,导致了这些变化的产生。旧时代的那种死后直接得救的信心被动摇了。教徒们变得不再那么确信天主的仁慈,越来越怕被永远遗弃到撒旦的魔掌之中。结果,乞求救赎的祷文,取代了那些纪念性的祷文。基督徒们现在相信,他们的祷告与善行——如此他们将获得赦免——会减轻那些在炼狱(而不是原来的"舒适之处")中的灵魂的罪过[1]。对末日审判和死亡的恐惧,渐渐取代了早期乐观态度。这种恐惧很明显地体现在许多祷文中,《罗马礼书》也乞求天主宽恕罪人们的冒犯——这重新唤起了中世纪面对死亡的悲观与恐惧[2]。弥撒仪式上死者的名字也和生者分开,不再出现在同一张名单上。将对死者的纪念单独区分出来,这表达了一种新的、不同的态度:对处在危险之中的个体灵魂的焦虑,取代了将生者死者一体看待的观念(图1.4)[3]。

13 世纪之后发生的礼仪规范上的第二个重要转变,是丧礼的"圣职化"("clericalized",以教职人员为中心的教会观,过分强调圣职人员的权力)[4]。死者的亲属和朋友不再是丧礼的主角。丧礼中的领导角色从此让位于圣职人员,尤其是托钵修士(mendicant friars)或其他某些有宗教职责的人员,诸如第三修道会、世俗修道会以及兄弟会的成员。他们成为了新的丧礼专家。从咽气的那一刻起,死者不再属于他的亲友,而属于教会。圣职人员日益增长的重要地位,在《亡者日课》中充分地体现出来。很早以来,《旧约·圣咏》就被用作天主教丧礼的基本祷文,而《亡者日课》是在修道院中形成的,现在由它代替了传统的《耶利米哀歌》。祈祷守夜(vigil)变成了一项教会的仪式——在家中开始,有时在教堂中继续,仪式上圣职

---

〔1〕　Ariès(1977),152—54/(1981),151—54;Ariès(1985),160ff.

〔2〕　Rowell(1977),70—72;Rutherford(1970),58—62;Gy(1955),74;Philippeau(1956),203.

〔3〕　Ariès(1977),154—56/(1981),154—56.

〔4〕　Ariès(1977),161/(1981),161;Rutherford(1970),54,98.

1.4　15 世纪的手稿插图所描绘的天主教墓地安葬仪式。缠着白布的遗体正被送入墓穴。边上的小插图展示了遗体安葬前的准备工作。

采自 *Book of Hours：Office of the Dead*，法国 Troyes（？），约 1470 年，fol. 119；还可参看 Wieck（1988），130. 巴尔的摩（Baltimore）沃尔特艺术博物馆（Walters Art Museum）惠允复制：Walters 249；cat. no. 49.

人员为死者诵读向天主赞美亡魂的祷文[1]。圣职化的另一个例子是，送葬仪式在丧礼中被赋予了重要的象征意义，这同样也反映在《罗马礼书》之中。在中世纪后期、尤其是在托钵修会建立之后，送葬仪式的成员开始发生转变。原来的一小群送葬者变成了一队庄严的教会人员。这其中当然包括死者的亲友，但另一方面圣职人员与僧侣以及穷人和孤儿院的儿童，加入到送葬队伍中来，成为了送葬者的主体。一大群哀悼者庄重严肃的送葬仪式而不仅仅是简单的埋葬，成为了死亡和葬礼最具象征意义的场面[2]。

　　第三个变化与前者密切相关，是亡者弥撒和死亡、葬礼之间关系的转变。早期有关葬礼的宗教仪式，准确地说只有"告别礼"（*absoute*）——为死者降福，一次在临终时举行，一次在断气之后在死者亡故的地方举行，还有一次在墓地举行。这时并不举行弥撒，即使有的话，它们也不被人们注意[3]。伴有弥撒（弥撒是修道院丧礼的核心）的教堂丧礼仪式的出现，是 10 到 15 世纪 500 年间礼仪发展的最重要的结果[4]。随着弥撒在修道院中变得越来越重要，每到一个人生命垂危的时候，一系列常规的简略弥撒（Low Masses）就开始了——开始于临终最为痛苦的那一刻或刚刚断气之后，持续数天、数周、数月甚至是一年。这些弥撒前后相继，与丧礼没有任何的关系。在墓地举行告别礼之前，并不需要在教堂里举行任何仪式。13 世纪之后，情况发生了变化。在举行葬礼的那天（通常是死后第二日），先在当地教堂里举行仪式、然后到墓地举行告别礼，已经成为一种风俗。16 世纪之前，在教堂里举行仪式的时候，并不要求死者的遗体在场。然而后来越来越多的人立下遗愿，要求在举行葬礼的那天，一开

---

　　[1]　Ariès(1977),164—65/(1981),165;对照 Rowell(1977),66;Gy(1955),79—80;Ruland(1901),189—99.

　　[2]　Ariès(1977),165—66/(1981),165—66;Ariès(1985),116—20;对照 Gy(1955),72.

　　[3]　Ariès(1977),146—47,161/(1981),146,161;对照 Rowell(1977),61;Ruland(1901),199—204.后来的用法保留了"absolution"（为生者降福）和"absoute"（为死者降福）两个词以示区别。

　　[4]　Rutherford(1970),55;Ariès(1985),120—28.

始就将遗体移入教堂。到 17 世纪,在教堂里面对着遗体举行仪式,已经成为一项规则[1]。在那个时候,无论是弥撒、赞美诗还是圣咏的数目,首先要由安葬之前在遗体面举行的追思弥撒决定。告别礼和安葬仪式的重要性相对来说下降了,主要的丧礼仪式都在教堂中举行[2]。

第四个变化是人们越来越重视遗体的掩藏,这点较少反映在礼仪规定性文本上。大约在 13 世纪左右,祷告守夜、哀悼和送葬同时成为了教会的仪式,由圣职人员来组织和引导。以前人们经常看见的、作为安息长眠象征的死者遗体,现在人们看到它就觉得无法忍受。死者的遗体移出了人们的视线,被安放在棺椁之中,再也无法看到[3]。安葬前的送葬过程中使用棺椁,开始的时候基本上只限于北欧;在南欧,人们对尸体的态度变化不大,丧礼中暴露死者遗体的旧俗仍在延续。只有富人的家庭才按照尺寸定做棺椁,而穷人只能租用一棺多用的现成棺椁[4]。棺椁的使用是一个逐渐的过程,《罗马礼书》编成的时候,还没有要求将死者装入棺椁的规条[5]。而且到了后来,裸棺也和裸尸一样让人觉得厌恶,相应地,它也盖上了一块布做的大披盖(pallium)或者棺罩,后来又被装入灵车。死者的脸掩藏在棺盖之下,棺椁上面罩着棺衣,所有的这些又都掩藏在灵车的盖篷底下[6]。

上面的这四点变化并不能反映欧洲丧礼的全部演变。例如,商业财富的增长,同样导致了丧礼的日趋复杂,这点在 16 世纪尤为突出。死者的遗愿希望有更多的人加入到送葬的队伍中来;在不同的时刻、在不同的教堂举行的葬礼弥撒的数目也增加了[7]。但这四点变化代表了天主教丧礼的基本结构特征,那些传教士在来中国之前,就有可能经历过这样的葬礼。

---

[1]　Ariès(1977),175/(1981),175—76;Rutherford(1970),41.

[2]　Ariès(1977),178/(1981),178;Rutherford(1970),57;Rowell(1977),70.

[3]　Ariès(1977),168/(1981),168;Ariès(1985),112—15.

[4]　Binski(1996),55.

[5]　*Rituale* 中并没有保存遗体的礼仪,正如 Philippeau(1956,204—6)讨论的。

[6]　Ariès(1977),172/(1981),172.

[7]　Eire(1995),151,180;Strocchia(1995),ch.3;Cohn(1988),182.

三、结　论

从上面的概述可见,虽然经历了很多历史演变,中国和欧洲的丧礼传统在很多方面是一致的。这些一致之处不仅反映了两种文化的特色,而且正如人类学家指出的,也为其他文化的丧礼习俗所借鉴[1]。

然而差异也是很明显的。中西礼仪规范的比较,有助于凸显双方丧礼在结构上的一些本质特征。17世纪中国和欧洲丧礼的首要差别,在于丧礼的角色。在中国,家庭成员是丧礼的主要角色,他们既不是礼仪专家也不是职业司仪;然而在欧洲,作为礼仪专家和职业司仪的教士是丧礼的主要角色。在实际的操作中,中国的丧礼也会聘请各类礼仪专家,包括以此为业的佛僧道士,但这是被《家礼》所排斥的。相反,欧洲丧礼中也包含礼仪专家之外的人员,但礼仪规范中却并未提到他们。这显示了双方在丧礼人员上的一个差别。天主教神父也可以被称作专职司仪,因为参与、指导礼仪活动是他们的主要职业之一。而且,他们还是礼仪专家,因为他们既接受了师徒相授式的礼仪学习,又接受了神学的训练。他们的姿势动作(尤其在弥撒当中)都有极为详细的规定,诸如神父在扶持圣体时手指的位置等等。相反地,在中国作为丧礼主体的家庭亲属,不是专家也不是专职礼仪人员。丧礼的所有关键动作——跪拜、上香、奠酒——并不需要专门的传授,因为这是所有的中国人在家庭礼仪中自小熟悉的。简要来说,中国的丧礼是家庭礼仪,正如《家礼》的书名所显示的;而欧洲的丧礼,却是教会礼仪。

角色在丧礼中的活动也不相同。《家礼》主要是规定丧礼要有哪些仪节举止(行动),而《罗马礼书》则主要是规定丧礼上应诵读哪些经文(文本)。当然《家礼》中也包含有指导诵读和书写的文本:致赗或者致谢书信的范本、墓碑或者神主的刻辞、吊唁时的悼词以及在不同的祭祀上应

---

〔1〕　有关葬礼的人类学研究概述,参看:Huntington and Metcalf(1979),1—20;de Mahieu(1991);Tong(2004),12ff.

读的祝祷之语[1]。但它们在全书中所占的篇幅很小。大部分角色在丧礼中都沉默无语,他们最重要的口头表达只是礼仪性的哀哭。这跟欧洲的礼仪规定性文本比起来,差异是很鲜明的。虽然《罗马礼书》和《家礼》一样,也包含有指导如何安排空间(安排送葬的队列和布置教堂)、如何举行仪式(洒圣水和焚香)和如何穿着(礼服)的内容,但它主要是为圣职人员和丧礼的其他参与者提供念诵的全部文辞,其中包括经文(诸如《圣经》中需要诵读章节和圣咏)以及众多的祷文。在这方面,天主教葬礼和佛教道教有些相似,在它们的丧礼仪式中诵经也占有非常重要的位置。

祷文揭示了中国和天主教丧礼之间一个更为深刻的差别。在中国丧礼中,祷文是献给死者的,恳求死者来享受祭献之物。天主教丧礼中没有献给死者的祷文,所有的祷文都是献给天主的,乞求天主拯救死者的灵魂。换句话说,在中国,亲属和死者之间存在着直接的关系;而在欧洲,圣职人员和其他人只能间接地为死者祈福。

这些差异反映出了中西思想形态的不同。华琛(James Watson)认为,中国人看待生死最为核心的一个观念,是坚定地相信此世(生)和后世(死)之间存在着连续性。因为不管今生还是来世,世界都是由类似于中国官僚体制的官僚等级原则统治的,一个人的社会身份地位,不大会因为死亡而发生改变。中国不存在将身体和灵魂截然分开的极端的二元论,这点和欧洲占主导地位的生死观不同。"死亡的那一刻"在中国人和欧洲人心中各有不同的意涵,在欧洲人看来,从此刻开始,身体和灵魂就永远地分离了。实际上中国丧礼的基本目标之一,是要在死亡的初始阶段让尸体和灵魂结合在一起不要分离。人们认为,在举行仪式让亡灵远离社区之前就让灵肉分离,会带来灾祸。中国丧礼中有很多礼仪,意在稳住新亡者易于流散迷失的魂灵。如果在礼仪的细节上不适当注意,就可能使亡人变成饿鬼附着在生人身上[2]。在天主教传统中,在肉体死亡

---

〔1〕 参看:Ebrey(1991a),有关致赙和吊唁(99,2000);关于碑铭(108—9,201);神主(123,202);不同的祭祀(129ff. ,203ff.).

〔2〕 Watson(1988a),8—9.

的那个时刻,灵魂已经升入天堂或坠入地狱、或者大部分情况下是到了炼狱(purgatory)`,礼仪的目的是为了帮助亡灵的救赎[1]。

在华琛看来,那种认为生者和死者之间存在着一种持续的交流的观念,构成了中华帝国晚期思想形态的基础。这种交流具体体现为向死者贡献食物、纸钱和其他物品。作为回报,生者希望获得某些实在的利益,包括好运、财富以及子孙昌旺等等。在儒家传统里,这种交易并不是建立在一套有关地下世界的精心构想的基础上的。然而在基督宗教中,生者和死者之间不存在任何交流,人们不相信死者能从生者那里获得任何东西。只有在生者和天主之间、死者和天主之间,才存在着联系(生者和死者是无关的)。这和有关于天堂和地下世界的某些特定观念,有很大的关系。在天主教传统中,生者只能通过诸如祷告、慈善活动等善行,间接地为死者赎罪、拯救他们的灵魂。这些都是为了死者的得救而对天主做的。天主教在某些方面可以和佛教相比,它们都有一个惩罚性的地下世界,都有救赎和行善的观念。佛教的丧礼意在回报父母、尤其是母亲的恩情,报答他们在抚育自己成长时所做的牺牲,并依赖僧侣的参与来帮助达到这个目的[2]。在这几种传统中,儒家传统和天主教传统的差别最为鲜明。

华琛同样指出,在中国所有与死亡有关的礼仪,只是暗示着生者和死者之间仿佛(as if)存在着一种连续不断的关系(relationship)。至于参与丧礼的人是否相信灵魂真的存在、是否相信祭献会对亡者有用,那都不重要。真正重要的是,丧礼必须要按照公众认可的程序进行[3]。而欧洲人认为,亡故之后死者和生者之间不存在任何的关联;对亡灵的拯救,掌握在天主手中。欧洲的丧礼就建立在这种信念的基础上。在中国,对礼仪活动的规范化,几乎总是优先于对思想信仰的控制;而在欧洲,维护信

---

〔1〕　本书只讨论天主教礼仪传统。新教徒抵制天主教大部分的末世论(eschatology)、尤其是炼狱说,否认仪礼的救赎价值,并批评代人祈祷。参看 Eire(1995),119.

〔2〕　参看 Cole(1998)及 Oxfeld(2004),965.

〔3〕　Watson(1988a),9—10.

仰体系的统一,要重于对丧葬礼仪进行规范。和中国相比,欧洲对礼仪的统一规范,发生得相当晚。

有关这个方面的重要的分析术语,是"正统实践"("orthopraxy",即正统行动,以及它相应的形容词"orthoprax")和"正统教义"("orthodoxy",也即正统信仰)[1]。上面所论述的这些差异似乎证明,在中国仪礼程序的正统,要重于信仰的正统;而在天主教欧洲,正统的教义与信仰,要比正统的礼仪实践更为重要。像《家礼》和《罗马礼书》这些礼仪规范,似乎各有不同的侧重点。中国礼仪传统强调的,只是正统实践;而天主教礼仪传统强调的,只是正统教义——这种说法会把事实简单化。在中国的理学家那里,正确的教义同样重要;而信奉天主教的欧洲,也作了很多努力去规范礼仪。然而这些概念,是帮助我们观察中西礼仪活动的复杂性、获得更深刻认识的有用工具;可以帮助我们揭示出儒家中国和天主教欧洲,在关注点上的(不是在本质上)很多差异。

---

[1] 参看 Berling(1987);Watson(1988a),10. 还可参看 Rawski 的讨论:Rawski (1988a),Oxfeld(2004);特别是 Bell(1997),191—97;参考 *Modern China* 关于 Watson 看法的讨论专刊,尤其是 Sutton(2007a)的讨论及 Watson(2007)的回应。

第二章　传教士关于中国丧礼的知识

通过传教士传回欧洲的文献,我们可以考察他们对中国丧礼活动的了解情况。这些文献包括耶稣会内部交流的私人信件,还包括面向公众出版的考察报告和一些历史记述[1]。后者经常被翻译成不同的欧洲语言,广泛传播。而且,同时代从未迈出欧洲一步的学者们,也在他们有关中国的论著中吸纳传教士提供的信息。

一、欧洲的文献资料

对中国情况最为全面的一份描述,出现在由阿姆斯特丹医师欧弗尔·达伯尔(Olfert Dapper,1639—1689)编辑、1670年出版于荷兰的《荷兰东印度公司在大清帝国(中国)沿海的非凡事业》(*Gedenkwaerdig bedryf der Nederlandsche Oost-Indische Maetschappye op de Kuste en in het Keizerrijk van Tasing of Sina*)一书中。这本印刷精美、插图丰富的图书,收录了荷兰舰队司令Balthasar Bort 1663和1664年在福建沿海的探险报告以

---

〔1〕 对各种不同类型的文献的概述,参看 Noël Golvers, "Western Primary Sources," 收入 HCC, 162ff.

及 Pieter van Hoorn 派使者出使北京(1666—1668)的报告[1]。达伯尔从未到过中国,他的这部书是 Bort 探险队和 van Hoorn 使团成员的报告汇编,并收集了从其他渠道得来的一些有关中国的描述。达伯尔是一位编者而非作者,其编辑范围非常广泛[2]。他经常将不同作者的同一个主题的文章汇编到一起,而自己不下一语评断。或许正是因为他完全依赖原作者,和同时代的编辑家相比,他能更直率地说明文献信息的来源。除了最初的 1670 年的荷兰语版本外,出版商 Jacob van Meurs 从 1673 年到 1676 年出版了四个德文版。1671 年伦敦出版的 John Ogilby 的英译本改名为《中国图册》(*Atlas Chinensis*),并误将 Arnoldus Montanus (1625? —1683)认作原书的编者。达伯尔编纂的这部书,实际上成为 17 世纪晚期荷兰、法国和德国读者了解中国事物的百科全书[3]。

这部书的第二卷《中华(大清)帝国的风土》(*Description of the Empire of China or Da Qing*)有题为《葬礼与致哀》(*Funerals and Mourning for the Dead*)的很长的一章,其中收录了几乎所有的 17 世纪有关中国的重要介绍中的相关材料[4]。第一种文献是《基督宗教远征中国史》(*De Christiana expeditione apud Sinas. Suscepta ab Societate Iesu. Ex P. Matthaei Ricij eiusdem Societatis commentarijs*,1615),也就是利玛窦中国传教故事的拉丁译本[5]。本书由金尼阁(Nicolas Trigault,1577—1628)编成,他曾在中国住过三年,然后作为耶稣会中国教团的代表返回欧洲。这部书在出版十年之内不仅多次重印,而且被译为法语、德语、西班牙语、意大利语,并被节译为英语[6]。达伯尔所用的第二种文献是耶稣会士阿德里

〔1〕 有关 Bort 探险以及 van Hoorn 出使的描述,参看:Lach and Van Kley(1993),vol. 3,book 1,60—61;Wills(1984),ch.1 and 2.

〔2〕 达伯尔在他的书中使用的大量关于非洲的文献的详细研究,参看 Jones(1990).

〔3〕 Dapper(1670)/(1671).相关描述参看 Lach and Van Kley(1993),vol.3,book 1, 490—91.

〔4〕 "Lijk-plicht of Lijk-staetsie, en rou over dooden," Dapper(1670),407—30/(1671), 373—92.

〔5〕 利玛窦的原始手稿保存于 ARSI Jap. Sin. 106a,1911 年首次由 Pietro Tachi Venturi(参看OS)、稍后由 Pasquale d'Elia(参看FR)编辑出版。

〔6〕 Trigault and Ricci(1615)/(1978)/(1953). N. Golvers,"Western Primary Sources,"收入 HCC,180—81.

亚诺·德拉斯科尔特斯(Adriano de Las Cortes,1578—1629)的《航行、海难和中国潮州的入狱经过以及沿途见闻》(*Relación del viage,naufragio y captiverio que,con otras personas,padeció en Chaucao,reino de la gran China,con lo demás que vió en lo que della anduvó*,1625)[1]。在驶向澳门的途中,船只在广州沿海失事,这位西班牙籍耶稣会士在大陆被囚系了11个月,重获自由之后,他详细地回顾记录了自己的经历和见闻,其中有些部分可能依据了中文文献。这部手稿极为珍贵,因为它广泛描述了中国真实的日常生活,包括中国人的服装、寺院的礼器以及肉刑的方法等。这部手稿直到20世纪晚期才被出版,达伯尔当时是如何得到它的,我们还不得而知[2]。达伯尔的一些插图来自德拉斯科尔特斯的手绘。另一份有关中国的重要文献出自耶稣会士曾德昭(Álvaro Semedo,1586—1658)之手,他曾于1613年到1637年在中国工作。和之前的金尼阁一样,他后来也以中国教团驻罗马代表的身份回到欧洲。在返欧途中,1638年他在果阿写作完成了《在中国及其周边地区的传教经历》(*Relação da propagação da fé no reyno da China e outros adjacentes*)。该书的西班牙语译本题为《中华帝国》(*Imperio de la China*),于1642年出版,意大利语译本于1643年出版,据意大利语本译出的法语本、英语本(题为《大中国志》,*The History of that Great and Renowned Monarchy of China*)分别于1645、1655年出版[3]。曾德昭用了一整章的篇幅来介绍中国的丧葬礼仪,还有一章是关于1614年万历皇帝的母后的葬礼。这些中国的新消息,17世纪50年代由耶稣会士卫匡国(Martino Martini,1614—1661)带回了欧洲。他搭乘一艘荷兰船只返回欧洲,但在途中因遭遇海峡风暴而被迫偏离航线,最终在挪威登陆。卫

---

〔1〕　手稿收藏于大英图书馆,mms. Sloane 1005.
〔2〕　Las Cortes(1991)/(2001). 达伯尔在其他书里也使用过未出版的文献材料。参看 Jones(1990),185—86.
〔3〕　Semedo(1655)/(1996). Lach and Van Kley(1993),vol. 3,book 1,349. 本书内容的摘录,也在当时的法语、意大利语和德语的游记汇编中出版。Golvers,"Western Primary Sources,"收入 HCC,196. Semedo(1996)只对1645年的法语本作了轻微修改。

匡国向南穿越德国到达了阿姆斯特丹,在那里由著名的荷兰出版商 Johan Blaeu(1598—1673)出版了他的《中国新地图志》(*Novus atlas sinensis*,1655)。这本书后来被译成荷兰语、法语和德语,其中包括明朝 15 个省的分省地图,每个省的地图都带有详细的说明,达伯尔从这些说明之中选取了有关丧葬风俗的文字[1]。达伯尔还引用了卫匡国的另一部著作《中国史十卷》(*Sinicae historiae decas prima*,1658)——这是欧洲人第一次认真地尝试书写中国的历史[2]。达伯尔引用的最后一部重要文献,是汤若望(Johann Adam Schall von Bell,1592—1666)的《中国耶稣会传教史略》(*Historica Narratio de Initio et Progressu Missionis Societatis Jesu apud Chinenses*,*Praesertim in Regia Pequinensi*,1665)。这部书由奥地利耶稣会士 Johan Foresi(1624—1682)编成,主要依据的是汤若望 1658 年的一份报告。这份报告部分地是为了回应传教士们对汤若望掌管钦天监一事的合法性的讨论,其中包含了许多明清易代之际天主教状况的详细材料。本书的最后三章——它们来源于稍后的另外一种文献——是关于顺治皇帝之死(1661 年 2 月 5 日晚、6 日凌晨)及其葬礼,其中有很长一段对葬礼的概要解说[3]。

二、原始民族学对中国丧礼的描绘

总的来说,这些文献所包含的信息,对 17 世纪中国的丧葬活动作了相当好的描述[4],可以称作是对中国的"原始民族学的"(proto-ethnogra-

---

[1] Martini(1981). Lach and Van Kley(1993),vol. 3,book 1,381—82,480—81.

[2] Martini(1658). Lach and Van Kley(1993),vol. 3,book 1,526—27.

[3] Schall(1942). Lach and Van Kley(1993),vol. 3,book 1,528.

[4] 对明代葬礼的简要描述以及其他一些相关文献,参看:Lach and Van Kley (1993),vol. 3,book 4,1625—1627(明末);1703—1704(清初)。还可参看以下书中的概述:Bartoli(1663),38—43(主要依据金尼阁和利玛窦的记述)。18 世纪的一份重要描述(主要依据几种十七世纪的文献)是 Jean-Baptiste Du Halde(1674—1743)的 *Description...de la Chine*(1735). 参看:"Des cérémonies qu'ils observent dans leurs devoirs de civilitez,dans leurs visites,& les présens qu'ils se font les uns les autres,dans les lettres qu'ils écrivent,dans leurs festins,leurs mariages,& leurs funérailles" on funerals,(1735),vol. 2,124—30/(1736),vol. 2,146—54/(1738—1741)"Their Mourning and Funerals,"vol. 1,306—10.

phic)描绘[1]。之所以称之为"民族学的",是因为它们主要描绘异族文化中诸如礼仪、教育体制、语言和生产方式等文化实践活动。它们是"原始"民族学的,是因为它们的目的、方法和标准,与19世纪、20世纪发展起来的民族学学科规范并不一致。这不意味着17世纪的民族学作品不反思它们自己的方法与目标。达伯尔最初使用的作品之一、金尼阁和利玛窦的《基督宗教远征中国史》就是一个很好的例子。几位现代研究者已经讨论过,这种记述形式如何适应了一个更大的宣传计划、金尼阁如何对利玛窦的原始意大利语文本进行调整和增补以适应他的宣传需要[2]。作为一个编者,用金尼阁自己的话说,"与提供一种文学阅读的愉悦相比,我们对提供事实真相更感兴趣"[3]。

为了达到这一目的,他试图使用一种新的写作方式,以与先前的两类作者相区别——"一类有太多的想像,另一类听到很多,并且不加审核就照样出版"[4]。如果和后一类作者一样的话,金尼阁就无法将自己和某些耶稣会士区别开来。金尼阁借助于自己的经验主义方法:

> 很明显,不经过数年的接触,无法期待一个人能对欧洲生活有透彻的了解。同样地,对于中国,为了获得关于这个国家及其人民的全面的知识,一个人必须花费数年时间在不同的省份旅行、学习他们的方言、阅读他们的书籍。当我们已经做到这一切之后,人们完全有理由相信我们这部最新的著作,能够取代此前的那些撰述;它所记录的,也应该被当作事实——当然,里面也会带有一些可以原谅的人为差误,若蒙指出,我们将会满怀感激地根据更新的观察报告加以修订。[5]

---

〔1〕　有关"原始民族学"描述的概念,参看:Odell(2001),239;"ethnohistories"in Lach and von Kley(1993),vol.3,book 4,1566;及 Rubiés(1993及1995)。

〔2〕　对利玛窦原始文本的调整,参看:Shih(1978);Foss(1983);Fezzi(1999);及 Gernet(2003).

〔3〕　Trigault and Ricci(1615),iii/(1978),64/(1953),xiv.(译者按:本书《基督宗教远征中国史》引文的翻译,参考了何高济、王遵仲、李申译《利玛窦中国札记》,中华书局,1983。)在序文中声言叙述的真实性,这在16、17世纪的游记书籍中是很常见的。出版商不仅夸赞自己的作者可信,而且还贬低其他作者叙述的可靠性。参看 Odell(2001),225.

〔4〕　Trigault and Ricci(1615),iv/(1978),65/(1953),xiv.

〔5〕　Trigault and Ricci(1615),iv/(1978),65/(1953),xv.

今天的研究方法较少地倾向于遵循金尼阁尽可能掌握真相的观念,但从他的反思中可以清楚地看到,他著作中的描述是建立在尝试着与中国人一起生活、交流的基础之上的。这一点对本书中某些详细的民族学部分尤为重要。和其他许多耶稣会士著作一样,《基督宗教远征中国史》也包含两部分。这部著作的大部分内容(第二册到第五册)是关于"基督宗教远征"的历史——也即天主教传入中国的历史,这是本书的基本框架。而在第一册,该书以对中国的地理、文化、宗教和政治状况的民族学描述作为导论,其中的部分内容曾由耶稣会传教士庞迪我(Diego de Pantoja,1571—1618)在欧洲出版[1]。关于致哀和葬礼的描述,出现在第一册有关中国风俗的章节当中——本章在金尼阁的版本中题为"中国几种礼仪"("De Sinarum ritibus nonnullis"),在利玛窦的原始手稿中标题为"中国礼仪和几种仪式"("Delle cortesie et alcuni riti della Cina")。它更为明确地指礼貌和仪式,这和"五常"之一的"礼"直接相关——"礼"被英文译者 Purchas 译为"civilitie"。在利玛窦和金尼阁看来,中国人不仅超过了那些"未开化的和野蛮的"国家,也超过了欧洲[2]。值得注意的是,葬礼这部分内容,并未出现在有关迷信和宗教教派的章节当中[3]。同样地,对葬礼的讨论也包含有文艺复兴时期民族学的两个基本特征,

---

〔1〕 在金尼阁和利玛窦的畅销书《基督宗教远征中国史》(1615)之前,出版过庞迪我有类似标题的关于中国的小册子 *Relacion de la entrada de algunos Padres de la Compañia de Jesus en la China* (Sevilla,1605),这本小册子原本是 1602 年写于北京的一封信件。庞迪我曾于 1601 年到达北京,他可能使用了同样的文献材料(利玛窦及其他人的信件和个人笔记),这些材料后来成为金尼阁和利玛窦《基督宗教远征中国史》第一册的基础(参看 Ricciardolo〔2003〕,35—38)。这解释了为何金尼阁和庞迪我对葬礼的描述有某些类似之处,参看:Pantoja(1605),81r—86r/(1625),367—68。金尼阁有关葬礼的文章的英文节译本,在 Purchas 的书中也可以找到,见 Purchas(1625),III. ii,393;之所以节译,是因为同一卷中(367—68)包含了庞迪我对丧葬风俗的大量描述。Purchas 的作品主要收录金尼阁和利玛窦书中民族学描述的章节。金尼阁和利玛窦《基督宗教远征中国史》中的描述,后来被耶稣会士何大化(António de Gouvea,1592—1677)部分采用;参看 de Gouvea(1995 2001),vol. 1,105—106;269—273.

〔2〕 Trigault and Ricci(1615),63;FR I,71。金尼阁和利玛窦的标题,可以与 1616 年法文译本的标题"De quelques coutumes des Chinois"(〔1978〕,124)相比较。"civilitie"一词,见 Purchas(1625),391.

〔3〕 有关迷信的章节,见 ch.9(FR I,94);有关宗教教派,见 ch.10(FR I,108)。曾德昭和金尼阁对葬礼和照料死者部分,分别冠以"Of the Funeralls and Sepultures of the Chinesses"(Semedo(1655),73),"De cura universim mortuorum apud Chinenses"(Schall〔1942〕,422)这样的标题。

正如 Joan-Pau Rubiés 所指出的。第一个特征是,通过将葬礼从有关宗教派别及其实践的章节当中分离出来,对葬礼的描述就变得独立于那些对宗教信仰的严肃分析。第二个特征是,将葬礼与礼仪活动联系在一起,使得它能从信仰语言与理性语言(也即基督宗教的语言和文明的语言)的界限明晰和分离中获益[1]。这两个特征适应于这里所谈论的大多数著作。

葬礼在《基督宗教远征中国史》一书中所占的内容有限。它仅出现在"世界上没有一个民族可以和中国人相比"[2]的孝道的外在表现这部分内容中。

达伯尔的书有关葬礼那一章的开头,全文引用了金尼阁和利玛窦的书中描述中国丧礼特征的部分:

　　　　所有和风俗教化有关的中国书籍,都极力教导孩子要顺从父母、尊敬祖先,这些都淋漓尽致地表现在他们的丧葬礼仪当中:他们不仅要穿着丧服,而且要花费巨资置办棺椁。

　　　　在准备葬礼(这种葬礼更像是一种光荣的炫耀)的过程中,他们极力在仪式和排场上超过对方;不仅如此,他们还经常超出他们的承受能力备办丧事。他们的丧服不是黑色,而是白色。父母死后,儿子们要穿一种一直垂到脚面的麻布长袍,有点像圣职人员的僧袍。他们的鞋帽看上去也很褴褛。他们像方济各会修士那样系一条绳子作腰带。根据一项不可亵渎的法律,子女要严格地为父母守丧三年整,原因是(他们的书里是这样说的)他们要回报父母,感激父母的三年怀抱之恩和幼年时为抚育自己所付出的辛劳。但他们为其他亲属服丧的时间要短得多,有些一年即可脱下丧服,有些是三个月,和欧洲一样。

　　　　法律规定的为皇帝或皇后服丧(国内的所有臣民都要如此)的

---

　　〔1〕　Rubiés(1993),170—71.这些特征在 Rubiés 的其他几篇文章中有进一步的论述,参看 Rubiés(1995).
　　〔2〕　Trigault and Ricci(1615),79/(1978),138/(1953),72.

时间,也是三年。但现在经过皇帝允许并经圣旨宣布,可以以日代月,所以整个帝国只需为皇帝服一月之丧。[1]

从上面这段可以看出,这本书是写给欧洲读者的,通过比较("他们像方济各会修士那样系一条绳子作腰带")直接提及欧洲的状况[2],当时的欧洲读者可以了解中国的情形。这种比较反映出观察者站在自己的文化的基础上去理解另一种文化,是不可避免的。和17世纪的其他文献具有同样的特征,在潜意识中这些读者是"欧洲"的,而不是某一个特定国家的。这说明欧洲人自己已经普遍地意识到,欧洲是一个文化整体。

金尼阁的这些描述,似乎不仅来自亲眼所见,而且也来自中国的文献。在下面这段对丧葬礼仪的描述当中,金尼阁似乎直接提到了朱熹的《家礼》或者《家礼》的某个普及本:

中国人所遵循的丧葬仪式与风俗,被记录在一部大部头的书中,以供有人去世之后负责处理后事的人查阅。其中不仅有对他们服丧所穿的衣服、鞋子、帽子、腰带等的文字描述,而且带有示例图片。

一位有身份的人去世之后,死者的儿子或者最亲近的男性亲属,要用一种致哀文体的书册,讣告所有的亲戚朋友。棺木做好之后,尸体入殓;同时棺木所在的厅堂或者房间里,要悬挂覆盖上白布。厅堂的中央是祭坛,上面放置棺木和死者的画像。在某些特定的日子,死者的所有亲属身着丧服进入厅堂。他们带来大米,在祭坛上放置两根蜡烛,燃烧香料(也就是熏香)以纪念死者。点燃蜡

---

〔1〕 Dapper(1670),407—8/(1671),373;对照 Trigault and Ricci(1615),79—80/(1978),138/(1953),72.可以将本段以及其后的部分与利玛窦的原始文本相比较,见FR,vol.1,83—85.

〔2〕 "方济各会修士"这句话,虽然出现于 Trigault and Ricci(1615),79—80/(1978),138(1953),72,但在利玛窦的意大利语原始文本(FR,vol.1,83)中却没有出现;它第一次出现在 Pantoja(1605),81v/(1625),368."和欧洲一样"("as in Europe")这句,在 Dapper 的英文版(Dapper〔1671〕,373)中被加了进去;在荷兰文版(〔1670〕,408)中,这句写作"gelijk ook hier te lande"(和这个国家一样)。这个比较似乎意在说明丧期的多样性,而非解释那种"三个月"的丧期;在金尼阁和利玛窦的书中,这个比较没有出现。

烛之后,他们弓身屈膝四拜,以表达对死者的敬意;但在此之前他们先在正对着棺木和遗像燃烧着的香炉里放入香料。在这些仪式进行的同时,死者的儿子们站在棺木的两侧号哭致哀;棺木的后面是死者的女性亲眷,她们站在一道帘子的后面不停地哭泣。僧侣们定下了焚烧纸钱的风俗,他们把纸剪成一种特殊的样子,有时也焚烧白色的丝帛。这样做(据他们说)可以使死者在另一个世界得到衣服。

子女们经常将装有父母遗体的棺椁在家里停放三四年,因为涂了他们称为"漆"的树脂,因此并没有一丝秽气从棺椁的缝隙中飘出来。在这期间内,每天都有肉和酒供在死者棺椁前,就如同他们还活着一样。在服丧期间,儿子们不坐在通常坐的椅子上,而是坐在盖着白布的矮凳上;他们也不睡在床上,而是睡在靠近棺木的铺在地上的草席上。他们不吃肉,不饮酒,在几个月内不公开外出,外出的话也是坐在盖着丧布的轿子里。[1]

金尼阁只简要描述了丧礼程序的基本特征,他承认还"看到了其他许多东西,若一一提及,会过于乏味"。只有一处例外,他详细描述了送葬的队伍(这段后来被达伯尔采用):

出殡的那天,朋友和亲戚们受另一种簿册的邀请,身着白色服装齐聚参加葬礼,葬礼的过程就像天主教的游行仪式。纸扎的却被涂金彩绘的男俑、女俑、大象、老虎和狮子,被抬着行走在前面,最后在墓地烧掉。僧侣们在长队中跟在这群人的后面,喃喃念诵着异教的祷词,他们还要击鼓、演奏笛子钟钹等乐器举行几个仪式。走在前面的,还有几个肩抬大铜香炉的男人。

安放死者的棺柩非常排场,盖在一个用木料精工制作拱形棺照下面。棺柩被绒绳悬起,由四十个、有时是五十个人抬着。

〔1〕　Dapper(1670),408—9/(1671),373—74;对照 Trigault and Ricci(1615),80—81/(1978),138—39/(1953),72—73.

死者的儿子们在棺木的后面步行跟随,他们每人拄一条丧杖,似乎要因悲伤而晕厥。跟在后面的是坐在轿车里的女眷,轿车装了白色的轿帘,所以没有人能看到她们。其他和死者关系不是那么亲近的女性亲属,也都坐在白色的轿车里面。

他们的墓地和坟穴都靠近城市。[1]

在有关丧礼的结论部分,金尼阁还描述了其他的一些丧礼规则和特征,诸如父母去世时未在场、或者客死异乡等例外情况。整个这一部分虽然很短,它却让人们对中国的丧葬习俗有了相当程度的了解。

在达伯尔的书中,金尼阁的引文后面,分别是引自曾德昭和汤若望的段落(汤若望的语段中穿插着引自卫匡国的简短引语)。达伯尔为了积累信息,并不介意内容的重复。这样做的结果是,读者对与丧礼相关的不同环节,都有了一个相当广泛而详细的总体了解。很自然,各个作者的描述会稍有差异。

例如,有关吊唁仪式的各种描述,就显示了这种差异的存在[2]。吊唁仪式必然会引起传教士的注意。在欧洲的葬礼中,死亡与安葬两个环节的时间间隔相当短,所以欧洲人并没有花几天的时间举行仪式的习俗。曾德昭这样描述吊唁的仪式:

尸体停放好之后,他们用丧帖通知所有的朋友和亲戚,丧帖中写满悲伤与愧疚的言辞,他们以此来向亲友显示自己的哀伤。

然后吊唁就以如下方式开始了:当来客进入第一道庭院的时候,他会穿上自己为吊丧而带来的丧服。鼓手击鼓,以通报客人的到来。当他穿越庭院的时候,喇叭就吹响了。他一进入厅堂,帘子后面的女

---

〔1〕 Dapper(1670),409—10/(1671),374;对比:Trigault and Ricci(1615),81—82/(1978),140/(1953),73—74.“就像天主教的游行仪式”这句是达伯尔所加;在最后一句里,拉丁文本提到了“suburbanos.”

〔2〕 有关中国吊唁习俗的其他描述,参看:Dapper(1670),409/(1671),374;Trigault and Ricci(1615),80—81/(1978),139/(1953),73(compare FR,vol.1,84);Du Halde,(1735),vol.2,125/(1736),vol.2,147/(1738—1741),vol.1,307—8;还可参看:Du Halde,(1735),vol.3,177/(1736),vol.3,214/(1738—1741),vol.2,63,该书依据的是一种可能成书于1680至1722年之间的未知的中国文献(Landry-Deron〔2002〕,232).

眷就开始哀号。他走到祭桌前,将一个装有价值十二或者八便士钱币(助丧之用)的纸钱包连同一些香,一起放到祭桌上。然后在地毯上向死者致敬四次:跪下,然后立起。礼毕之后,孝子们从跪的地方起来,走到客人的左手边,向客人答拜四次:跪下,然后站起。在此期间他们要号哭,或者至少要作出号哭的样子。答拜完毕之后,孝子们一言不发地回到原来的位置。此时客人走上前去,死者的一位身着轻丧的远亲上来接待,将客人引入另一个房间。他们在那里落座,有人献上茶饮、干果或者甜肉脯。他们并不怎么吃这些东西,只是拿一点放在衣袖里,然后告别。

　　这种仪式被认为如此的应当,住在附近的那些朋友无法忽略它;那些住得远的朋友,如果是在临近的城市,也会亲自赶来。但如果住得太远,他们会派一个家人以自己的名义来吊唁。这个仪式一般要持续八到十天。但那些距离遥远的朋友,则可以在任意时间亲自前来或者派人来吊唁。[1]

在 20 年后的汤若望的记叙里,吊丧的场面是这样的:

　　无论任何人,当他去世之后,所有的朋友和亲戚都要赶来对着死者哭泣致哀。

　　有身份的人会送出一片很薄的白麻布和一封信,以向朋友们报告死讯。朋友们会在一个约定的日子,带着香、蜡烛和银钱到来。进入亡者家中后,他们走向厅堂中央对着棺材摆放的供桌;点燃线香并插到供桌之后,他们稍稍后退几步,向棺材头上所画的死者遗像行礼致敬:四次跪倒,额头触地,同时哀哭。

　　举行吊唁仪式时,死者的家属似乎都位于两道帘子之间的棺椁的一侧,也要前来行同样的礼,跪倒并额头触地四次。吊唁结束之后,第二天家属们进入停灵的房间,从这里将棺柩运往墓地或者至少

---

　　[1]　Semedo,(1996)112—13/(1655),75;对比 Dapper(1670),412/(1671),376—77("茶"在这里被音译为"Tee")。译者按:本书曾德昭《大中国志》引文的翻译,参考了何高济译《大中国志》,上海古籍出版社,1998。

是城门口;孝子们身穿麻布衣服,目光低垂,挨家挨户向曾来吊唁的宾客致谢,宾客们则特意站在自家门口。[1]

很难知道传教士们是从哪里得到的这些信息。对吊唁的描述,可能部分地根据文献资料,部分地根据他们的经历。然而,对丧礼最初几个步骤(小殓、大殓)[2]的描述,会使人怀疑他们的描述是否来自亲身的观察。这些信息很可能来自传教士所采访的人,而受访者的回答,也有可能是为了迎合调查者之所需。这些早期文献所使用的方法,也肯定有其他的一些局限。举例来说,17世纪中国和欧洲男女地位的实际状况,可以解释为什么这些文献很少提到女性在丧礼中所扮演的角色。而且,这些原始民族学的描述,目标不在于追求全面,所以诸如儿童、没有子女的成人或者只有女儿的父母如何服丧,就基本没有提及。但从总体来看,这些记叙包含了传教士所观察到的异文化的许多详细而精确的信息,这些信息不仅可以和当时的中国文献以及现代的研究相印证,而且可以补充它们的不足。

三、礼仪的差异

从总体来看,达伯尔书中有关中国丧葬的描述,提供了中国丧葬礼仪的典型特征和华琛所谓的"基本结构"。然而通过文献的堆累,达伯尔的著作提供了一幅不仅广阔、而且复杂的中国丧葬礼仪图景。例如,丧礼与社会地位有关,书中所引用的金尼阁的记述,就显示了丧礼是如何因社会等级的不同而变化的——金尼阁提到了高级人物和皇帝的葬礼。曾德昭也描述了穷人葬礼的不同方式:"如果他们穷到买不起棺材,他们就会焚化死者,埋掉骨灰。""为了照顾那些没有自己的坟地的穷人,通常在每一个城市,都有一块公共墓地。"[3]耶稣会士的记录说

---

[1]　Dapper(1670),417/(1671),381;Schall(1942),424.

[2]　Semedo(1996),111—12/(1655),74—75;Dapper(1670),412/(1671),376.

[3]　Semedo(1996),111/(1655),73,74;Dapper(1670),410,411/(1671),375,376.

明,他们知道中国内部的地方性差异。达伯尔精心选择了曾德昭的一段记录:"在四川省,人们将尸体火葬,把骨灰放入陶罐,密封之后投到河里。"[1]还有一段卫匡国的记录:"云南省的大部分居民,受到临近的印度人影响,把死者放在柴堆上烧掉;……贵州省新添司的居民,用剪下自己的头发的方式,来表达对父母之死的巨大哀痛。"[2]更为重要的是清初卫匡国和汤若望等人的记录,他们明确区分了汉人和满人(鞑靼)的葬俗,为较少关注满人丧葬活动的现代信息源提供了补充。有一个例子是关于棺材的构造:

> 鞑靼棺材顶上的那块木板,作成房顶的形状,并且并将外侧涂饰。人们不关心棺木的厚度,因为他们只是用棺材短时盛放尸体,然后把它们带到〔墓地去〕;到达墓地之后,他们将棺材和尸体一起烧掉。汉人的棺材足部较窄,头部较宽较高,棺盖平滑,延伸到棺材两侧,棺木的厚度从这里可以看到——这是人们首要关注的。[3]

还有一个例子与安葬的风俗有关:"鞑靼埋葬死者的方式看上去相当特别。在死者去世的当天,尸体被装进棺材,当朋友们对着它哭泣完毕之后,他们就把棺材运到屋外,除非死者是位总督或者长官。"[4]汤若望还记录了皇帝最近禁止寡妇自杀和减少丧葬浪费的决定:

> 而且,如果死者有一个比较喜爱或特别中意的侍妾,她们会自杀。这些侍妾不管是否情愿,都被强制自缢,以去安慰、取悦和陪伴在另一个世界的死者(这些无知的人如是说)。现在一些受过好一点的教育而稍有头脑的人们,对这种恐怖的自杀忧心忡忡,已经恳求皇帝降旨禁止这种残酷的事情。同样的,浪费焚烧家用物品和其他财物的习俗,也被皇帝明令禁止。为了代替昂贵的布匹和丝绸,他们

---

〔1〕 Semedo(1996),111/(1655),73—74;Dapper(1670),411/(1671),375.

〔2〕 Dapper(1670),430/(1671),392;Martini(1981),155,卫匡国在153页也明确提到他们不像中国人那样使用棺椁。

〔3〕 Dapper(1670),416/(1671),380;Schall(1942),422.

〔4〕 Dapper(1670),416/(1671),381;Schall(1942),425.

只焚烧纸制的金箔,并且在某种程度上他们已经摒弃了在墓地自杀的野蛮习俗。[1]

有些方面很少受到注意。例如,在后来的礼仪之争中非常重要的木主,这些早期文献就未加重视。汤若望对"成主"之礼的记述是个例外。葬礼之后成为死者灵魂之家的木主,事先就被作好,只是"主"字上面的那个点没有点上。死者家庭所认识的最有文名的那个人,将被请去用毛笔"点主"——这样灵魂就依附到了木主上[2]:

> 最后,他们退到一边,请出那个要在已经做好的木主上写字的人。木主有三指宽,一肘长,写着死者的姓名和身份。首先他们在木主上写一个"王"(意思是国君),因为这个缘故,在点主时,他们必须穿着得像那些有地位的人在国君面前那样。点主的人手里握着笔,述说自己本无力胜任,请求旁观者原谅自己的大胆举动。然后他用墨笔在木主末端的"王"字上面加点(主),原来的字就由"国君"变为类似于"主人"的意思。这样一来,加上前面已经写好的死者的名字,就是一个完整的句子:"某某之主"。亲友把这块木主连同遗像一起送到死者的家里,它将年年受到死者后人的祭拜。[3]

通过描绘中国丧礼的多样性及其细节,这些原始民族学的描述不仅有助于理解作为异质文化的中国,而且也有助于了解人类文化的多样性——这在后来使得欧洲的文明等级观念和普遍性的学说受到了质疑[4]。这种多样性不仅是指中西文化的差别,也反映在中国内部自身文化的多样上。

四、与欧洲的差别

传教士们在多大程度上感觉到中国的丧葬习俗和西方的差异? 回答

---

[1] Dapper(1670),419/(1671),382;Schall(1942),428.
[2] Naquin(1988),42.
[3] Dapper(1670),420/(1671),383;Schall(1942),430—31.
[4] 参看:Rubiés(1993),160—62;(1995),38.

这个问题的方法之一,是看一下这些记述中某些话题所受到的重视。通过广泛地描绘作为他者的中国的方方面面,他们也用一种不大明显的方式提到了中国与欧洲的差异。然而传教士向中国人介绍欧洲的另一类文献,有助于我们把握传教士的观察角度。的确,传教士们不仅试图向欧洲介绍中国,也同样向中国介绍欧洲。这方面的一个生动例子,是艾儒略(Giulio Aleni,1582—1649)的《西方答问》(1637)[1]。艾儒略1625年来到福建,中国学者经常向他询问西方的情况,这本书就是为了满足他们的好奇心而作。在写作过程中,他受过一些中国学者的帮助,如蒋德璟(1646年卒)曾校阅过艾儒略的文本。蒋德璟1622年通过会试,曾担任过礼部尚书。这本书用中国友人和作者对话的形式写成,书中的中国学者以中国为背景来询问欧洲的风俗。然而下面有关丧葬问题的例子显示,双方的互动更为微妙。选择某些问题,用一种特殊的方式加以解答,艾儒略不仅说明了西方的风俗,同时也突出了欧洲在这些方面和中国的差别。

在书中丧礼部分第一个问题解答的导言中,艾儒略称中西葬礼同异参半。为拉近与中国读者的距离,艾儒略在书中说,不论欧洲还是中国,都是"葬礼为重"[2]。这个回答适与达伯尔所引用的耶稣会士文献形成对比——它们声称,总的来说,葬礼在中国要比欧洲重要得多。例如,曾德昭就表达过如下观点:

> 虽然中国人在很多事情、尤其在主宰生活的问题上,和欧洲的哲学家们具有相同的观点,然而在对待与死亡有关的问题上,却与欧洲人大相径庭。欧洲人很少或者不关心尸体的埋葬,而中国人却将它看得无比重要,他们在生前竭尽全力为死亡做好各种准备。儿子们将处理父亲的后事,看作是显示他们孝心与顺从的最为重要的方式。[3]

汤若望简单明确地说:"不管是鞑靼人还是汉族人,都对安葬死者极为重

---

〔1〕 有关文本及翻译,参看:Mish(1964).
〔2〕 艾儒略(1637),卷上,页24b—25a;英译本:Mish(1964),59.
〔3〕 Semedo(1996),110/(1655),73;Dapper(1670),410/(1671),375.

视,因为他们认为后世子孙的所有福泽都要依赖它。"[1]视读者而定,某些被说成是非常相似的东西,实际上差别很大。艾儒略对其他和葬礼相关的问题,都强调差异而非相似之处,指出传教士们所目睹的中国葬礼至少有四个方面和欧洲大不相同:墓地和坟墓、棺柩、丧服以及丧葬仪式。艾儒略对17世纪欧洲葬俗问题的回答,可以和达伯尔书中对当时中国葬礼的描述相互补充。

墓 地 和 坟 墓

　　问:葬礼如何?

　　曰:与中华同异参半。葬礼为重,彼此皆然。但吾西不停柩,次日即葬。有坟不在山野而在城中圣堂近地。盖每城圣堂数多,堂后各有空地以葬也。凡奉教者,生前死后俱望大主恩庇,故不愿远离耳。且亡人之子孙,亦便为之祷祭,存殁皆安,以道为重也。第平民穴土而葬,富者另开地窖,与居室无异,其夫妇兄弟,或一家一族之人,先后可宽厝焉。至如尊贵大臣诸侯以上,则别造壮丽琼玉之墓,立碑文以葬之。[2]

这段文字的特色是那些否定性的界定(即"不停柩"、"不在山野"),在作正面说明之前,艾儒略用它们来说明欧洲葬礼所没有的特征。这些否定性的界定,清楚地凸现了欧洲和中国两种传统之间的差别。在欧洲装有死者遗体的棺柩不允许拖延不葬,而在中国,正如金尼阁所指出的,它们可以在死者家中停放三四年之久。当然,更常见的情形是,死者会在去世后三个月安葬,正如《家礼》所规定的;对于那些穷人,停灵的时间要比这短得多。而且欧洲的墓地不像中国那样通常是在山野或荒无人烟之处,而是在城中靠近教堂的地方,而且事实上一般是在教堂内部[3]。这是

---

　　〔1〕　Dapper(1670),416/(1671),380;Schall(1942),422.
　　〔2〕　艾儒略(1637),卷上,页25a;英译本;Mish(1964),59—60.欧洲墓地的选址,参看艾儒略对堪舆的讨论,艾儒略(1637),附录,页1a及以下;Mish(1964),79ff.
　　〔3〕　例如,有关16世纪马德里地区墓地的研究,参看Eire(1995),91ff.;阿维尼翁地区(Avignon),参看Chiffoleau(1980),154ff.

两种传统之间一个非常明显的不同,曾德昭和庞迪我都曾特别提到过。"人们为自己和子孙所准备的墓地,都位于城外,因为城内不允许安葬",曾德昭如是说[1]。庞迪我说:"在城内安葬死者,被认为是非常不吉利的。"[2]曾德昭接着描述这些墓地的价格会有多么昂贵:

> 虽然墓地面积很小,并无价值,但却要花掉他们一大笔钱,如果风水师断定它是能为家族带来好运的吉地。没有人不按照风水师的意见选择墓地……那些大人物,尤其是宦官,会用另一种更为奢侈的方式。他们在墓地修建华丽的官殿,地下带有类似公墓的厅堂,里面有用来安放死者棺柩的石龛。[3]

汤若望对墓地的形状作了更为详细的描述:

> 他们非常谨慎地选择葬所;如果他们没有自己的墓地,则要花高价来购买。墓地主要在土壤干燥之处选择,附近不能有河流和大道,也不能有寺院或高塔。墓地必须要在平坦之处,不能前后地势起伏。地点选好之后,他们就围绕墓地修建一道半月形的土堤,中间隆起,两边逐渐向下低倾,(表面)像海扇壳一样,并不平整。年辈最高者葬在高处,在他之下的两侧是他的子侄。他们不再同一个墓穴当中,而是每人单独在一个小坟丘下,家族的首领在最高的那个坟丘底下。中间的石桌上摆放着用以祭奠死者的各种食物、香和其他物品。[4]

这段对坟墓及其"半月"形状的描写,与德拉斯科尔特斯手稿中的附图极为吻合[5](图2.1)。今天的人类学家把坟墓的这种结构比作大写的希腊字母 Ω,将坟丘比作怀孕的子宫[6]。坟墓建筑的关键部分是位于 Ω 开口处的墓碑。

---

〔1〕　Semedo(1996),111/(1655),74;Dapper(1670),411/(1671),376.

〔2〕　Pantoja(1605),84v/(1625),368. 有关中国墓地的其他描述,参看:Du Halde (1735),vol. 2,125/(1736),vol. 2,147—48/(1738—1741),vol. 1,307.

〔3〕　Semedo(1996),111/(1655),74;Dapper(1670),411/(1671),376.

〔4〕　Dapper(1670),416/(1671),380;Schall(1942),423.

〔5〕　Las Cortes(1991),188/(2001),463.

〔6〕　相关人类学讨论,参看 Thompson(1988),104.

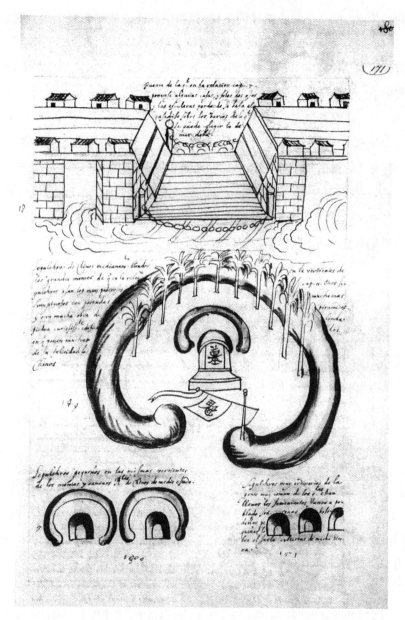

2.1 中国坟墓的"半月"结构。

采自 Adriano de Las Cortes,"*Relación del viage, naufragio y captiver-io...*"(1625),171r;还可参看 Cortes(2001),463. 大英图书馆惠允复制:mss. Sloane 1005.

汤若望很好地描述了"碑文"[1]和"墓志"[2]的差别：

中国人也树立一块墓碑,在上面写上死者的年龄、官衔和皇帝赐予的恩荣。为防止碑文损坏和死者的生前事迹磨灭无闻,除去墓碑之外,他们还在地里埋下带有同样铭文的另一块方石；当墓碑已经磨灭损毁之后,记录着死者一生功绩的墓志仍然完好无缺。[3]

一本18世纪的插图读物显示,耶稣会士对中国人的坟墓始终怀有浓厚的兴趣。书中含有普通的汉人和满人、太监、皇帝、和尚、道士甚至是穆斯林和天主教传教士的22种不同坟墓的图示(图2.2—2.5)[4]。

棺　　枢

在欧洲,使用棺枢是相当晚近的事情,所以艾儒略对天主教徒棺枢的描写较为简略也就并不奇怪：

棺有用木者、用石者、用铅者,铅在水永无朽烂故也。若圣人尸骸,又用香木为棺,精石为椁,金玉为镶,造殿立台以存奉焉。[5]

艾儒略对天主教圣徒的棺枢的描述,并不适用于欧洲的平民。平民的遗体通常是被装在租赁来的棺枢里,从家里运到教堂再到墓地,一般情况下遗体并不和棺枢一起埋葬。传教士熟悉欧洲那种较为普通、花费低廉的丧葬方式,因此曾德昭就对中国人的丧葬活动持否定态度,他同样被中国

---

〔1〕　碑文是墓碑或者纪念碑(立在地上)上的刻辞,其作用是提供有关死者身份的信息。它最简单的形式,至少要带有墓主的姓氏。内容更丰富的纪念碑上的文字,会包含树碑的家族成员的姓名,死者的官职或荣誉头衔等等。"碑"这个词显示了文章刻写的介质,这种介质的性质会影响到它的内容。参看 Edwards(1948),782；及 Weinberg(2002),6,15ff.

〔2〕　墓志也称"墓志铭"或者"圹铭",它是一种简要的传记颂文,刻在石碑上,和棺椁一同埋葬、或者埋在靠近棺椁的地方。它的作用(或者作用之一)是在坟墓受到破坏之后,说明遗骨的身份。在墓志或者墓表(见下)的结尾,经常有赞扬死者的诗("铭"),它通常比传记部分短得多,而且一般不会提供有关死者的新信息。Edwards(1948),781—82；Nivison(1962),459；and de Groot(1892—1897),1101ff.

〔3〕　Dapper(1670),416—17/(1671),380；Schall(1942),423—24.

〔4〕　*Reciieil de Tombeaux Chinois* (18世纪). 还可参看 Cordier(1909),222："Sur les plats armes de Bertin"；Gall(1990),28："Fonds Bertin"no.7(也收录于 Cabinet des estampes in 1793—1794；见页 88—89). 这些图示是 Henri L. J. -B. Bertin(1719—1792)收集的,他曾担任法国国务秘书(1762—1780),与在北京的法籍耶稣会士保持着密切的通信联系。

〔5〕　艾儒略(1637),卷上,页 25a—25b；英译本:Mish(1964),60。

2.2 普通汉族坟墓。

采自 18 世纪文本 *Recüeil de Tombeaux Chinois*, no. 1. 法国国家图书馆惠允复制:Cabinet des estampes, Oe 27.

2.3　满族的墓地。

采自18世纪文本 *Reciieil de Tombeaux Chinois*, no. 19. 法国国家图书馆惠允复制：Cabinet des estampes, Oe 27.

2.4　一位皇室王子的墓地。

采自18世纪文本 *Recüeil de Tombeaux Chinois*, no. 21. 法国国家图书馆惠允复制:Cabinet des estampes, Oe 27.

2.5 北京一位传教士的坟墓。

采自18世纪文本 *Recüeil de Tombeaux Chinois*,no.22.法国国家图书馆惠允复制:Cabinet des estampes,Oe 27.

人在棺椁上花费的钱财所震惊:

> 任何人死后都不能赤身埋葬,即使是一个出生两天便夭折的婴孩,这是整个王国的普遍风俗。根据自己的身份和财力,每个人都有自己的尸箱或棺椁。因此富人们(虽然中国人节俭悭吝)在这方面达到了极端的程度,他们极为用心地寻找作棺材的木料,出所能承受的最高价钱购买。

> 太监们在这方面做得最为过分。因为他们没有子嗣继承财产,常常会花五百或者一千克朗购买棺木,而事实上棺木根本不值这么多钱……

> 当装饰有金片、漆等各种华丽饰品的棺椁做好后,他们心满意足地把它放在家中,而且很多时候是放在卧房里。反之,如果经过数年棺椁仍未做好,他们总是怏怏不乐。如果父亲年事已高而棺椁仍未备好,这一定会给儿子们带来很多麻烦和指责。[1]

把死者遗体放入密封的棺椁,这是中国葬礼的基本环节之一,也是很多中国人所认为的最为重要的一点。把尸身放入通常是木质的棺椁,并包裹尸身使之不能移动,这些工作是由雇来的专门人员做的。钉钉封棺的仪式,是丧礼的核心程序之一,通常由丧主或者请来的宾客去做[2]。

传教士们清楚地看到,棺椁是中西葬礼一个明显的差异:

> 尸体被装入一个很大的棺椁,棺椁上装饰着多种图案。这个民族认为他们自己和子孙的很大一部分福泽,在于那些和葬礼有关的事情、尤其是安放尸体的棺椁和他们的葬身之所上。选择棺木、坟地以及制作棺椁,这些事情他们并不留到死后让别人去做,也不在乎花多少钱去订制一口棺材。在这方面(这是一件极为重要的事情),他们连自己的儿子都不信任,他们亲自在空闲时间寻找那些最不易腐烂的木料,这些木板通常有四指、六指甚至八指厚。棺木是如此之

---

〔1〕 Semedo(1996)110/(1655),73;Dapper(1670),410/(1671),375.
〔2〕 Watson(1988a),14—15.在有些地方,像台湾或广东,安葬之前要在棺材上刺一个孔。

厚,这样一来棺枢闭合得非常紧密,使得尸体在家中停放时不会散发
出一丝秽气。有些人要在棺枢上花七十、八十甚至一百达克特。能
够得到一口好棺材他们认为是一种福气;相反,如果没有安葬自己的
棺材,将是一种极大的耻辱。很少有人没有棺材。[1]

丧　服

欧洲和中国的风俗当中,丧服的差异相当大。颜色是最明显的差别,
艾儒略在《西方答问》中曾这样写道:

> 问:居丧服色,与中国同否?

> 曰:敝邦白色用为吉服,贵其清洁未染也。丧礼则忌白而用玄
> 黑,玄黑者,取幽冥之意也。父母之丧,初年服粗毛羊绒;次年用玄
> 色,亦略光洁;三年始除。若兄弟妻子各有其期。开吊送葬之日,不
> 但人服玄色,且居室墙壁俱挂玄色布帛云。[2]

艾儒略对中国人用白色服丧的解释,和卫匡国非常相似:

> 他们用白色而不是黑色服丧的原因,按他们自己的说法,是因为
> 白色是自然的颜色,而其他东西都是有颜色的或是人工的。他们说,
> 白色意味着居丧之时不要表现出做作和骄矜,自然的状态能充分地
> 表达真挚的哀伤。[3]

汤若望描述了满族和汉族在丧服上的区别。他对居丧三年期间丧服逐步
改易的描述,和艾儒略对欧洲丧礼的描述类似:

> (服丧)时汉人和鞑靼使用同一个颜色,但他们服丧的风俗不同。

---

〔1〕 Pantoja(1605),83v—84r/(1625),368.对棺材的其他描述,参看:Dapper(1670),
409,416/(1671),374,380;Trigault and Ricci(1615),81/(1978),139/(1953),73(对比FR,
vol. 1,84);Schall(1942),422;Martini(1658),156(book 5);Du Halde(1735),vol. 2,125/
(1736),vol. 2,147/(1738—1741),vol. 1,306.
〔2〕 艾儒略(1637),卷上,页25b;英译本:Mish(1964),60。
〔3〕 Dapper(1670),422/(1671),385;Martini(1658),31(book 1).关于丧服的其他
描述,参看:Dapper(1670),407—8,413—15/(1671),374,377—79;Trigault and Ricci
(1615),79—80/(1978),138/(1953),73—73(对比 FR, vol. 1,83);Semedo(1996),113/
(1655),74—75;以及 Du Halde(1735),vol. 2,124/(1736),vol. 2,146/(1738—1741),vol. 1,
306.

所有的鞑靼,不管是朋友还是亲属,都穿一条垂到脚面的麻布长袍,并在腰间用一条麻绳将袍子束住。他们穿上最破旧的靴子,带上除去红色丝边(平时他们用这个作帽饰)的最褴褛的帽子。

在这段时间内,他们不剃须发。

满一个月之后,他们将丧带、纸钱和类似物品投入火中烧掉,用这种方式表示丧期已经结束,并开始换上常服。

死者的邻居和故旧,用除去帽沿的丝边的方式来表达哀伤。

鞑靼妇女在守丧期间,要将通常的黑色服装换成白色;她们的包头盖在头发下面,像一个白色的帽子,飘带垂在肩头上方。

汉人的丧服每年改变一次。在第一年,男人和妇女都穿一套满是破洞的麻布衣、白布鞋,腰间围着一条绳子,用无心于自己的衣着服饰来显示他们对父母亡故的悲伤。第二年他们穿用细布衣服;帽子与平常的样式相同,但颜色是另一种;鞋子要好看一些;麻做的腰带被除下。第三年他们可以穿着丝绸衣服,帽子也可以是同样的材料,但是白色,或是常见的黑色。[1]

这一时期中国的丧服体制要比欧洲精细的多。达伯尔书中另一处对中国人丧服的详细说明,是根据德拉斯科尔特斯对中国不同丧服的插图描述(图2.6、2.7)[2]。达伯尔的书中为这些图片作了解说,但图片本身却不知何故被遗漏了[3]。德拉斯科尔特斯的插图可能来自《家礼》的某个插图本或是某本类书[4]。我们可以在王圻的《三才图会》(1607)中找到类似的插图(见图1.1)[5]。

我们有理由相信,德拉斯科尔特斯所依据的材料,反映的是中国南方的传统。在达伯尔从德拉斯科尔特斯那里复制来的另一幅图片中有一个

---

〔1〕 Dapper(1670),420—21/(1671),383—84;Schall(1942),431—32.

〔2〕 Las Cortes(1991),189/(2001),156,394—97.

〔3〕 Dapper(1670),415/(1671),379.

〔4〕 目前为止,鉴别这些图片来源的努力(如,和日用类书中的图片相比较)都还没有成功;例如,可以对比《中国日用类书集成》中收录的晚明类书。

〔5〕 《三才图会》(1607),第4册,第1551页及以下(《衣服》,卷3,第13页及以下)。

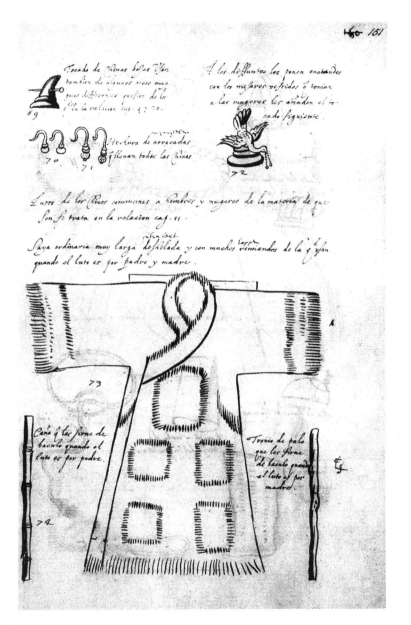

2.6　中国人的丧服。

采自 Adriano de Las Cortes, "*Relación del viage, naufragio y captiver-io...*"（1625）,151r; 还可参看 Cortes（2001）,395. 大英图书馆惠允复制:mss. Sloane 1005.

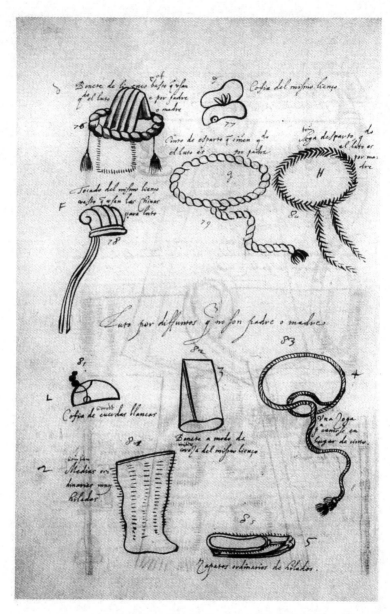

2.7　中国丧服的附属物件,其中有一顶麻冠。
采自 Adriano de Las Cortes,"*Relación del viage,naufragio y captiverio...*"(1625),151v;还可参看 Cortes(2001),396. 大英图书馆惠允复制:mss. Sloane 1005.

人物,他的穿著与达伯尔的描述非常一致:"不管是男人还是妇女穿着的普通丧服,都非常宽大,由白色粗麻布制成,并不缝边,上面打满补丁。孝子们手里拿着藤杖,父亲去世时用它来扶持自己;但母亲去世时,则持一条木质的手杖或短棍。男性在头上系一道麻带,一块未缝边的布(斩衰)从麻带垂到脸上。"[1](图 2.8、2.9)这段描述和 De Groot 19 世纪末在厦门观察到的情形一致,厦门靠近德拉斯科尔特斯船难获救的地点。De Groot 看到所有的男性丧主都带一种所谓的"麻冠":"从盘在头上的一圈绳子上,四片只有两英寸长的方形的、没有褶边的麻布由两耳、面部和脑后垂下来。这四片麻布显然象征了意在遮住丧主整个面部和两耳的更大的布片,以隔绝外界的一切影响;因为除去持久的哀悼之外,丧主不应有心思去看去听任何东西。"[2](图 2.10,2.11)

2.8 麻冠半遮脸的中国丧服。

采自 Adriano de Las Cortes, "*Relación del viage, naufragio y captiverio...*" (1625),153v;还可参看 Cortes(2001),396. 大英图书馆惠允复制:mss. Sloane 1005.

---

[1] Dapper(1670),414—15/(1671),378—79;Las Cortes(1991),189—90/(2001),156,404.

[2] De Groot(1892—1897),vol. 2,587—88;pl. xiv;fig. 26.

2.9 带有麻冠的中国丧服。Dapper 根据 Las Cortes 的作品改编,背景增加了送葬的场景。

采自 Olfert Dapper, *Gedenkwaerdig bedryf...* (1670), 414/ (1671), 378. 鲁汶大学神学院 Maurits Sabbe 图书馆惠允复制。

2.10 厦门地区的麻冠。

采自 Jan J. M. De Groot, *The Religious System of China* (1892—1897), vol. 2, 587, pl. xiv. 鲁汶大学东亚图书馆惠允复制。

2.11 厦门地区一位男性所戴的麻冠。

采自 Jan J. M. De Groot, *The Religious System of China* (1892—1897), vol. 2, 588; fig. 26. 鲁汶大学东亚图书馆惠允复制。

送　葬

艾儒略的对话者提到的最后一个问题,和送葬有关[1]:

> 问:出殡之日,亦亲戚相送、用鼓吹否?

> 曰:敝邦圣堂之傍,各有一塔,悬大钟于上。凡值瞻礼与讲道及会葬
> 之期,皆撞钟晓众。送葬自亲戚外,更有修道各会。随人所请,皆聚以送,
> 且为已故者祈求奉祭天主也。丧主各分烛一枝,令点而持之以增光辉。
> 大小多寡,称其贫富,无不尽力。其烛概用黄蜡造成。若葬大臣教主与盛
> 德之士功异于众者,堂中则立高台,愈尊愈高,至数十层。置棺于其上,燃
> 烛至数千。祭诵礼毕,方取下以葬。又丧日多施饮食财帛于贫人,代亡者
> 补罪立功也。此礼隆重不敢省费,其葬大臣,虽数千金,亦频用之。[2]

比起送葬来,这段描述关心的更多是在教堂里发生的事情,这确证了教堂
是欧洲葬礼的主要礼仪场所,也说明祷告以及慈善活动都是为了灵魂的得救。
从这一小段送葬的描述,我们不能得出结论说送葬在欧洲不重要。事实上,尤
其到了 16 世纪的下半段,送葬队伍变得日益复杂和拥挤[3]。然而和中国的
送葬仪仗比起来,他们看上去要简单的多,这有几个原因。首先,这里有距
离的问题。对城市居民来说,教堂一般不会离家太远,教堂的墓地(通常也
叫 churchyard)也在附近,正如在前面有关坟墓的讨论中提到的那样。这样
一来,教会的送葬队伍只能走很有限的一段路,带的教会仪仗也便有限。圣
职人员走在最前边,在队伍的头前高举着十字架、唱着圣歌。后面跟着的是
一些帮会——致力于慈善与乞求救赎活动的教友会。死者遗体的后面是
沉默无声的哀悼者:死者的家人、朋友和相识者;还有雇来参加送葬的穷人
和孤儿。很多参与者举着蜡烛;正如艾儒略上面强调的那样,显示庄严的
最重要的方式,不仅在于使用蜡烛和火炬,还在于它们的数量(图 2.12)。

---

〔1〕　关于送葬的更多描述,参看 de Groot(1892—1897),vol.1,152—207.
〔2〕　艾儒略(1637),卷上,页 26a—26b;英译本:Mish(1964),60—61。
〔3〕　参看 Eire(1995),121—23,134;Chiffoleau(1980),126ff,以及 *Rituale*(1614)中 *Exsequiarum ordo* 开头部分对葬礼游行的描述。

2.12　天主教送葬仪式,圣职人员引导棺枢前往教堂旁边的墓地。

采自 *Book of Hours*: *Office of the Dead*,法国 Rouen(？),16 世纪早期,fol. 62v;还可参看 Wieck(1988),128. 巴尔的摩(Baltimore)沃尔特艺术博物馆(Walters Art Museum)惠允复制:Walters 424;cat. no. 74.

传教士们对中国人精心安排的送葬仪式的大量描写,说明在他们看来这与欧洲的送葬大不相同:

（吊唁完毕之后）他们开始考虑葬礼的问题,这（如果他们有财力的话）将花费极多的钱财;如果财力不足,他们将棺柩停在家中,直到他们的经济状况好一些,这通常要等一整年。首先,他们用丧帖向每位朋友通知葬礼事宜。被召集的人立即赶往丧帖提到的地点。最前面的是抬着的仪仗,也就是几个人、马、大象、狮子、老虎等的大塑像,它们都由彩纸做成,装饰着金箔。除此之外,还抬着类似于凯旋战车、金字塔之类的物件;每件物什都装饰着多种绸制的饰品,还有用同样材料做成的花朵和玫瑰;所有这些要被烧掉,如果死者身份很高贵的话。这些物品若是租来的,则不会被烧掉。

这些仪仗之后,跟随着前来看热闹的人群;他们之后是身着丧服的死者朋友。这些人后面,是敲着铙钹诵经的僧侣。他们后面跟着另一类僧侣:他们留着胡须和长发,在团体之中过着独身生活——他们一边走一遍吹打着几种乐器。再后面是另一教派的僧侣,剃着光头,也一路走一路诵经。僧侣后面,是死者更为亲密的朋友;后面跟随着所有族人;族人后面是死者的儿子和孙子,他们身着素朴的孝服,光着脚,手持丧棒——棒的样式像朝圣者拿的那种,很短;他们一路上垂着头。

紧跟在后面的是棺椁,如果棺椁是由贵重木料做成的,就不上涂料,以显出它的质地;不是的话就涂遍油漆,奢侈地用金箔和漆装饰。遗体放在一个很大的棺椁里,有时要由三十、四十或五十人抬,排场越大,人就越多。棺椁上盖着华丽的棺罩,将棺椁首尾遮严,棺罩的璎珞垂在两侧。在棺椁左右两侧像灯笼一样的木格子里,点着许多灯烛。棺椁后面,是号哭哀泣的妇女,她们坐在周身蒙着丧布的紧闭的轿子里,由同样哀伤的女性亲友陪伴着。来到墓地后,在棺椁下葬之前和之后,要举行几道仪式。一场盛大的筵席（用来招待那些前来送灵的人)并不是仪式中的凶礼。这是他们得以利用修建在墓地的那些华美房屋的一个机会。[1]

除去送葬队伍的长度、参与人员的复杂性以及精美的仪仗之外,这段描述还显示了中欧丧葬在用音乐上的差别。一般来说欧洲送葬不使用乐器,只有圣咏打破丧葬队伍的沉默[2]。

另一个差异是送葬队伍的组成结构。乍看上去,中国的送葬队伍与欧洲的三段式结构类似:处在队伍中间的死者遗体是最核心的要素,队伍的前面和后面是两组区别明显并且按身份等级分类的人群[3]。然而根据这些描述,很难把棺柩称作送葬队伍视觉(物理)意义上的"中心"。它只是插在根据性别或是家庭关系确定的队列次序之中;在上面金尼阁的描述中,儿子们跟在棺柩后面。作为一个象征性的中心,棺柩之所以重要,是因为其中掩藏了死者的遗体。棺柩不仅借助送葬的人群,也借助它前后的仪仗、礼器、音乐和哀声获得它的象征性意义。

从收录在达伯尔书中[4]和后来的欧洲文献中[5]的那些半是想像的图片(图2.13、2.14),可以清楚地看到送葬仪式的重要性,以及它们留给传教士的深刻印象。插图本的《家礼》和类书中,也有显示送葬队伍的次序与主要成员的图片(图2.15)[6]。

---

　　[1]　Semedo(1996),113—14/(1655),76;Dapper(1670),412—13/(1671),377.

　　[2]　关于这种差别,还可参看 de Groot(1892—1897),vol.1,158.

　　[3]　Eire(1995),122;Strocchia(1992),7—8;两位作者都间接引用了 Geertz(1977)中 Eire 称作"近乎普遍的送葬样式"的那部分内容。

　　[4]　Dapper(1670),opposite 422—23/(1671),opposite 388—89.这些图片后来被艺术家 Bernard Picard(1673—1733)采用;参看 China on Paper (2007),152—153.

　　[5]　Du Halde(1735),vol.2,between 126—27(A. Humblot, designer; A. Maisonneuve, engraver)/(1736),vol.2,between 148—49(J. C. Philip, engraver; of lesser quality)/(1738—1741),vol.1,between 306—7.

　　[6]　中国的图片,参看:《家礼仪节》(1608),卷5,页52a—54b;《三才图会》,第5册,第1952页及以下(《仪制》,卷7,第12页以下);以及《金瓶梅词话》(1617)第65回中的插图,第1808页背面。

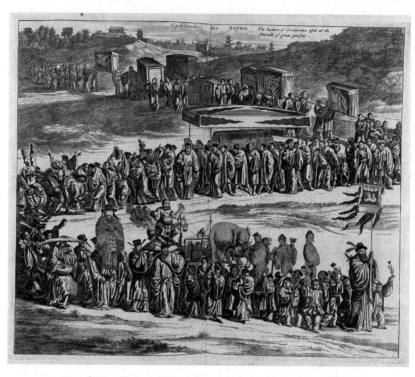

2.13　中国一位士大夫的送葬仪式,引导棺椁前往城外的墓地。
采自 Olfert Dapper, *Gedenkwaerdig bedryf...* (1670), opposite 422—423/
(1671),opposite 388—389.鲁汶大学神学院 Maurits Sabbe 图书馆惠允复制。

Obseques des Chinois

2.14　18 世纪欧洲文献里的中国送葬仪式。背景中出现了不同类型的坟墓。

采自 Jean-Baptiste Du Halde, *Description. . . de la Chine*（1735）, vol. 2, between 126—127/（1736）, vol. 2, between 148—149/（1738—1741）, vol. 1, between 306—307. 鲁汶大学神学院 Maurits Sabbe 图书馆惠允复制。

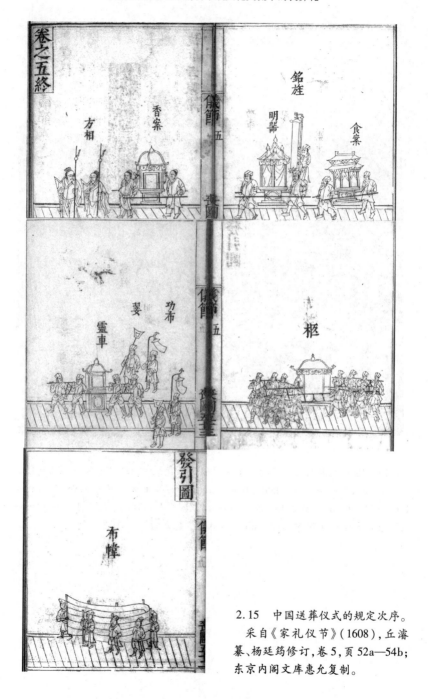

2.15 中国送葬仪式的规定次序。采自《家礼仪节》(1608),丘濬纂、杨廷筠修订,卷5,页52a—54b;东京内阁文库惠允复制。

五、皇室葬礼的报告

皇室的葬礼——皇帝、皇后、皇太后以及皇帝其他嫔妃的丧葬礼仪——应当受到特别的关注。在达伯尔对中国葬礼的描述中,它们占据了很大一部分内容;其重要性也可以从耶稣会士原始文献对它们的强调中得到印证。这类葬礼并不经常发生,但它们一旦发生就受到耶稣会传教士的关注,并给他们留下了极为深刻的印象。耶稣会士 1601 年进驻北京之后,遇到的第一场皇室丧葬是 1614 年李太后的葬礼。李太后是万历皇帝的生母,1571 年之后称为慈圣皇太后,死于万历四十二年二月初九(1614 年 3 月 18 日)[1]。这期间有几名传教士在北京活动,他们中有上文提到过的曾德昭、庞迪我,还有来教团访问的阳玛诺(Manuel Dias junior,1574—1657)和熊三拔(Sabatino De Ursis,1575—1620)。

中国的消息传到欧洲相当迅速;1620 年,慈圣太后去世六年之后,马德里就出现了有关这一事件的报导。Francisco de Herrera Maldonado,这位西班牙神父兼业余作家(他是 Fernão Mendez-Pinto 的 *Peregrinação* 的西班牙语翻译者)[2],在《中国简史·1617 年 3 月现任国君母后之死·葬礼的祭祀与仪典·附论中华帝国形势及我们的天主教神圣信仰的传入》(*Epitome historial del Reyno de la China, muerta de su Reyna, madre de Este Rey que oy viue, que sucedio a treinta de Março del Año de mil y seiscientos y diez y siete. Sacrificios y Ceremonias de su Entierro. Con la Description de aquel Imperio. Y la Introduccion en el de nuestra Santa Fe Catolica*)一书中详细报告了慈圣太后之死[3]。本书是一部有关中国和

---

[1] DMB, vol. 2, 856—59.

[2] 有关 Herrera Maldonado 的讨论,参看:Lach and Van Kley(1993),vol. 3,book 1,335;book 4,1627.

[3] Herrera Maldonado(1620),ch. 13—17,90—121. 不知道为何他把太后去世的日期误记为 1617 年 3 月 30 日,书中第十二章是对丧葬礼仪的讨论。

亚洲的情报汇编,在 1622 年就已被译成法语[1],书后称其情报来自超过 70 种不同的文献材料[2]。在本书的十三到十七章(大约占本书内容的四分之一),作者讨论了万历皇帝母后的去世、安葬和祭祀典礼。这部分内容依据的是北京耶稣会士写成的"三本小册子"(这三本册子至今尚未确认其作者)。这些明显来自官方的材料,提供了从死亡到安葬的各种不同祭祀和典礼的详细信息[3]。这些描述有的也是耶稣会士亲眼所见,曾德昭就说过自己是一位目击者[4],阳玛诺还积极参加了某些仪式。例如,慈圣太后死后的第六天,所有大臣都到朝廷致哀并向皇帝表示哀悼,阳玛诺也参加了这个仪式,而且皇帝亲自接收了他的吊唁信[5]。这份报告可能部分写于澳门——1617 年当除阳玛诺之外的在京耶稣会士被逐之后,他们居住在那里。

太后的这场葬礼因曾德昭在《大中国志》(*The History of that Great and Renowned Monarchy of China*)第十七章中的描述而广为人知,这份记录后来也为达伯尔所用[6]。曾德昭的描述可当作 Herrera Maldonado 书中有关介绍的概要来读,他们可能使用了同样的原始文献。曾德昭首先记述了太后去世后的头五天在宫廷里举行的丧礼仪式,然后是官员以及北京和全国的平民服丧所要遵循的不同规则。紧接着是对安葬礼仪的描述:从太后去世刚好四个月之后、万历四十二年六月初九(1614 年 7 月 15 日)开始的运棺起灵,一直到万历四十二年六月十五日(1614 年 7 月 21 日)的安葬。这部分包括皇帝对葬礼准备工作的指示、对棺椁和銮舆的描绘和运棺的不同步骤。所有这些事件的记叙,都比

---

[1] Herrera Maldonado(1622)ch.13—17,314—408. 法文本有很多内容比西班牙语本详细。

[2] 关于他使用的文献,参看 *Europe Informed*(1966),20ff.

[3] Herrera Maldonado(1622),315—16. 第一册记录了从太后去世之日直到安葬那天举行的仪式和祭祀;第二册是要在棺椁前面以及为陵墓举行的祭祀;第三册是皇帝大赦天下的内容。

[4] Semedo(1996)115/(1655),77—78.

[5] 阳玛诺在葬礼中的活动,参见 Herrera Maldonado(1622),359—60.

[6] Semedo(1996),115—21/(1655),78—83(ch.17);Dapper(1670),426—30/(1671),388—91. 曾德昭这部分也被何大化(António de Gouvea)采用;参看 de Gouvea(1995 2001),vol.1,106—10;vol.2,353—58.

官修《明实录》中的记载要详细得多[1]——《实录》是在皇帝死后根据档案材料、尤其是颁布的政令和奏议编成的。曾德昭在这章也简要提到了万历皇帝之死(万历四十八年七月二十一日,1620 年 8 月 18 日),并翻译收录了他的遗诏——这份遗诏也可以在《明实录》中找到。本章没有再描述万历皇帝的葬礼仪式,"因为它们和我们已经谈到的相同"[2]。

另一场引起广泛关注的葬礼,是顺治十八年正月初七(1661 年 2 月 5 日、6 日之交的夜间)顺治皇帝之死。汤若望将它写入《中国耶稣会传教史略》(Historical Narration)的第二十四章,这章曾被达伯尔大量征引[3],根据的是汤若望的目击报告。汤若望和顺治皇帝的私交相当亲密。顺治称呼他为"玛法"——满语"师傅"或者"老师"的意思,这足以说明两人关系的性质。汤若望在顺治死前数日曾经觐见,并参加了几个哀悼仪式。和对万历母亲葬礼的描述比起来,他的描述要简短得多,但却涉及葬礼所有的基本程序:头七的仪式,包括仪式上的各种限制和官员们对新皇帝的效忠宣誓;顺治十八年二月初二(1661 年 3 月 2 日)棺椁由宫廷到暂厝之所的运送;第 27 天的终丧;直到死后百日一直不断举行的各种仪式与祭祀;最后简要提到了两年之后皇帝的正式安葬。和前面提到的明代皇室葬礼一样,本例中的描述在某些方面比官修的《清实录》也要详细,这部分因为汤若望的亲身参与[4]。除去这场葬礼之外,达伯尔还选取了汤若望对顺治

---

[1] 《明实录·神宗实录》(1987),卷 517—521,第 9743—9839 页。《万历起居注》(1988)中这些天的对应部分缺失。

[2] Semedo(1996),121—24/(1655),83—86(at end of ch. 17);Dapper(1670),430/(1671),391;《明实录·神宗实录》(1987),卷 596,第 11448—11450 页;万历皇帝的葬礼,参看《明实录·光宗实录》(1987),卷 2,第 0023 页及以下。万历皇帝临终前几日的更多记载、万历最后遗嘱的翻译、某些葬礼仪式的描述以及泰昌皇帝之死,参看 Histoire de ce qui s' est passe' es Royaumes de la Chine et du Japon...(1625),44(来自 Littera Annua 1621 中金尼阁的报告),161ff. 可与对万历母后葬礼的记载相比较;当然,有关万历母后葬礼的记载相当有限,因为金尼阁声称"他不想让读者感到乏味"("Je ne dis rien icy du style de ces ceremonies,par ce que j'ennuyerois le Lecteyr")(ibid. ,171)。

[3] Schall(1942),434—49;Dapper(1670),422—25/(1671),385—87. 还可参看 Väth (1991),209—10。

[4] 《清实录》(1985),第 4 册,第 40 页及以下。还可参看:《钦定大清会典则例》(1768),卷 85,第 1—29 页;《四库全书》第 622 册,第 655—669 页。

嫔妃董氏(死于顺治十七年八月十九,1660 年 9 月 23 日)葬礼的简短记述,这可能因为它是带有许多"奢华仪式"的"一场非常隆重的葬礼"[1]。

这些描述印证了现代许多对皇室葬礼的分析[2]。皇室成员去世之后所举行的仪式的次序,从一开始的向公众告丧到最后的遗体安葬,基本上与平民丧礼的次序相同[3]。虽然这些描述主要集中在那些公开的仪式(《实录》通常会记载它们),但也多次提到了宫廷内部所行的私人礼仪。例如,有关万历皇帝母亲葬礼的记录,就按顺序逐日描述了小敛、大殓和服丧的不同仪节以及万历皇帝在某些仪式中的表现[4]。

国家祭祀与仪典中的礼仪最受重视,曾德昭把它们写在自己观察到的内容的最前边:

> 在第八天,举行极为庄严的祭祀天地星辰与山川河流的仪式。这些祭祀结束之后,皇帝下令向皇宫的九座宫门(太后的遗体将从这些宫门之中运出)和其守护神以及流经皇宫的御河上的六座桥梁致祭,在这些地方献上活牲、香料和由几种芳香物质酿成的酒,以及其他各种香料。[5]

在停灵、厝柩和最后安葬过程中的每道仪式上,都要献上这类祭品。除去献牲和奠酒之外,清朝皇帝还接受了汉族焚烧纸钱和纸糊的金锭、家具、衣服、僮仆和房屋的习俗。数量庞大的纸制物品,连同死者的衣服、家具

---

[1] Schall(1942),428—29(Dapper[1670],425/[1671],387—88). 董氏即董鄂妃(1639—1660),她是顺治皇帝宠爱的妃子,死后被尊为孝献皇后。她的葬礼花费巨资举行各项细致的佛教仪式。宫中有几个宦官和宫女自杀尽忠,希望自己的灵魂能陪伴她。这种殉葬风俗长期被汉族统治者禁止,但在满族那里一直保留到此时。参看ECCP,vol.1,301—2.达伯尔没有收录汤若望以下皇室成员葬礼的简记:努尔哈赤的次子代善(1583 年—1648 年 11 月 25 日)、多尔衮(1612 年—1650 年 12 月 31 日)以及顺治皇帝的弟弟(可能是皇太极的第十一子,1656 年 8 月 22 日 16 岁去世)。Schall(1942),425—27;还可参看 Du Halde(1735),vol.2,128—29/(1736),vol.2,151—52(里面简单提到了皇帝母亲的葬礼)/(1738—1741),vol.1,309.

[2] 后来的有关葬礼的描述,像乾隆之母孝圣皇太后(1693—1777)的葬礼,参看 Amiot(1780)(中文本收入 BnF,Chinois 2322);还可参看 Rawski(1988b),245 及(1998),279.

[3] Rawski(1988b),238—40;还可参看 de Groot(1892—1897),vol.2,632ff.

[4] Herrera Maldonado(1622),322ff.

[5] Semedo(1996),119/(1655),82;Dapper(1670),428/(1671),390. 尚不清楚"第八天"指的是第六个月的第八天、还是安葬之前的第八天(达伯尔是这样翻译的)。《明实录·神宗实录》(1987)卷 521,第 9729—9731 页没有提到这些细节。

和日用器物(这些东西也要当作祭物和纸扎一起烧掉,以供死者来生使用),是葬礼的一笔主要开支[1]。一项对顺治皇帝死后第 27 天(终丧之日)举行的祭祀的描述,显示了这类祭祀祭品之丰富:

> 第二天早晨,也就是皇帝死后的第二十七天,他们再次汇聚在棺椁之前,每个人站在指定的位置上,开始他们的哀悼。举行完和昨天一样的所有仪式之后,皇帝留给儿子的遗诏——其中有死者的嘉勉之辞,被当众宣读;随后文官们加倍高声哀号,回到殿外的庭院,同时四名主要官员走到盖着黄绸的纸山跟前,在一片打开的布料上,陈放着已故皇帝的一套貂皮衣服,还有加在皇冠之上的镶着珍珠和宝石的帽子以及用作枕头的一条貂皮被子。在另外十张毯子上放着皇帝的十多套衣服;马鞍和马衣也被放在这一大堆物品中,除此之外还有旗子、扇子、金盘和皇帝的轿子;所有这些东西都盖着黄绸,被放到纸堆上。他们点起火,将装满绒布衣服和金银器皿的供桌投入火中,金银熔化后像小溪一样从火堆下流淌出来。官员们解下系在腰间的白布丧带,将其投入火中,这意味着他们已经除服。最后,他们将所有的丧服脱下来放在那里,各自离去。[2]

这段话的原始拉丁文版本曾提到,带有"一万片"丝绸的供桌被投入火中,翻译者认为这可能是一种夸张,但《钦定大清会典则例》对这场祭祀的描述,可以证明焚烧的物品之多:

> [二月]初三日(即 1661 年 3 月 3 日),行初祭礼。圣祖仁皇帝亲诣陈冠服。楮制丹旐一、金银定[锭]二十万五千,楮钱十有四万五千,各色画缎(以楮为之)万端,楮帛五万,祭筵八十一席,羊二十有七,酒四十一尊,卤簿大驾全设于寿皇殿大门前。王以下各官,公主福晋以下、四品官三等侍卫命妇以上齐集,读祭文,众皆跪。读毕,圣祖仁皇

---

[1] Rawski(1998),279.
[2] Dapper(1670),424—25/(1671),387;Schall(1942),446—47. 对比《钦定大清会典则例》(1768),卷85,页 10a—12a;《四库全书》第 622 册,第 660—661 页。还可参看当时在京的耶稣会士白乃心(Johann Grueber,1623—1680)的简要描述,Grueber(1985),79—83.

帝祭酒三爵,众皆三叩,立举哀。祭毕,读祭文官奉至燎所,祭酒三爵。焚毕,众皆退。是日满二十七日,圣祖仁皇帝除服,众皆除服。[1]

总的来说,很少有记载提到宫廷之中和寺院里为超度死者举行的佛教、道教法事活动。这些私人性质的法事,也不会出现在中国的官方文献中。Herrera Maldonado 在书中曾零星地提到过和尚和道士,并将他们的举动比作恶魔;但曾德昭基本没有提到他们[2]。汤若望有关顺治丧礼的描述,只是简要地提到了和尚道士;但在对董鄂妃丧葬的记述中,汤若望对他们较为注意,并记下了一个后来达伯尔书中没有采纳的故事。汤若望所关注的不是佛教的仪式,而是对大批僧人进入宫廷大发议论。他认为董鄂妃之死比她活着所做的任何事情都有破坏力:"她的死使得皇帝陷入到比所罗门还令人厌恶的疯狂境地,因为他公开宣称自己是一名佛教信徒,剃光了头发,生活和衣着都像和尚们那样。"[3]

除去相似之处,这些描述也显示了皇室葬礼和平民的两点主要区别。皇室葬礼中的仪式要隆重得多,举行起来极为壮观,以致曾德昭不得不用单独的一个章节来描述自己看到的一切[4]。大量的礼仪用品和随葬品不仅显示了皇家的财富,也为葬礼增加了排场。耶稣会士对这些葬礼的奢华很敏感,显然他们在欧洲从未经历过类似的事件[5]。中国人也很少看到类似的事情:"如果就连本国百姓都觉得(这类葬礼)是如此让人耳目一新,外国人在他们的叙述中又该多么地不厌其详!"Herrera Maldonado 著作的法文版中这样感叹道[6]。这或许可以解释传教士们为何如此详尽地描述这类事件。中国的官方文献主要关注的是一天天重复进行

---

〔1〕《钦定大清会典则例》(1768),卷85,页12a—b;《四库全书》第622册,第661页。对此此前(二月十九,即西历3月19日)和之后(三月初七,即4月5日;四月初七〔百日之后〕,即5月5日)举行的祭祀;就焚烧的物品来看,第27天举行的祭祀是最重要的,参看《钦定大清会典则例》(1768),卷85,页9b、13a、18b;《四库全书》第622册,第659、661、664页。

〔2〕 Herrera Maldonado(1622),332,342,372,374,393,400.

〔3〕 Schall(1942),406—7.《实录》中提到了各种祭祀,但没有提到佛教的仪式:《清实录》(1985),第3册,第1076页及以下。

〔4〕 Semedo(1996),115/(1655),77.

〔5〕 在欧洲,国王的葬礼也是大事;可以参看对西班牙国王菲利普二世(Philip II of Spain,死于1598年9月13日)葬礼的讨论,Eire(1995),(book two),255ff.

〔6〕 Herrera Maldonado(1622),314—15;对比(1620),90v.

的各种礼节,记录下所有的叩头与举哀,而西方人的记载则不仅重视不同的"仪式"("ceremonies")[1],而且精确描述仪式上的各种器物,诸如万历母后的銮舆等等[2]。这些细节在中国官方文献当中找不到。另一个例子是对二月初二顺治皇帝棺椁运往紫禁城外的景山暂厝时的送葬仪仗的详细描绘。顺治的棺椁停放在那里,每天都受到祭祀,直到最后安葬[3]。汤若望参加送灵,并作了极为细致地描写:

> 那边过来了身穿白色丧服前来送葬的贵族(汤若望神父因为职务的缘故也在他们当中)。走在棺椁前面的是九头大象,背上驼着小塔;四十四骆驼,批着红布,带着金饰的缰绳,从脖子上垂下来的貂皮袋里装着帐篷和其他物品;后面是一百匹马,黄色缰绳,没有金饰,只有带扣是包金的;后面依次是演奏着鼓、喇叭和其他乐器的一百名乐手;后面举着五十对金瓜仪仗、一百面金线缝制的绘着野兽、鸟类和二十八宿的各色旗帜;然后又是五十对金瓜,后面是一百匹装了鞍子的马,最后的三十匹身批绒布,驮着要烧给皇帝的衣服;这后面是二十名少年,每个人都佩着饰有珍珠和宝石的皇室箭袋、弓箭,他们前面是十二条灰狗;少年的后面是皇帝生前曾用过的轿子,由十六名轿夫抬着,轿子是包金的,顶上装饰着一个金球;轿夫们穿着藏红色的绣着金玫瑰的侍卫服装;后面抬着几个高大的瓶子;在这之后是安放着皇帝遗体的棺椁,上面盖着绣着蓝色云朵和花草的薄纱,由三十二个人抬着,每个人都穿着藏红色绣着金玫瑰的侍卫服;棺椁后面是手持长矛和其他武器的士兵;然后是坐在盖着紫色丝布的轿子里的太后;她的后面是七顶盖着白棉布的轿子,每辆轿子里坐着一名皇后或嫔妃;后面是许多徒步的贵族;最后是所有的官员以及当棺枢经过时沿途叩头致敬的百姓,一直混乱地排到墓地,墓地环绕着[布]障,但百姓们将它拉下来,快

[1] 在曾德昭书的英文版中,"ceremonies"一词总是印成斜体。
[2] Herrera Maldonado(1622),387—92.
[3] 《清实录》(1985),第4册,第48页;还可参看 Rawski(1998),282.

速为所有来观者让出地方。[1]

至今为止这些细节只能在欧洲而非中国文献中找到[2],它们展示了送葬过程中的许多礼仪象征,这些象征确立了皇帝、乃至他的遗体在中国的核心地位。

皇室与平民葬礼第二方面的差别,是参与葬礼的人数之众。在皇室葬礼中,不仅直系亲属、支系皇族以及官员们要服丧,就是平民也被要求服丧致哀。Herrera Maldonado 书中收录了对万历母后丧礼规章的各种描述,曾德昭则开列了一个丧礼规章的简要清单,这些规章和《明实录》的记载非常一致[3],它们很好展示了服丧过程的全貌。其中不仅涉及不同阶层的人民,而且还有服丧的各种外在标志——它们通过规定的仪式、服装、饮食和声响表达出来,并被普遍遵守。这些规章如下:

首先,所有的官员,不管文官还是武官,都应该在第二天到皇宫里为故去的太后致哀;致哀结束之后并不回家,他们应当直接到自己的衙门里,在那里斋戒三天,期间不吃肉、鱼、蛋,也不饮酒。斋戒结束后,在接下来三天里,他们都到皇宫的门口,一个个按次序四拜致敬,同时还有一些别的哀悼的表示,然后各自回家。

其次,所有一品到四品官员的妻子,从头到脚穿着严实的丧服,要到同一个地方集合,在三天时间里用类似的方式致哀;此后,在二十七天之内,她们在家中不能穿戴珠宝首饰等物。

第三,那些称作"翰林"的皇室顾问,都应写作诗歌文章,来追颂死去的太后。

第四,光禄寺的官员——也就是那些掌管国君财物与收入的官员,要全力以赴地备办葬礼祭祀和其他仪式所需的一切物品。

第五,所有的和尚和偶像教的首领,要长时间鸣钟举哀。

---

〔1〕 Dapper(1670),423—24/(1671),386;Schall(1942),442—45. 引文开头括号里的句子来自汤若望的原文(Schall〔1942〕,442—43〕;这句话没有出现在达伯尔的书中。

〔2〕 可以对比《钦定大清会典则例》(1768),卷85,页10a—12a 所载的例子;《四库全书》,第622册,第660—661页。

〔3〕《明实录·神宗实录》(1987),卷517,第9746—9747页。

第六,在十三天之内不准杀生,不准卖肉;所有人都应像国君一样素食;在前三天里只能吃一点稀粥,以后的时间只能吃素。

第七,传令礼部、工部尚书,要为所有驻扎在朝廷的外国使节颁发丧服,并将他们带入宫廷,用和中国官员一样的方式哀悼致敬。

第八,所有的退休和候补官员,都应到官廷行三日同样的礼仪。

第九,总共一周之内,所有的平民应在早晨和傍晚,到本城长官的官衙去行同样的礼仪。[1]

各省的官员和百姓也要遵循这些指示。通过描绘全国是如何举哀的,作者强化了一个看法,即葬礼乃是整个国家的一项根本大事。

这些有关皇室丧葬礼仪的描述,确证了中国人世界观中皇帝独一无二的崇高地位[2]。然而和欧洲皇室的葬礼(诸如西班牙的菲利普二世)相比,这些中国皇帝葬礼报告的作者,并不像欧洲那样试图强调皇室的神圣性[3]。通过描述作者看来是迷信的或令人赞叹的各种礼仪,这些叙述强调的是,中国皇帝是人性的、同时也是高贵的,但不是宗教般的非凡、神圣。

六、结　　论

这些欧洲作者对中国葬礼的描述,形成许多不同类型的文献,它们每一个都源自不同的背景,面向不同的读者。例如,利玛窦的文本部分地依据自己早期的笔记和其他人的旅行报告——有些报告是耶稣会团体的内部通讯。他的意大利语原作中的那些故事,是特意写给欧洲读者的。金尼阁不但把它译成了拉丁语,而且还依据自己的传教经历,进一步将它改编得适合更多的欧洲读者。在达伯尔那里,这些信息又被筛选,以向荷兰东印度公司的派华使节提供民族学材料。作为一名新教徒,达伯尔对仪式主义(ritualism)持批评态度,这种态度通过一些小评论传达出

---

〔1〕　Semedo(1996),116—17/(1655),79—80;对比 Dapper(1670),427/(1671),389.

〔2〕　参看 Rawski(1988b),253.

〔3〕　参看 Eire(1995),360—61.

来——例如他对中国丧礼所作的比较性描述:"就像天主教的游行仪式一样。"[1]而且和他那个时代的其他新教作品一样,达伯尔的书并不想号召一场以中国人皈依为目标的基督宗教远征(这点与利玛窦不同)。这种转变了的背景与写作风格显示,虽然使用同样的材料,但目的却很不同。

有关丧礼的描述,在这些文献中占据了独特的位置。和那些描述基督宗教或者商业远征成败的部分相比,葬礼的部分属于对中国的原始民族学描述,对17世纪中国的丧葬活动作了相当深刻的观察。它们也反映了作者们对"他者"("otherness")的体验。这些文献中含有对话体的部分,因为它们不仅要反映作者的意见,而且也要展现"他者"独特、多样的声音[2]。因此这些描述可以从讲述者如何看待自己与中国文化传统的关系的角度来理解。根据文化哲学家茨维坦·托多洛夫(Tzvetan Todorov)的观点,有三条轴线(axes)与"他者"的问题相关[3]。第一条属于价值论的层面,也即他者体验所涉及的价值判断:他的好坏,让人喜欢还是讨厌,与自己平等还是劣于自己。上面的引文大体上是一些描述性的章节,即便是那些有关佛教、道教仪式(这些是传教士们反对的)的描写,也很少显现出作者的态度。的确,这些文献当中并非没有价值判断,这在一些简短的插叙中表现得很明显,诸如"这种葬礼更像是一种光荣的炫耀",又如对顺治在董鄂妃葬礼上的巨大花费的批评等,这些都显示了对在葬礼上炫耀财富的批评态度。但从总体上来看,文中很少出现评价性词语。这些文献很少评判中国的丧葬传统是好的还是坏的,是让人喜欢的还是讨厌的。只有一处主要的例外:虽然这些文献赞赏中国人比西方更为重视葬礼,但中国的葬礼在传教士们看来花费过于昂贵,有时甚至是

[1] Dapper(1670),409/(1671),374.总的来说,这类比较相当有限,而且很少与19世纪天主教和新教的区别(这种区别,是构成维多利亚时代新教徒对中国宗教理解的最普遍的二元对立之一)相应。维多利亚时代的新教传教士如此彻底地排斥天主教、尤其抵制天主教礼仪,以致将对天主教礼仪的评判,投射在中国礼仪上。参看Reinders(2004),尤其第210—211页。

[2] 参看Ginzburg(1999),77.

[3] Todorov(1982b),191/(1984),185.

过于奢侈。这种"奢侈"的判断有多重含义:对于皇室葬礼,通过他们冗长而又细致的描述,这些欧洲人传达出来的是一种羡慕的心态;但是对葬礼的某些方面,尤其是棺椁、坟墓和送葬的仪仗,中国人在上面花费过量的钱财,被认为是过于浮华炫耀[1]。他们这种态度与某些中国士大夫一致,这些晚明士绅出于各种原因批评葬礼的铺张奢侈。

整体的价值评判,应当从对中国文化的广泛描绘(葬礼只是其中之一)中去寻找。受到从野蛮到文明的文化等级观念影响[2],这些文献尽力将中国表现为一个文明的国家,它的某些方面是和欧洲一样的,而某些方面是需要欧洲学习的。虽然这些文献承认中国的丧葬礼仪含有偶像崇拜的成分,但只是把它描述成整个复杂精密的丧葬体系的一部分。

托多洛夫的第二条轴线,属于人类行为学(praxeological)的层面,也就是研究人类的行为如何被对他者的亲善或疏离所支配:采纳他人的价值观念或者认同他人;或者把自己的观念强加于他人,将其同化;在屈服于他人和使他人屈服中间,还有一条中性的或者漠然的选择。可能因为这些文献侧重描述、少有评断的特性,这些耶稣会士有关中国丧礼的记述很少使用表达认同的词语,因此在亲善友好这方面显得相当漠然。这再次归因于这些报告或者记述所属的特殊类型;它们在写作方式上的差异被强化了,例如,达伯尔自己从未到过中国,却根据他人的描述编了一本有关中国的书。正如后面将要看到的,其他一些文献,诸如有关参与葬礼的私人通信或者礼仪争论的报告,它们在写作方法上差距较小,更加明确地表达自己(对中国丧礼)的认同或者排斥。上文分析过的那些文献中再次出现了一些例外,例如曾德昭注意到"欧洲人不太注意葬礼,而中国

---

〔1〕　在这部分内容上,曾德昭使用了最富情绪的语言。还可参看:Dapper(1670),416/(1671),380;Schall(1942),422;以及 Martini(1658),31(book 1)。在欧洲,葬礼的铺张同样受到谴责,但批评稍有不同。Eire(1995,151—53)指出,即便在葬礼变得日益复杂的 16 世纪,葬礼哀悼活动上的一些限制仍然存在。这部分因为某些教会法规对适用于死者和生者的不同活动作了区别。代人祈祷的活动(诸如神父、修士、修会成员以及穷人参与送葬),不仅被认为是可以接受的,而且是有功德的。非代祷的活动,像穿着丧服或燃烧一定数量的蜡烛,虽被长期容忍,但却被认为是不必要——甚至是非天主教的。最受批评的风俗是:穿着奢华的丧服,过量使用蜡烛以及无节制的哀哭。

〔2〕　Rubiés(1995),42—43.

人却对葬礼重视得无以复加。"[1]至少庞迪我和卫匡国也有同样的看法[2]。在这段描述的最后,曾德昭用一种更为崇敬的语气,带着对中国价值观的赞美,揭示他布道的目的:

> 确实,在中国没有任何东西能像孝顺父母那样,如此值得天主教徒效法。天主已经赋予了这个民族这样的知识和对德行的爱好,他们所唯一缺乏的是信仰的建立,这是一个很大的遗憾。因此我们会看到,福音在这个国家的传播,将会多么地成果丰硕、收获众多。或者应当说,由于主的仁慈,福音已经传播开来,正如我们将在适当的地方讲述的那样。[3]

托多洛夫的第三条轴线属于认识论的层面,知识的多寡之间虽然没有绝对的、却有极大的等级差别:承认还是忽略他者的特性。正如金尼阁对其方法和目标所作的解释,这些早期文献的作者,清楚地显现出获得更多的关于他者的知识的意愿。报告中的信息来自包括中国人和耶稣会士在内多种不同来源:中国的基本文献典籍,耶稣会士的中国合作者提供的信息以及耶稣会士自己的目击报告。结果是,即便在一些较短的报告中(如金尼阁的),作者也提供了非常广泛的中国丧礼知识。达伯尔著作采用的积聚各种材料的做法,说明他试图提供有关对象的最为全面彻底的知识。而且,作者明确地想把这些关于中国他者的知识传送给欧洲读者。对耶稣会士而言,他们的报告属于一个由年度通讯组成的总体信息系统,既面向耶稣会内部团体,也面向更广阔的欧洲读者。达伯尔用一种百科全书的方式编辑他的著作,而且他的著作并非出于传道的目的、不是专门为了布道的使命,这使得欧洲读者能更容易地得到这些信息。为了传达这些信息,作者们采用了适宜欧洲读者的语言和分类。但即便是当时普

---

[1] Dapper(1670),422/(1671)375;Semedo(1996),111/(1655),73.

[2] Pantoja(1605),81r/(1625),367:"在中国,最为严格遵守的仪式性和迷信性活动,存在于丧礼、葬礼和守丧之中;他们通过这些活动,显示自己对父母的顺从和热爱;他们的书本上记满了此类活动。"Martini(1658),30(book 1)(in Dapper[1670],422/[1671]384):"子女为亡故的父母履行的职责和显示的敬意,实在令人惊诧;在这个方面,没有民族能和他们相比。"

[3] Semedo(1996),121/(1655),83.

遍的分类方案——将人们划分为天主教徒与异教徒,这点只要和其他的描述加以比较就可以发现——也从未出现在这些原始民族学的描述当中。前面已经指出,这些对人们行为的描述,倾向于和那些对信仰的严肃分析区别开来,它们被从礼仪的角度、而不是基督宗教的角度来加以解释。

这些文献不仅描绘了"他者",同时也突显了"自我"的形象。比较的方法对于界定他者和自我具有特殊的优势:这些材料突出了17世纪中西丧葬活动的差别,确认了许多已经发现的差异——这对于以后的分析非常重要。这些差别可以总结如下。中国死亡和葬礼的时间间隔很长(长达几个月),而欧洲很短(一到两天);在中国,葬礼之前举行仪式的主要场所在死者的家里,而欧洲是在教堂。死亡和安葬时间间隔的长短说明了对待尸体的不同态度:在中国,尸体必须安放在一具密闭的棺柩里;而欧洲只在装运时将尸体放在临时的棺柩里,埋葬时一般只将尸体裹上亚麻布。中国的吊唁仪式在装殓和安葬之间的阶段举行,在所有的仪式中,家庭成员是主角、礼仪专家只是次要角色;欧洲丧礼的主要角色是那些圣职人员,家庭成员居于次要地位。在中国,伴随着一场盛大的送葬仪式,尸体被运送到村庄或者城镇之外的墓地安葬;而欧洲送葬只有一个简单的仪式,而且尸体被安葬在教堂内部或靠近教堂的地方。中国皇室的葬礼,是这些差异的极好例证。

第三章　天主教葬礼的逐步本土化

当1583年利玛窦来到中国之时,在新的环境里应该采取何种形式的天主教丧葬礼仪并不明确。在接下来的一个世纪里,经历了文化交流的几个不同阶段,天主教礼仪开始逐渐在中国社会本土化。在最初的阶段,传教士们站在一种纯粹主义与排他主义的立场,强调朴素、标准的天主教葬礼的必要性。接下来是一段时间的试验——主要由中国天主教徒举行,由此产生了多种类型的调整,并且导致了天主教规定性文本的重新制定。最终,在经历了满族入侵之后,主要的天主教团体都开始关注葬礼。

一、从分离到并行

从文化互动的角度描述两种文化之间礼仪碰触的历史,似乎要从接受文化的经历写起。然而原始材料却给这种方法带来了一个很大的限制,因为从利玛窦来华到他1610年去世的最初30年里,中国人撰写的文献都没有保存下来,保存下来的只有欧洲传教士的作品。最主要的文献——利玛窦和金尼阁有关基督宗教远征中国的纪录,并未像它对中国葬礼进行的原始民族学描绘那样,包含有对当时天主教葬礼的系统讨论。

书中提到中国天主教葬礼的地方有限,并且分散在各处[1]。这部分是因为在最初的阶段天主教葬礼并不常见,因为中国的天主教团体并不庞大——只有 2500 名教徒和 16 名耶稣会士(1610 年他们中有 8 位是华人)。在这种情况下,传教士的首要目标是传播天主教信仰;在礼仪活动方面,他们将自己从中国文化环境中分离出来,同时着眼于主要的圣礼,诸如洗礼、告解礼和感恩礼等。然而从 1620 年代开始,由中国人撰写的文献出现了,它们首次将《家礼》与天主教礼仪并列在一起。

最初的纯粹主义立场

开始的时候,耶稣会士很少意识到葬礼在中国是如此重要,以致连他们也要受到影响。例如当耶稣会士麦安东(António de Almeida,1557—1591)在广东韶州去世之时,中国人不能理解为何利玛窦及其同伴不穿丧服。身为耶稣会士的利玛窦解释说:"我们这些会士,从入会之日起,就如同在尘世已死;因此我们不需要为葬礼服丧。"[2]最终在吊唁的时候,住处的仆役们还是获准穿上丧服。除此之外,耶稣会士与当地风俗所做的唯一妥协,是购买了一口上等的棺材,"目的是为了向中国人显示神父们的身份,因为他们用这种方式尊崇死者"。然而按照利玛窦的解释,购买棺柩的主要原因,是他们不能像在欧洲那样把他埋葬在教堂里。中国的风俗禁止人们进入埋葬有死者的建筑,但耶稣会士不想遵从中国人的习惯将他安葬"在一座远离住所的山丘上"。使用棺柩可以使他们推迟葬礼;棺柩一直在他们的住处存放了两年,直到澳门耶稣会学院院长在澳门选定了一处葬地[3]。

说到具体的丧葬礼仪,在早期时代耶稣会士所采取的立场,可被称

---

〔1〕 和中国相比,日本天主教前 30 年的葬礼文献较多地保存了下来,参看:Cieslik (1950),López Gay(1964)and(1970),196—240;关于日本天主教丧葬习俗,参看今野春(2004)对最近天主教墓葬考古发现的讨论。

〔2〕 麦安东死于 10 月 17 日,参看:FR I,311—12;Bettray(1955),303. 还可对照 Trigault and Ricci(1615),266/(1978),321/(1953),242.

〔3〕 FR I,311—12;Bettray(1955),303—4.

作对天主教传统的"纯粹主义"和对中国传统的"排他主义"。总体来说,与后期传教活动相比,利玛窦和他的耶稣会士同伴在早期较少宽容,虽然他们并不固执于某些具体规章。如果有人去世,耶稣会士的职责是按照天主教礼仪安葬死者(中国天主教徒或外国传教士)。葬礼并不想混同于当地风俗。这些天主教礼仪以《亡者日课》、告别弥撒和天主教葬礼祷文等主要天主教指定性文本所反映的欧洲模式为依据。和中国丧葬礼仪的融合,受到了限制。在开始几年里,传教士并不区分儒家、佛教或者道教的葬礼。对他们来说也很难区分,因为在他们所能观察到的多数案例中,这几种传统是交织在一起的。因此在耶稣会士看来,天主教徒对本地礼仪的疏离,有助于巩固和传播天主教信仰。例如,对于1601年在葡萄牙籍耶稣会士苏如望(1566—1607)领导下有20名新教徒的南京天主教团体,利玛窦写道:

> 这几名天主教徒带着极大的热情继续前进,拜访节日里举行弥撒的教堂,哪怕路程有一英里甚至更远。为了知道他们必须要做什么,他们提出有关良知方面的疑惑与事例;他们常常公开声称自己是天主教徒。而且在葬礼以及其他活动上,他们已经摒弃了异教的礼仪。这对更广地传播我们的神圣信仰大为有利。[1]

这段文章写得像一篇总结,它着重强调的是一个规模很小并且相当排外的团体对天主教礼仪的遵从——其中的成员摒弃了"异教的礼仪"。这种排外的态度,同样在同年南京一位名为秦保禄的人的丧礼中表现出来:

> (他的儿子马丁)不参加与天主教礼仪不符的礼仪活动。这一点是有必要的,因为这可以为其他人树立良好的榜样。做到这点并不容易,因为还从未有过像他这样身份的人,不邀请偶像教的僧侣办理丧事,尽管我们的人没有及时地出席举行所有的教会仪式。[2]

马丁发布了一份人人都可读到的公开声明,声称他的父亲是作为一名

---

〔1〕 FR Ⅱ,334;Bettray(1955),299. 对照 Trigault and Ricci(1615),498—99/(1978),548/(1953),447.

〔2〕 FR Ⅱ,246;Bettray(1955),300—1. 对照 Trigault and Ricci(1615),469/(1978),516/(1953),427.

天主教徒而死的,并且禁止偶像教的僧侣来参加他的葬礼。几天后当耶稣会士到来之时,他们在自己的礼拜堂里举行了"一场漂亮的葬礼,他身着丧服的儿子和其他天主教徒出席了葬礼,每个人都由此获得了极大的安慰"[1]。根据金尼阁的这段译文,这是信徒们第一次看到一场天主教葬礼,而且他们抛弃了葬礼之前在家中长期停尸的风俗[2]。第二年还是在南京,一位姓朱的人在受洗之后不久病重,为妻子留下遗嘱说"在他的葬礼上不应举行任何异教徒的仪式,并且每件事情都要遵从神父们的命令"。据说这种做法对所有的皈依者都产生了非常有益的影响[3]。在法比奥(Fabio,1605 年以 82 岁高龄死于北京)的葬礼上,"除去那些我们的神父认为在天主教中合法的礼仪,没有采用其他任何仪式"[4]。据说他的家人和天主教徒们因为这种"葬礼的新方式"(modo novo di essequie)以及在门上贴出"偶像教的和尚道士不应入内"的告示,而被邻居们羡慕。而且,耶稣会士举行仪式是免费的,因此为法比奥的妻子省下了可能花在"偶像教僧侣"身上的钱财,这一事实使她得到教益[5]。为严格执行天主教礼仪要抵制异教的仪式,这在上面的引文中明白无误,但例外的是,它们在提到丧服的时候却言词含糊,对那些被接受的中国礼仪保持沉默。它们描画出一个在礼仪上与自身环境脱离的天主教团体。

某些中国丧葬习俗,是逐渐被接受的。这一过程由中国人自己主动开始,并且很大程度上与死去的耶稣会士或天主教徒所涉及的人际网络有关。只要这种人际网络规模很小,葬礼就可以被限制成一种带有排他性的、纯粹的天主教礼仪。人际网络扩大的时候,与中国丧葬习俗交融的机会也就增加了。举例来说,1607 年耶稣会士苏如望死于南

〔1〕　FR II,247;Bettray(1955),300—1.

〔2〕　Trigault and Ricci(1615),469—70/(1978),516—17/(1953),427—28.

〔3〕　FR II,249;Bettray(1955),301;Trigault and Ricci(1615),469/(1978),517—18/(1953),428—29.

〔4〕　FR II,351(christianità).Trigault and Ricci(1615),517(ritu Christiano)/(1978),567/(1953),474.

〔5〕　OS II,368.

昌,他的耶稣会同伴"没有像中国人普遍那样大事举哀",因为"这与我们的信仰不符"。然而他们的朋友们却穿着丧服前来住所吊唁。中国朋友们安置了一副棺枢,并且把它罩好,就如同苏如望的遗体真在里面一样。"他们屈膝四拜,并且每次都额头触地"。据说许多人都来吊唁这位耶稣会士。其中有些人(可能既有天主教徒也有非天主教徒)还服了一段时间的丧,"当被问起为何要这样做时,他们回答说这是为了神父,他们的老师"[1]。这个故事显示,虽然耶稣会士为同伴选择了一场朴素葬礼,然而当地的中国文化环境却迫使他们采取一种更为明确的哀悼方式,其中包含了几种中国礼俗,诸如四次叩头和穿着丧服等。

当有较高社会身份的天主教徒去世时,类似的礼仪调适就会不可避免地发生,正如徐光启(1562—1633)的父亲(苏如望去世的同年,1607年5月23日于北京去世)的例子显示的那样。徐光启在1603年受洗入教,成为著名的"保禄博士"(Doctor Paul):

> 那时保禄博士的父亲去世了。因此按照中国习俗,所有官员都到他家中来哭奠,并用一些非常庄重的礼仪来安慰他。虽然他对父亲表现得非常孝敬,并按他的身份为父亲买了一具价值120两(scuti)、用松木之类的耐腐木料做成的棺材,然而他对这些礼仪都非常小心,不举行任何有悖于天主教规章的礼仪活动,事事都与神父们一起仔细商讨。在这座都城里,这是极为新鲜、从未有过的事情。

> 几天后我们在家中搭起一座灵台,上面覆盖着黑缎,摆着许多蜡烛和香料,这是亡者之子供献的。他们举行庄重的[亡者]日课,他身着丧服出席,丧服包括一身粗糙的厚棉布外衣,再加上帽子、腰带和鞋子,都是白色(这是服丧的颜色),看上去相当古怪;接下来他们

---

〔1〕 OS II,328(1607年10月18日写给 C. Aquaviva 的一封信,其中引用了阳玛诺的报告);Bettray(1955),305.

还举行了弥撒。做完这些,他和所有的天主教徒都非常满意。

> 后来保禄博士把他父亲的棺柩运回家乡(上海);根据这个国家
> 的法律,守丧期间他要待在那里。[1]

这段文字几次提到了中国的习俗,诸如盛大的吊唁仪式、昂贵的棺材以及白色的丧服。作者特别地提到没有举行"有悖于天主教规章"的仪式,这说明对中国礼仪的开放性持审慎立场。这段礼仪描述,核心内容是天主教的仪式,诸如亡者日课和弥撒——在这一过程中,欧洲用的黑色一直被用作守丧的颜色。天主教仪式是耶稣会士报告的重要内容,这点在徐光启之父上海的葬礼上表现得同样明显:

> 他为父亲的葬礼举行了所有的教会仪式,虽然因为神父〔郭居
> 静,Lazzaro Cattaneo,1560—1640〕缺乏同伴而没能举行得那么完美。
> 尽管如此,它对所有人都是一种巨大的安慰,它显示了天主教徒们皈
> 依天主教没有带来任何损失,相反地,借助美好的天主教教会仪式,
> 葬礼赢得了庄严。[2]

随着天主教团体的不断壮大,与地方礼仪的交流也随之增加。两年之后,1609 年 7 月 25 日,耶稣会士杜禄茂(Bartolomeo Tedeschi,1572—1609)在韶州去世,金尼阁不仅提到了中国吊唁礼仪的实行,而且还回顾了过去的经历:

> 在他死后,所有教徒和朋友按照全套的中国礼仪进行哀悼,因为
> 现在神父们对这种场合下所遵行的礼仪已经了解;由于无知,传教之
> 初有人去世时,这些礼仪还不是很清楚。[3]

过去那种审慎的做法,在这里被说成是因为无知,因而这也就承认了将要发生的变化。丧葬活动显示,在最初的阶段,中国的天主教会类似于一个

---

〔1〕 FR II,361;Bettray(1955),310. Trigault and Ricci(1615),521—22/(1978),571/(1953),477—78.

〔2〕 FR II,516;Bettray(1955),302(本文为金尼阁所撰). Trigault and Ricci(1615),602—3/(1978),649/(1953),553.

〔3〕 FR II, 523("礼仪"一词在葡萄牙语文本中写作 *estilo* 和 *cortezias*);Bettray(1955),306. 对照 Trigault and Ricci(1615),605(*è ritu Sinensi … Eccelsiastico more*)/(1978),652/(1953),556;其中没有提到对过去经历的评论。

志愿团体,由相当严格而忠诚的天主教信徒组成,他们由于参加同样的宗教礼仪而相互联系在一起。排他性的入教政策以及对成人的皈依与笃信的强调,伴随而来的是排他性的礼仪活动。虽然对于某些礼仪,像感恩礼,人们可以很容易地保持它的纯正性;但对其他一些礼仪,诸如葬礼,折衷妥协是必须的。

1610年利玛窦在北京去世,这在某些方面是一个转折点,因为他的丧礼和葬礼使得耶稣会士们与更多的中国丧葬习俗产生了关联。第一个重要的环节是利玛窦墓地的确定。在一名天主教皈依者的主动提议下,耶稣会士们请求中国皇帝提供一块合适的墓地[1]。提出这项请求的原因,直接和欧洲与中国的丧葬习俗差异有关:中国的传统是在城外埋葬死者,但在欧洲天主教传统里,死者应该安葬在教堂、或者靠近教堂的地方,正如麦安东、苏如望、杜禄茂以及其他一些人的葬礼所示,迄今为止他们都安葬在澳门的教堂里。

> 伴随着按教会礼仪举行的葬礼仪式,〔利玛窦神父的〕遗体,被装进一具棺材,停放在我们的住所,按照中国的习俗,要一直停放到在城外买到一块适合安葬的墓地为止(因为中国人不允许在城内埋葬死者)。这引起了神父们的一些忧虑,因为住处缺乏空间,还因为这种情况非同寻常。迄今为止,耶稣会中还没有人被安葬在澳门学院之外的地方;而且他们要死在学院里,或者死后运到学院,和他们的神父伙伴葬在同一块墓地里,这是一项必须遵守的制度。在目前的情况下,这项制度不能得到遵守,即便可以遵守,似乎也最好不要这样做,因为很明显,神圣的天主召回了〔教团的〕这位"公父"(common father),就已经注定要由他的死带来一些非同寻常、料想不到的事情。[2]

利玛窦的遗体安放在一具传统的中国棺材里。同时一些中国的习俗(像

〔1〕 详细讨论参看本书第七章。
〔2〕 FR II,565—66;Trigault and Ricci(1615),617/(1978),663/(1953),566—67(略有改动)。

90

吊唁)被接受了;而其他习俗(如送葬),只被有限地采纳,因为中国的送葬被认为是一种类似于"炫耀"的举动,这与耶稣会士清贫与谦恭的理念不符:

> 中国人经常将死者的遗体存放在家中,密封在一口棺材里,有时会停放数年,直到他们建好或者找到一块适宜安葬的土地。棺材上涂着一层闪亮的沥青物质,它将气体完全密闭。从去世之后差不多有一年时间,安放利玛窦神父遗体的棺材,被摆放在〔教团中心的〕室内礼拜堂的圣坛旁边。神父们来到宁静的墓园,他的遗体也被带到那里,依照教会的指导,等待墓地的完工与礼拜堂的建成。遗体运往墓园时没有中国人送葬所展示的那种盛况,因为这种展示更像是炫耀而非葬礼。而且这种盛大的送葬,超出了我们遵守的清贫与笃诚谦恭。遗体的搬运〔从教团中心到新墓园〕在〔1611 年4 月 22 日〕早晨进行,一大批信众手持点燃的蜡烛前来参加,在队伍中跟随在盖蓬下扛着的十字架后面。棺枢停放在靠近礼拜堂的一间屋子里,按照中国风俗来接待那些前来向死者表达最后敬意的人们。[1]

这个带有十字架和蜡烛的送葬队伍的次序,与《罗马礼书》的规定一致。葬礼的当天,1611 年 11 月 1 日,举行了所有的正规天主教仪式:念诵《亡者日课》、举行葬礼弥撒和教会送葬仪式以及在墓穴旁的基督画像前面进行祈祷。但在最后,仍然有一些中国礼仪:

> 教会仪式结束之后,新入教的信徒们没有略掉那些国民仪式(politicos suos),按照他们的风俗(除此之外,再无其他),先是向着救世主耶稣基督的画像、然后向着坟墓倒身下拜。……许多天后,异教朋友们成群地来向死者行他们所习惯的礼仪。[2]

---

〔1〕 FR II,619—20;Trigault and Ricci(1615),640/(1978),685/(1953),588;Bettray(1955),309.

〔2〕 FR II,628;Bettray (1955),309. Trigault and Ricci (1615),644/(1978),690/(1953),592.

一种审慎、犹豫的立场再度出现。这些中国礼仪并未和天主教仪式混在一起,它们仍然相互独立而且并行,因为它们各自在不同的时间举行。正如 Johannes Bettray 指出的,在进入中国 30 年之后,耶稣会传教士才明确地允许实行下面这些特殊的本地礼仪:某些吊唁仪式(包括对着死者哀嚎);穿着丧服;在遗体前实行四拜礼(传教士自己也如此);在棺椁前献祭和燃烧香烛;如同在利玛窦葬礼中那样,刻立墓碑。此外,服丧的时间也按照中国风俗制定出来,购买昂贵棺椁的习惯也被尽可能地接受了。在其他细节上,天主教的象征物品,以一种尽可能豪华的方式展示出来[1]。

什么因素促使耶稣会士们变得更为宽容?虽然利玛窦本人没有对中国人的祭祖礼仪和丧葬礼仪进行太多系统的评价,但他的某些洞见对后来实施的政策产生了关键性影响。在有关中国的宗教流派那章的一个关键段落里,他对向去世的祖先供献食物、香、丝绸或者纸钱进行了描述,并且接着解释道:

> 他们为祖先举行这些仪式的理由是,"事死如生"[2]。虽然他们并不认为死者会来吃这些东西、或者需要它们,但他们说,他们这样做是因为不知道还有别的什么方式,能表达对祖先的爱和感激。有人说,这些仪式更多地是为生者而非死者所设,也就是通过展示有地位的人如何在〔父母〕殁后、用〔父母〕生前习惯的方式进行追奉,来教导儿童和无知者在父母生时尽孝。而且,他们既不认为死者有何神圣性,也不向死者祈求任何东西,也不希望得到什么,因此这些活动完全与偶像崇拜(idolatria)无关,甚至或许可以说不包含迷信(superstitione)。尽管如此,当他们成为天主教徒之后,最好还是能用对这些死者可怜亡灵的救助,来取代这些风俗。[3]

---

〔1〕 Bettray(1955),312.
〔2〕 语出《礼记·中庸》(讨论详下)。
〔3〕 FR I,117—18;英译本 Rule(1986),49(略有改动)。Rule(注 268)指出,本文是一系列检讨回顾的一部分。对照 Trigault and Ricci(1615),107—8/(1978),163—64/(1953),96.

利玛窦因此得出结论,中国人并不相信死者真会接受祭享、或者他们具有神性。这一习俗肯定与偶像崇拜无关,甚至可能不是迷信[1]。但是,因为有陷入迷信的危险,最好还是最终设法取代这些风俗。

上面这些简短的引文,显示了一种分类方法的诞生,它将至少影响一个世纪。第一类是天主教礼仪。它们有多种名称:"天主教徒的礼仪"(*rito de' christiani*)、"教会仪式"(*cerimonie ecclesiastiche*)或者利玛窦在原文里所称的"教会的仪式"(*cerimonias da Igreja*)[2]。这些都是传教士们熟习的礼仪,并且,在当时的神学之中,这些礼仪属于"正教"(*vera religio*),因为它们是献给他们认为的那个真神的。在那个时候,除了表示严格意义的"入会"(也即入修会)[3],"religio"一词[4]还指"礼仪活动"[5]、"社会事实"或者一个"相互关联的机构整体"[6]。"Religio"意指"小心甚至敬畏地履行一个人对上帝或者神灵的全部承诺",与这个词汇的经典含义以及罗马教廷的定义最为契合[7]。这也可能是利玛窦在"中国有关 Religio 的各种教派"(*Di varie sette che nella Cina sono intorno alla religione*,上段引文即出自本章)的章题中,使用这个词汇的含义[8]。总的来说,在 16 世纪和 17 世纪早期,还不存在有关宗教与非宗教(或者世俗)的严格区分,因为按照神学理论,每个人都有一种对上帝

---

〔1〕 对"idolatry"(偶像崇拜)这个词的语用史研究,参看 Bernand and Gruzinski (1988);"superstition"(迷信),参看 Harmening(1979)。

〔2〕 *Rito de' christiani,cerimonie ecclesiastiche*(FR II,246);*è more Christiano,Ecclesiastico ritu*(Trigault and Ricci〔1615〕,469);*cerimonias da Igreja*(FR II,516);*Ecclesiasticis ritibus*(Trigault and Ricci〔1615〕,602)。

〔3〕 FR I,311:*quando entrano in religione*(利玛窦回答为何耶稣会士不穿丧服之问),即在这个意义上使用本词;*Religiosos nostrates*(Trigault and Ricci〔1615〕,266)。

〔4〕 "religio"这个词的语用史,参看:Smith(1963)、Despland(1979)、及 Feil(1986)、(1997);这三位作者在一次会议上共同讨论过他们的研究方法和观点,参看 Despland and Vallée(1992)。

〔5〕 17 世纪对 *religio* 的一个较好的翻译,可能是"pratique cultuelle"(pratique liée à une foi déterminée et à une certaine doctrine de la divinité),参看 *Französisches etymologisches Wörterbuch*(1948—1957),vol. 10,230—31;它没有太多学术意义上的"制度"的含义;其在礼仪上的含义,还可参看 Smith(1998),270。

〔6〕 Bernand and Gruzinski(1988),43—44,234。

〔7〕 E. Feil,"From the Classical *Religio* to the Modern *Religion*:Elements of a Transformation between 1550 and 1650,"收入 Despland and Vallée(1992),32—56。

〔8〕 FR I,108。

与生俱来的认识。既然"religion"还不是一个类名,因此利玛窦没有使用"三种宗教"(three religions)的说法。然而,正确的信仰(latry,即崇拜)与错误的信仰(idolatry,即偶像崇拜)之间有一个清楚的分别,存在着一种价值判断——其中礼仪方面的重要性超过了教义[1]。天主教徒们确信自己所信奉的是正确的信仰(*religio vera*),因为他们崇拜唯一的真神,然而其他人,像罗马人或者例子里的中国人,被认为受到了邪恶力量的误导,因此崇拜偶像。

由此引出了第二种类型的礼仪。与天主教礼仪不同的是"异教徒的礼仪"(*riti gentilichi*)或者"异教仪式"(*cerimonia de' gentili*;*cerimonie gentiliche*)[2]。的确在中国传教之初,所有的非天主教礼仪,不论是佛教的、道教的还是儒家的,似乎都被认定为"错误的信仰"(false religion)或者"偶像崇拜",因为它们祭献给错误的神灵——对传教士来说,这些神灵只是土偶。例如,在拉丁译本中,金尼阁将利玛窦的那章译为"中国人错误信仰的各种派别"(*Variae apud Sinas falsae Religionis sectae*)[3]。逐渐地,传教士们接受了某些中国丧葬礼仪,而且主要是那些植入到儒家《家礼》传统中的、被称为"中国风俗"的礼仪(*ex more sinico*,*conforme ao custume da China*)[4]。它们被认为与天主教精神一致,或者至少与崇奉真神的礼仪活动不相违背。例如,向死者供奉食物的前提是"祭神如神在"("好像[*come*]他们活着"或者"如同在[*come quando*]他们生时")[5]。上段引文提到了《中庸》关于履行孝道职责的一句话:"事死

---

〔1〕 这些词语的用例,参看 OS II,368.

〔2〕 *Riti gentilichi*(FR II,249,334),*cerimonia de' gentili*(FR II,249),*cerimonie gentiliche* (OS II,369),*Ethnicis ritibus*(Trigault and Ricci[1615],498).

〔3〕 Trigault and Ricci(1615),104/(1978),160:"Diverses sectes de fausse religion entre les Chinois."

〔4〕 *Ex more*(*sinico*)(FR II,565,628;Trigault and Ricci[1615],617,644);*conforme ao custume da China* (FRII,499);*è Sinensi consuetudine*(Trigault and Ricci[1615],596). "*more*"这个词不是专门用于中国,而且也用在天主教上,例如 *è more Christiano*,*Eccelsiastico more*(Trigault and Ricci[1615],469,605).

〔5〕 FR I,117:*come se fossero vivi*;Trigault and Ricci(1615),107:*ac si essent superstites*. 还可看前面几章金尼阁有关中国礼仪的引文:FR I,84:*come quando erano vivi*; Trigault and Ricci(1615),81:*non secus ac si superessent*.

如生,事亡如存"[1]。因为文字简洁、含义多歧,这句话可以有多种解释。例如,它可以被解释成事奉死者与事奉生者之间的一个比较:"事奉死者就像事奉生者一样,事奉逝者就像事奉那些仍然在世的人一样"[2]。还有人把它解成一个假设:"事奉死者,就像他们还活着;事奉亡者,就像他们还在世"[3]。即便做了这样的翻译之后,仍可能有多种不同的理解。这句话可以意指死者仍然活着(即便这并不确定),也可以是基于死者肯定已不在世这一事实之上的一个纯粹的假设:亡者"好像"在世。耶稣会士们遵照的是后一种解释。对他们而言,这些只是"好像"的礼仪;换句话说,一个人不应该相信那些死者真会出现。然而,耶稣会士们认为,这些礼仪中仍有包含所谓的"迷信"的危险,"迷信"通常指对真神不恰当的崇拜。这些礼仪应该净化,并逐步被天主教礼仪取代。这显示了利玛窦对偶像崇拜和迷信所作的区别。

用一种否定性的说法,任何"与天主教礼仪或者规则不符的"[4]礼仪,都不应该实行。肯定性的说法是,那些可以实行的礼仪,是耶稣会士们称作"政治的"——与国家有关的、或者"国民的"——与多数公民有关的,这是他们能接受的某些非天主教礼仪的类别。这些词语很可能源自马可·瓦罗(Marcus Varro,约前116—前27)所谓的有关诸神的三种话语(theologia tripertita),奥古斯丁(354—430)在《上帝之城》(Civitate Dei)中也对此有所讨论。瓦罗区分了理解神的概念的三种话语:诗人用的神话话语,哲学家用的自然话语以及国民话语。国民话语"是国家的公民、

---

〔1〕《礼记·中庸》第19章;也见于《荀子·礼论》。

〔2〕 Plaks(2003),37:"To serve the dead as one serves the living,to serve the departed just as one serves those still in this world."(emphasis mine).对比 Legge(1991),vol.1,403:"Thus they served the dead as they would have served them alive;and served the departed as they would have served them had they been continued among them."

〔3〕 Ames and Hall(2001),99:"Serving their dead as though they were living,and serving those who are long departed as though they were still here."

〔4〕 *Riti che non fossero conformi al rito de' christiani* (FR II,246)è *more Christiano* (Trigault and Ricci[1615],469);*non fare nessun rito contra le regole della christianità* (FR II,361)*exclusa omni rituum superstitione*(Trigault and Ricci[1615],522);*Riti che non erano contrarij alla religione christiana*(OS II,369);"违背天主教信条":(*profissão*,*Fede*:FR II,500;Trigault and Ricci[1615],596—97:è *Christianis legibus...praeceptorum legis Divinae custodiam*;许甘第大[Candida Xu]的祖公许乐善之母[死于1611年2月11日];Dudink[2001],107—8).

95

尤其是神职人员,有责任学习并付诸实践的。它告诉我们国家将崇奉哪些神灵以及个人该奉行什么样的礼仪与祭祀[1]"。虽然奥古斯丁批评国民话语,但"国民信仰"(civil religion)这种说法——来华耶稣会士也这么用,实际是一个中性术语,通常不指偶像崇拜,而指皇帝和官员操办的、作为他们文化或者政治职责一部分的礼仪活动。"国民"(civil)这个术语用于大部分"法定"的或者文人"宗派"(lex 或 secta Literatorum)[2]的礼仪。这些是耶稣会 17 世纪使用的词汇,在西方 19 世纪才使用"Confucianism"来表达"儒家"的概念[3]。而其他的教派(law)或者宗派(sect),诸如佛教和道教,通常被称作"错误或者亵渎的信仰"[4],僧人与道士被称为"偶像教的教士"(Ministri degli idoli)[5]。

除去这些神学上的因素,可能还有其他原因使得耶稣会士如此强烈地抵制佛教和道教的礼仪。从人类学角度来看,较之天主教与儒家礼仪,天主教和佛教的礼仪更为类似。它们在惩罚性的地下世界、救赎的可能、做功德以及礼仪专家(和尚或者神父,他们背诵宗教经文、表演需要学习数年的仪式)干预世俗等观念上相似。因此,由于佛教和天主教在中国宗教环境下的竞争,传教士及其信从者实际上符合 Vernon Ruland 所说的那种"夸大差别"(inflated difference)的现象:那些少数的群体,被迫强调自己的特性,往往拒绝与他者认同,并且大力渲染自身与他人之间的各种

---

〔1〕 Augustine(1963),book Ⅵ,ⅴ,vol. 2,313;还可参看 O'Daly(1999),101—9.

〔2〕 或者 Litteratorum. 相关例子参见 Trigault and Ricci(1615),104ff;对照 Trigault and Ricci(1978),160ff.

〔3〕 Lionel Jensen(1997)误将"Confucianism"一词的发明权归于 17 世纪的耶稣会士;参看以下作者的书评:Willard J. Peterson(Harvard Journal of Asiatic Studies 59,1〔1999〕,276—83);Paul Rule(Journal of Chinese Religions 27〔1999〕,105—11);以及 N. Standaert(East Asian Science,Technology,and Medicine 16〔1999〕,115—32).

〔4〕 Trigault and Ricci(1615),110,112:profanae Religionis;对照 Trigault and Ricci(1978),166,170.

〔5〕 Ministri degli idoli(FR Ⅱ,246);Bonzo o sacerdote degli idoli(OS Ⅱ,369). 从利玛窦及其同伴的著作中可以看出,耶稣会士用两个主要范畴来描述中国"religions"。第一个是 lex(law)侧重的是教义方面,包括裁判性或规定性的教义,也就是我们今天说的宗教。这个词语也用于三个普遍的教派:lex naturalis、lex Mosaica 以及 lex evangelica。第二个范畴是 secta,它不像在今天的西方语言中那样具有强烈的负面含义;它是一个中性词语,从动词 sequi(意为跟随)演变而来,主要是指(大批)追随者、某个特定宗教或哲学导师(或者信仰)的崇奉者。从翻译来看,17 世纪早期这两个词语经常互换使用,因此很明显含义相近。这些词语某种程度上对应于中国"儒教"、"儒家"中的"教"和"家"。

细微差别〔1〕。这种现象可以解释为何传教士自觉地将自己与佛教道教葬礼分开,并且要用天主教礼仪取代它们。

《家礼》的实行

到现在为止,中国天主教教团开始几年里的葬礼总体图景是这样的:葬礼中的天主教和欧洲礼仪被尽可能多地肯定,某些中国的"国民"礼仪只被有限地接受。现在很难确定,葬礼的实际执行,在多大程度上如耶稣会士报告中所描述的那般纯粹。考虑到天主教徒人数的稀少,他们的确可能曾经相当排外:有一点容易断言,在还未与其他团体发生相互影响、规模较小的时候,他们是一个有着独特礼仪的团体。而且,这些报告不只是单纯的汇报,还带有其他的目的:向欧洲读者证明,天主教礼仪正在按照正统实践的方式执行着。在利玛窦去世后的 20 到 30 年里,天主教传播到了中国的其他地区,皈依天主教的人数增加,而且首批由中国人写作的作品出现了。它们不仅展示了一幅有更多细微差别的葬礼变化图景,而且还显示了当地中国人的活动——尤其儒家学者对正统实践的寻求和对《家礼》的强调,如何促进了天主教葬礼的逐渐引入。

如果将欧洲和中国的文献加以对比,就会看到一幅略有差异的图像。著名天主教学者杨廷筠父母的葬礼,就是这方面一个极好的例证。和徐光启一样,杨廷筠出生于江南这一 17 世纪早期天主教活动最为兴盛的地区。欧洲文献非常重视杨廷筠父母的葬礼(分别以 85 岁和 84 岁高龄于 1618年、1619 年去世)。有关葬礼的记载,出现在耶稣会士写给欧洲上司的年报(litterae annuae) 里,它们中有不少曾在欧洲面向公众出版。例如,《1619 年报》(Littera Annua 1619)对杨廷筠父亲的葬礼作了如下解说:

> (杨廷筠)没有落下宗教仪式里和庄严的弥撒里的任何一个环节;它们在我们的教堂里举行,他制作了黑缎子的帘帷,并在教堂里悬挂同样的丝匹,葬礼礼拜堂也是如此,它的中间装饰着插满蜡烛的

---

〔1〕　关于"夸大差别",参看 Ruland(1994).

几架烛台;这是值得一看的,因为在中国还从未这样做过。这向每一个人显示,中国人在葬礼的隆重上并未超过我们,这不是一句无关紧要的夸赞,因为他们不想让任何国家在葬礼的隆重与铺张上超过他们。[1]

这段话与前面引过的、徐光启父亲的葬礼描述非常一致,都包含对葬礼弥撒盛况的强调。《1620 年报》(*Littera Annua 1620*)对杨廷筠母亲的葬礼,描述得更为详细:

她的葬礼遵照天主教的要求举行,我们的一名神父参加了葬礼。唱完了罗马圣教会的对答咏之后,他〔为天主〕树立了一块反对城中的中国迷信的胜利碑。在外人看来,这种迷信在有地位的人中非常普遍,它同样存在于地方大员以及那些大家公认的、中国礼仪的重要守护者之中。接下来,弥格博士母亲的遗体,被以同样隆重的葬礼仪式安葬,同样有大群的天主教徒和异教徒参加——这些都和我们已经提到的、去年〔弥格博士的〕父亲的葬礼一样;弥格甚至没有忘记囚犯,给他们送去了一顿丰盛的饭菜,这对所有天主教徒和异教徒都有教益。在她墓地的圣坛上,摆放着我们耶稣基督的画像,天主教徒和异教徒都向它致敬,在它前面烧香,和中国人惯常表达敬意与崇拜的做法一样。但弥格家中的葬礼礼拜堂,超过了一切。它完全被黑色的绸缎所覆盖,十字裙以及圣坛的前部也是同样的织物。虽然中国人将白色与服丧紧密联系起来,但我们仍然不想脱离与罗马圣教会礼仪有关的欧洲风俗。安魂弥撒在那里庄严地唱响,弥格博士身穿白色麻袍、腰系稻草腰带出席,他遵循着这个国家最近传入的、表达孝敬与虔诚的风俗。

这些活动是在都城之外的第二大城市、在天主教传教士被从这个国家驱逐出去之时、在住在同一座城市的敌人众目睽睽之下

---

〔1〕 *Histoire de ce qui s'est passe'es Royaumes de la Chine et du Japon...*, 44(*Littera Annua 1619* by M. Dias).

举行的：我不知道下面两者哪个更值得钦敬——弥格博士，他如此公开地展示我们的神圣信仰，英雄般地证实了他信仰的忠诚；而当地官员，他们为天主教的庄严与神圣作出了这样一个伟大的决定。[1]

杨廷筠于 1627 年去世，许多朋友和"崇拜偶像"的家族成员，想为他举行一场由佛教僧侣主持的传统中国葬礼，并采用高级官员专享的盛大排场。他的儿子约翰（教名）坚决反对这一提议。相反，他为父亲举办了一场可以给所有信徒和非信徒作为榜样的庄严天主教葬礼。省下来的钱施舍给了"在家门口"的那些穷人，而不是和尚[2]。这些描述显示，"天主教徒风格的"葬礼似乎已经成为天主教一种重要的外在表现，因为这个原因，传教士们不愿意太多地偏离欧洲风俗。出于这种考虑，《年报》在多个例子中强调欧洲风俗的重要意义。

但从中国文献中我们可以推知，事情实际上要复杂得多。幸运的是，有两种不同的中国文献都提到了杨廷筠父母的葬礼。第一种是陈继儒（1558—1639）作的杨廷筠妻子的传记[3]。这位出生于华亭（松江府）的著名学者，在早年就已经放弃了所有的政治抱负，一生都致力于撰述和读书。他的著作极受欢迎，他部分依靠为别人写文章维持生活。他是杨廷筠的老朋友，在杨廷筠之妻吕氏的传记里，有许多有关他们生平的重要信息。例如，传记里提到杨廷筠建立过"仁会"。除去赈济饥民、施舍衣物、疗救疾患并照顾孤儿鳏寡之外，这个组织还瘗葬暴露的死尸（"暴者瘗"）。这篇传记简要提到了杨廷筠父母的葬礼。根据陈继儒的说法，杨廷筠和夫人吕氏"匍匐治丧，有紫阳家法"[4]。

陈继儒丝毫没有提到天主教活动，却提到了朱熹的《家礼》，这一点

---

〔1〕 *Histoire de ce qui s' est passe' es Royaumes de la Chine et du Japon...*，125—27（*Littera Annua* 1620 by W. P. Kirwitzer〔Pantaleon〕）. 文章最后提到了沈淮（1565—1624）领导的反天主教运动，这场运动致使四名耶稣会士在 1617 年被逐往澳门。

〔2〕 Bartoli(1663),892.

〔3〕 《武林杨母吕恭人传》，收入陈继儒（约 1641）卷 45，页 14a—15a；陈继儒还为杨廷筠写过祭文《祭杨淇园侍御》，收入上书卷 8，页 40a—41a。

〔4〕 陈继儒（约 1641），卷 45，页 15a；Standaert(1988),46—47。

非常重要。自16世纪以来,各种方志和私人著述就经常将《家礼》和士绅身份联系起来,而陈的传记就清楚地显示了陈继儒和杨廷筠对《家礼》的重视。1608年在做南京的教育行政官员(南畿提学御史)之时,杨廷筠和其他几个地方要员支持过丘濬《家礼仪节》的重新刊印。这个版本的修订,要归功于杨廷筠[1]。这说明杨廷筠无论在受洗之前还是之后,都充分参与了复兴朱熹《家礼》的活动。

杨廷筠的中文传记《杨淇园先生(超性)事迹》(他死后由一个叫丁志麟的人和艾儒略一起合编),清楚地提到他以《家礼》作为指南。这份传记把遵行《家礼》与佛教道教法事活动进行对比:

> 公居苦次,尽志尽诚。武林故尚佛事,往往斋僧杂道,广宣经忏,喧铙鼓于长夜,爇楮币以终朝。见公阒不闻声,则咸议焉。亲昵宗党,至有为公婉规切谏。公命取《家礼》示之曰:"此非吾侪所共遵守者哉。礼莫备于《家礼》。宋儒准古丧祭,垂之万祀,不过如是。安所取于今之念佛功果为也?"众皆默然,而犹私拟公俭于待亲。于是七七之期,旧俗佛事日也,公权佛事之费而倍施舍之。老羸残疾,犴狱孤寡,咸沾惠焉。众乃知公大有所见而然。既释苦盖,宅境莹,则依圣教隆重之礼,尊严具备,不与俗同。其地惟取崇洁,屏绝堪舆之说。[2]

这两种中国文献,是对全面理解占主导地位的天主教葬礼仪的重要补充。天主教士绅家庭,像杨廷筠(徐光启及其他人的家庭也可能如此),都植根于与《家礼》相关的传统之中。不做僧道法事、丧葬拒用堪舆等做法,是士绅用儒家丧礼来表现自己身份的典型表现。它也是天主教的特征,传教士至少要和士绅阶层中的一部分人发生接触;天主教对佛教和其他丧葬礼仪的抵制,可能会被中国士绅接受,因为那时的儒家传统中,已经有一股抵制的潜流存在。正如杨廷筠的传记所清楚显示的,对佛

---

[1] Standaert(1988),46—47.
[2] 《杨淇园先生(超性)事迹》(约1630),页6a—7a;CCT ZKW,vol.1,224—25.

教和道教礼仪的抵制,依据的是《家礼》。而且正如欧洲文献所揭示的,那些佛教道教礼仪不仅被慈善工作——"向穷人施舍所需之物,如果他被以异教的方式安葬"——而且同样被天主教葬礼所取代,虽然两种中国文献都没提到这点。这些文献对天主教和儒家礼仪的单独记载,也说明在实践中它们是单独实施、或者是同时并行的。

杨廷筠和徐光启出生于江南,这是 17 世纪早期天主教传播最为广泛的地区。《家礼》的价值观念与实践活动,在中国天主教徒尝试逐渐引入天主教葬礼过程中的重要性,同样显现在福建和山西两个活跃的天主教团体中。这两处宗教网络建立于 1620 年代,在 1630 年代尤其活跃,并一直持续到 1640 年代早期(1644 年明亡之前)。福建和山西的这两个团体由两到三个地方家族组成,他们将一组更为庞大的人群与一名传教士相互联系起来。福建天主教团体集中围绕在李氏、张氏家族以及传教士艾儒略周围。处于山西南部的另一个重要团体,以韩氏、段氏家族和传教士、耶稣会士王丰肃(1568/69—1640)为中心。

卷入地方社会事务是这些天主教团体的重要特征。在 17 世纪的大部分时间里,中国缺乏一个有影响力的中央政治权威,故此学者—官员和地方士绅们不可能依赖政府重建秩序[1]。通过建立学校和地方慈善组织、出版善书、组织乡约和救济工作,这些人用私人行动去做那些原先属于政府职责的事情。在明代早期,善书的编纂主要依靠皇室的组织和资助,到了明末,大多数新善书与功过格都是私人编纂出版的。山西和福建天主教团体的领导者们也是这方面的例子。值得注意的是,上层士绅对欧洲科学的实用性更感兴趣,试图借此来拯救国家;而下层士绅则更关注欧洲有关道德的著作,它们成为这个被认为是秩序混乱、道德堕落的社会的全面改革蓝图[2]。

这些善书中也有提及丧葬活动之处。其中一个例子,是李九功(1681年卒)的天主教善书《励修一鉴》(1639—1645 刊刻)。李九功是福清的

[1] 参看 Brokaw(1991),4ff.;Handlin Smith(1987).
[2] 参看 HCC,422.

101

一名秀才,1628 年由艾儒略施洗,教名 Stephanus,其兄李九标也于同年入教,教名 Thomas。《励修一鉴》分为不同的德行门类,通过虔信故事来说明各种基本的美德,以鼓励人们扬善免恶。这本书的独特之处是将中国经典或者历史故事、与《圣经》或者天主教故事混合在一起——这些故事取自传教士的作品,也来自信徒描述中国天主教团体事迹的著作。例如,前面提到的杨廷筠处理父母丧事的故事,就被作为"爱人"这个大类下"事亲"这种美德的榜样[1]。

杨廷筠的故事似乎曾经相当流行,因为它也出现在另一种重要的善书——韩霖(1600—1644)的《铎书》里。韩霖 1621 年中举,属于那个活跃的山西天主教团体,这个团体从事慈善工作(尤其在 1633 到 1641 年的大饥荒中),并修订了王丰肃编辑的几种著作[2]。韩霖力图将天主教的观念介绍给以宣扬道德为目标的官方儒学体系——它是"乡约"与制度性宣讲太祖圣谕的结合体。他的书是集体合作的产物,有十八位地方学者——其中七人有进士功名,六位是举人——参与了编纂[3]。《铎书》的寓意是说,天主的教诲是改善社会的良方。韩霖对圣谕六言(孝顺父母,尊敬长上,和睦乡里,教训子弟,各安生理,毋作非为)的解释,既凭据儒家思想,也依据天主教的观念,它们两者被并置在一起以相互支撑。《铎书》的意义在于,在这种观念混合、以及文化交叉沉淀的过程中,它试图将天主教教义放到一个十分传统的背景之中[4]。

《铎书》的首章对应于圣谕六言的第一条"孝顺父母",杨廷筠再次被拿来当作通过劝导父亲侍奉天主而完成孝道的例证。在提到杨的父母以高龄去世之后,书中又对葬礼提出了建议:

> 若父母天年告终,尽哀尽力,以礼殡葬。勿火化以习羌胡之
> 俗;勿招僧以从浮屠之教;勿焚楮钱以受鬼魔之欺;勿惑堪舆以信

---

〔1〕《励修一鉴》(约 1639—1645),页 26b—27a;WXSB, vol. 1,496—97;这个故事取自《杨淇园先生(超性)事迹》。

〔2〕 有关韩霖之母葬礼的简要描述,参看 Margiotti(1958),538.

〔3〕 黄一农(2004),第 81 页;黄一农(2005),第 274 页。

〔4〕 Zürcher(1993),84—89.

葬师之说。此数端者,先儒辨之甚详,时贤更有笃论,明理者必不
其然。[1]

正如文中那些"勿"所示,有几种礼仪是被明确抵制的。被抵制的礼仪,
大部分属于那个时代的儒家士绅抵制的风俗:佛教和道教的丧葬仪式、火
化以及葬师。对焚烧冥币的批评,儒家文献里虽然有但却并不激烈,它是
天主教所特别批评反对的[2]。

这些天主教人士的著作,同样强调那些接受与抵制的礼仪之间的区
别。那些被接受的、经常和欧洲礼仪一起并行的中国礼仪,都是他们所行
的传统家礼,有些礼仪在利玛窦去世时就已经获得接纳。典型的是吊唁
之礼,正如李九功另一本题为《证礼刍议》(写作时间未明,本书的核心观
念可以追溯到1640年代,因此可能是在此后写成[3])的著作显示的那
样。李九功在书中为吊丧的重要意义激烈地进行辩护[4]。他还主张
"或作为传状志铭,以彰其人实行,俾览观者知所慕效;或致其筐篚,以当
问馈,慰彼丧家悲忧"[5]。这里首要的标准是,礼仪应该与"道"相
符——"道"也包括天主教的正统观念。

地方天主教团体的领袖用以抵制某些礼仪的理由,较少涉及传教士
所反对的偶像崇拜或者迷信,更多是依据儒家传统,从是否正当("正",
通常被翻译成"正统")的角度出发。"正"的核心不是先验的信仰,而是
社会道德、政治合法性以及礼仪正当性,也即正统实践[6]。朱熹的《家
礼》无疑是这方面的典范。朱熹"不做佛事"的基本原则[7],是天主教著
作在礼仪正当性方面引用最多的一点。例如在《证礼刍议》中,李九功指

---

[1] 《铎书》(约1641),页6a—6b;CCT ZKW, vol. 2,648—49.
[2] 详细讨论见本书第六章。
[3] Zürcher(2005),81,将其成书时间定于1670年代。还可参看Chan(2002),56—57,59.
[4] 李九功(1681年前),CCT ARSI, vol. 9,96—99;对照63—65(更为简短)。
[5] 李九功(1681年前),CCT ARSI, vol. 9,98;对照65。关于这些传记("传状志铭")的体裁,参看Edwards(1948),780,782.
[6] 对"正"的讨论,参看Zürcher(1997),615ff.;还可参看Liu Kwang-Ching(1990),4ff.
[7] Ebrey(1991a),79,196.

出了三件葬礼不要做的事情:不要邀请僧人、不要焚烧冥币、不要聘请葬师堪舆。在他看来,这些活动是前代儒家学者很久以来一直反对的。他强调一个人应该像朱熹所宣传的那样,遵循正统的行为方式、不从事佛教活动[1]。

张象燦(西安人,1648 年中举,隶属山西天主教团体)的《家礼合教录》中,也有类似的观点[2]。本书还显示了《家礼》的另一种功用:它不仅可以用来支持天主教徒抵制佛教道教活动,而且也可以用作反驳某些人批评天主教不实行某些礼仪的依据。张象燦在《家礼合教录》中总结了七种针对天主教婚丧礼仪的批评,诸如:天主教不聘请阴阳先生择选合适的墓地、不使用明器(用于陪葬的家居物品模型)、不让方相在墓中驱邪等等[3]。张象燦凭据《家礼》对这些批评进行反驳,如:

> 世人诬天主教吊奠用香烛,不用纸锭。而《家礼》止云:"凡吊素服,奠用香茶烛酒果,赙用钱帛。"何当有用纸锭之礼哉?[4]

这些都以《家礼》中没有提及作为理由:天主教徒为何要被迫实行那些《家礼》中没有提到的礼仪?

耶稣会士有时也会用《家礼》来捍卫他们的立场。例如《西方答问》在抵制冥币时,艾儒略就明确提到了《家礼》:"若用楮钱作佛事,以为资于冥途,此浮屠诳世之谬,贵邦名儒《家礼》,明明禁之。"[5]

江南、福建和山西的天主教徒各自独立,但在有关天主教礼仪的讨论中,他们都提到了遵行《家礼》。这表明:中国天主教徒生活在用《家礼》指导的葬礼被看作是正统的文化环境中,而传教士认为这些礼仪只是"国民的",以上这两点有助于天主教葬礼在中国传统之内逐步本土化。

---

〔1〕 李九功(1681 年前),CCT ARSI,vol. 9,100—101;对比 66—67。

〔2〕 张象燦(约 1680 年代),CCT ARSI,vol. 11,289. 写作年代未知,唯一的时间线索是它曾呈送给副省会长毕嘉(Giandomenico Gabiani,1623—1694,曾于 1680—1683 年及 1689—1692 年两度担任该职);参看 Chan(2002),59.

〔3〕 关于这些活动,参看 Ebrey(1991a).

〔4〕 张象燦(约 1680 年代),CCT ARSI,vol. 11,290. 这句引文见于 1341 年刻本《家礼》,重印本见 Ebrey(1991a),98,200.

〔5〕 艾儒略(1637),vol. 1,28a;英译本:Mish(1964),63。

二、交织的葬礼

虽然有几种本地礼仪与欧洲礼仪一起并行,但有一些已经被中西交织的礼仪改变或者代替了。在这些交织的礼仪中,那些被简化为纯粹表示敬意和纪念的孝道仪节,和对天主的崇拜以及为亡故父母的祈祷结合了起来[1]。这点无论在描述 1630 年代地方天主教团体生活的中国文献、还是在同一时期翻译的欧洲指定性文本中,都有体现。

实 验 与 调 适

中国的天主教葬礼应该怎样进行,这不是事先规定好的。在利玛窦时代,只有到了晚年,利玛窦才采取了接受某些礼仪改变的立场。根据福建和山西天主教团体的不同中文天主教文献的记载,直到 1630 年代仍有实验和创造性调整的空间,这些通常是由中国信徒自己发起的。《口铎日抄》是与福建天主教团有关的最重要的文献,它广泛记录了从 1630 年3 月 13 日到 1640 年 7 月 4 日十年之间,传教士与皈依者及对其感兴趣的福建文人之间的对话。超过 25 名天主教徒——包括李九标、李九功兄弟,参加了本书的笔录和编订[2]。除了神学上和道德上的问题,它还包含了在实践问题(如葬礼)上的交流,它们被集中在同一个章节之中。

崇祯十年三月廿有四日〔1637 年 4 月 18 日,可能在泉州〕

念四日教友张玛谷弃世,厥子延请数友至家持诵。先生〔艾儒略〕曰:"今日之举为道也,非为世俗也。若一毫不能脱俗,则去道远矣。幸凤往凤还,毋俾主人营怀也。"众友唯唯。徐谈祭奠一事,先生曰:"余观中邦之礼,于亲殁后,设遗像木主,虔供酒饭。此或人子如在之诚。然道味与孝情须相兼为妙也。近贵郡有教中友,于其亲

---

〔1〕　参看 Zürcher(1990a),451.
〔2〕　本书的英文译注本,参看 Zürcher(2007).

谢世,知牲牢祭品与亡者形神无关也,只制一十字架,书亡者本名于旁,置座前奉祀。每七日,虽备馔食以待亲戚,必先奉献主前,诵《降福饮食经》,祈主赐佑,因转施于人,以资冥福。此不失孝敬先人之诚,亦不失教中道意也。且张令公所著《好怪事》中有一则云:'人生前不敢坐受人拜,客奉一揖,即趋承不暇,岂其死后乃敢受老幼亲疏,群然罗拜乎?'故十字架之设,于存殁均便也。"〔1〕

这些新创立的礼仪,试图在传统的孝道表达方式与天主教的正统之"道"中间,保持一种平衡:它们只是为了纪念死去的父母而非崇拜。死者只是被当作"好像"他或她还在世一般来对待。这段话还说明,当时对供奉食物等重要问题,还没有一种明确的政策。通过将传统的器物与十字架结合在一起,这种平衡达成了,因此作揖和跪拜总是在十字架前进行,对祭品的祈祷要使用天主教祷文。

另一项调适与如何处理祭献的食物有关。根据中国的习俗,这些供品最终要被献祭的人吃掉。而新办法是把这些供品分给参加葬礼的人,有时也施舍给贫者,而不是上供者自己吃掉。这是 1635 或 1636 年,艾儒略在写给福安的天主教徒的信中推荐的办法。艾儒略在信中不仅提到了欧洲的经验,而且还根据《中庸》中的那句"事死如生,事亡如存"(这句话被当作孔子之言)进行了讨论:

> 在敝国,祭祀也是一件非常重大的事情。确实不应上供并乞求恩惠,但〔在欧洲〕他们也在始祖和其他亲属的墓前供奉食物。人们这样做的目的,是为了用这种方式表示他们的祖先受到了照料,〔因此〕他们并非为了自己的利益做这些事情。这就是孔子所说的"事死如生,事亡如存",也就是说,"事奉死者,就像他们还活着;事奉亡者,就像他们还在世"。如果思考一下孔子的这句话,〔就会发现〕它和我们欧洲国家的教义表达的是同一个意思,也就是说人们不应忘

---

〔1〕《口铎日抄》(约 1630—1640),卷 7,页 6b—7b,CCT ARSI, vol. 7,468—70;英译本见 Zürcher(2007),n. VII. 9. 张赓的《好怪事》今已亡佚。

记死者。因此,遵照孔子的学说(其主旨是纪念亡者),可以继续进行为祖先上供之类的活动,因为这不属于违背教规(illicit)而不能做的事情。上供完毕之后,最好将这些供品分给穷人。[1]

在艾儒略的《西方答问》中,也可以找到对墓前献祭活动的类似讨论,艾儒略提到在西方习俗中,"亦存陈饮食于先人之墓者,礼毕则为献之圣堂,施之贫人耳"[2]。虽然迄今尚未发现欧洲有在墓前供奉食物的风俗的记载,但为穷人提供一餐饭食,却是葬礼施舍最为常见的一种形式[3]。因此对这种中国习俗的删汰与调整出现了:将供品施舍给穷人成为允许食物供奉的条件之一,而上供者自己把供品吃掉却不被允许。李九功等中国天主教徒,也提倡把食物施舍给穷人的做法[4]。

此外还有其他一些葬礼形式的调整。在《口铎日抄》的下一篇,艾儒略提到了一位姓李的人,他绘制了一幅遗像,以试图确保他的子孙也继续信奉天主教:

> 又楚中李友者图己肖像,上画一圣号,祥云捧之,而绘己肖像于旁,执念珠,佩圣椟,恭向圣号。且遗命其家人,凡子孙有奉教者,悉照昭穆之序,咸登斯图;其不奉教者,非吾子孙,不得与斯图矣。后有吊拜我者,如同我恭向上主也。如此岂非道俗两得,可通行而无碍者乎![5]

针对那个众所周知的传统风俗——葬礼之后在祠堂或家中悬挂死者肖像,这个事例创造了一种新的天主教变体。通常来说,这种遗像遵循一种极为通行的老套风格,绘有死者身着礼服的正面形象。李九功的画像明

---

〔1〕 Menegon(2002),第102页引用并翻译。艾儒略答缪士向书,Biblioteca Casanatense(Rome),ms 1073,21v—22r;还可比较"Ritos Chinos,"vol. 1,doc. 1,214v—215r of Archivo de la Provincia del Santo Rosario,Manila and Avila(information provided by E. Menegon)。依据《中庸》里的这句引文进行的类似讨论,参见《口铎日抄》(约1630—1640),卷4,页11b,CCT ARSI,vol.7,276;英译本:Zürcher(2007),n. IV. 10.

〔2〕 艾儒略(1637),卷上,页27a;英译本:Mish(1964),61.

〔3〕 Eire(1995),141.

〔4〕 李九功(1681年前),CCT ARSI,vol. 9,105;对比 70.

〔5〕 《口铎日抄》(约1630—1640),卷7,页7b,CCT ARSI,vol. 7,470;英译本:Zürcher(2007),n. VII. 9. 许理和指出,利玛窦的书中几乎有同样的描述:FR II,481—82;Trigault and Ricci(1615),589/(1978),635/(1953),541. "昭穆"是古代宗法制度的术语,指的是宗庙或神主的位次,始祖以下左侧为昭,右侧为穆。

显不同,它是祖先遗像的一种天主教变体:死者身穿便服,和自己的妻子儿女(有时也和其他亲属)在一起。非天主教徒被排除在家族群体之外,这是一个相当少见的例子[1]。

这些交织的礼仪,看来是由信徒们自己创造的。正如许理和(Erik Zürcher)所指出的,这些事例不是作为艾儒略强加的葬礼程序,而是作为信徒个人创制的、值得称赞的葬礼方案,而被《口铎日抄》收录的[2]。显然地,由于传教士之间相隔遥远,并由此导致缺乏沟通,各种各样的地方实验都在进行。礼仪的调适是一个双向的过程,信徒们自己在这一过程中扮演了重要的角色。

这些融合既影响了中国的、也影响了欧洲的礼仪。礼仪的调整由是否有神父指导、家族经济状况如何等具体的环境条件引起。我们可以从李九功的《证礼刍议》中找到有关葬礼习俗调整变化的描述:

> 今教中友幸于上三弊端(招僧徒、焚楮钱、惑堪舆)已悉绝矣。然欲尽孝亲之道,尤须依圣教礼规。大约人子于进教父母,当其初丧百日之内,正切哀思,应多为之求铎德,奉祭天主,暨诸同教通功。此或于堂于家,皆从丧主所便。至于窀穸,有期更宜加意。但丧事称家,亦有难于画一者。如清素之家,则临葬期,只在葬前一主日,告铎德及众友于堂中,诵祈安所。至葬日,惟至亲者随送到山,敬奉先人遗体而安厝之。要于称财,谓礼[3]。即凡外物浮饰,无所纷华可也。
>
> 若家颇丰者,或有不忍俭亲之意,则仿俗习行丧。即一切排设文饰,不能尽脱,亦必取其合于礼,近于道[4],而不涉释老二氏者,为得其当。如本日亲人送外葬,尤欲铎德并同教友上山,为之奉祭通功,则随丧主所请,或分蜡烛畀送葬友,点而持之,以增光辉,无非礼所宜者。

---

[1] Zürcher(2007),n. VII. 9,以及 Zürcher(1990a),452.
[2] Zürcher(1990a),452.
[3] 语出《礼记·檀弓下》。
[4] 其他版本中"道"作"义"。李九功(1681年前),CCT ARSI,vol. 9,69.

惟山中设席待,当与俗别馔。惟以四器六器为卒,而不许过。酒惟以五巡七巡而止,不至滥。此非于请客有所遗,或于待客有所亵。特以道途稍远,而殡送主哀礼,应酌其易举而称情者行之耳[1]。

此外,或有于葬日,又多以饮食财帛施诸贫人,代亲立功,则愈征其爱亲之心。然致孝在人,非所强也。若此约为定规,庶有得于葬亲之实理实事,可以永久遵守,而使殁存均无憾乎![2]

这段引文确认了送葬过程中其他几个环节:蜡烛的使用——送葬者在队伍中手持蜡烛"以增光辉",以及宴席的重要性——宴席不在死者家中、而在墓地举办。这段葬礼指导还显示,它努力将对客人的酒食招待控制在合适的限度之内。而且这段文字还说明,天主教徒也遵守传统的百日丧期,在此期间他们要"通功";生者通过祈祷和慈善工作帮助死者得到救赎,被认为是孝顺的表现。天主教徒使用的"功"这个词,是中国人所有宗教经验、尤其是佛教居士中的一个核心概念[3]。在大乘佛教里,一切宗教活动的首要目的是积聚功德(punya),凭借它的力量可以抵消恶业,为现世生活带来安乐,并可以为信徒及其他人(来世)创造更好的轮回往生。这种功德可以由多种方式积聚,诸如奉献、诵经、祈祷、守戒、禁欲、布施、朝圣以及由僧人应信徒之请举办法事等。佛教和某些道教的丧葬法事含有专门做功德的仪式,在仪式中和尚或者道士唱诵经文以为死者增加功德,这样他们在地狱中能少受惩罚,并得到较好的来生[4]。在晚明时代,"业报"被看作是善恶相抵之后的一种结余,由此引发了用"功过格"记录一个人每天的善行和罪愆的风俗,这种风俗广为流行,儒家学者也参与其中[5]。同样地,由于对功德的强调,中国天主教徒也成为这种当时极为盛行的运动的一部分。

李九功的这部著作还显示了当时的思想趋向。在《证礼刍议》的最

---

〔1〕　语出《礼记・三年问》。
〔2〕　李九功(1681 年前),CCT ARSI,vol. 9,103—5;对比 68—70.
〔3〕　Zürcher(1997),634.
〔4〕　Welch(1967),184ff.;Lagerwey(1987),170ff.
〔5〕　参看 Brokaw(1991).

后,李九功写道,他的这些讨论是关于父母葬礼的"实理实事",他用"实"这个词(意为"真实、充实、具体")与"虚"(意为"虚假、空洞、空虚")相对。这是表达"实学"观念的关键词汇——崇尚"实学"是那场涉及明末清初众多思想家的运动的特征。出于对实用性的强调和对世间万物的探求,他们批评王阳明(1472—1529)的空洞理论,根据王阳明的学说,世间万物中没有什么值得研究。"实"这个词也被耶稣会士采纳,并用在对神学、科学和礼仪的讨论中。在《圣经直解》一书(1636—1642)中,阳玛诺把它用在葬礼上。在评论《马可福音》16:1节中那些带来香料为耶稣遗体涂膏的妇女时,阳玛诺对"实礼与虚礼"作了区分:

> 礼有实有虚,圣教弃虚尊实。盖殓尸救死、岁棺送殡等等斯礼,
> 俱实事,圣教所遵。至于楮钱冥金、堪舆择日等法,俱虚礼,圣教所
> 弃。[1]

当多明我会和方济各会修士到达中国之时,他们所面对的就是这些交织的礼仪和各种类型的实验。前面提到的某些文献,有可能写作于由新来传教士的出现而引发的礼仪之争期间。1630年代西班牙多明我会修士从马尼拉到达福建之后,多明我会传教士开始陆续来到中国。他们对中国礼仪的看法与耶稣会士不同(耶稣会士们在1629年的嘉定会议中,多少找到了一些达成内部共识的基础[2]),这点很快就明显地表现出来。对多明我会来说一项重要的事件,是他们在闽东缪氏家族天主教徒1635年参与的祭祖礼仪中的发现。多明我会修士们尤为反感的是家族成员一年两度集体举行的祭祀仪式。和耶稣会士讨论过这类事宜但对他们的答复不满,在没有咨询过中国天主教徒的情况下,多明我会传教士写了成卷的诉状送往马尼拉和罗马,这标志着中

---

〔1〕《圣经直解》(1636—1642),卷6,页4b;WXSB,vol.5,2048.

〔2〕 Metzler(1980),15—17. 1629年,教团视察员、耶稣会士André Palmeiro(1569—1635)发布了根据嘉定会议(会上耶稣会士和几个著名的中国信徒讨论了"God"、"angle"和"soul"的译名等问题)的决定总结的指令。Palmeiro的文本很多内容是面向神父的,但很少详细讨论礼仪问题。他主要关心的是遵行某些特定的天主教葬礼仪式:念诵祷文、举行弥撒和在纪念活动上举行亡者日课。Palmeiro,25r—25v:nos.16—18(本项信息由L.Brockey和E.Menegon提供);还可参看Brockey(2007),84—85.

国礼仪之争的开始[1]。虽然祭礼和葬礼之间存在着密切的联系,但讨论的焦点更多地在祭祖活动而不是葬礼上。即便是多明我会,也并非抵制所有的中国风俗,正如黎玉范(1597—1664)的例子所显示的那样。黎玉范的遗体在安葬之前,在棺材中存放了很长一段时间,"因为这个国家古老而持久的风俗,这种做法是不可避免的"[2]。而且,也不是所有的耶稣会士都能毫不犹豫地接受大部分的中国风俗。例如,在一封1635年9月19日写给利安当(Antonio de Santa María Caballero,1602—1669,第一位到达福建的方济各会修士)的信中,耶稣会士卢纳爵(Inácio Lobo,1603—?)对参加吊唁时恐惧所带来的生理影响,作了生动地描绘:

> 几天之前我参加了这样[一个吊唁仪式],老实说,当我看到死者画像时——在它面前我不得不跪倒,我的肢体颤抖,发根竖立,面容惨白、毫无血色,因为内心阻止我在这个灵魂在地狱中煎熬的人面前匍匐的勇气,已经完全消失了。我处在退却的极限,假装发生了意外或突发绞痛。但站在我身边的两位高级官员朋友告诉我,我的副省会长[阳玛诺或傅汎济]和艾儒略神父——他们一个在北京、另一个在浙江,已经行过好多次这种仪。所以我违心地行了礼,我不知道是否应该这么说,即便带着一些顾忌。[3]

除去这些个人的保留意见,到1640年代,中国信徒和耶稣会传教士在中国的丧葬习俗上已经达成了一些共识。有些习俗被明确地抵制,像佛教和道教的法事以及堪舆等。中国信徒和耶稣会士对进行抵制的最主要的理由,看法不尽相同:在中国信徒看来,首要的原因是这些风俗与《家礼》不符;而在耶稣会士眼中,它们属于偶像崇拜或者迷信。至于《家礼》所规定的礼仪,各种不同的态度都被采纳了。有些礼仪,像跪拜,已

---

[1]　Menegon(2002),100,296.其中与葬礼有关的问题,将在本书第五章进行讨论。
[2]　González(1955—1967),vol.1,393.
[3]　Lobo(1915),384;还可看看 Maas(1926),103—4 以及 Biermann(1927),48.卢纳爵曾脱离耶稣会,后来又于1635年重新加入;他在再次脱离耶稣会后死于印度(Dehergne[1973],153)。

经成为中国天主教葬礼的一部分。有多种方式可以使这些中国风俗与天主教正统协调一致,诸如设立基督的画像。至于其他风俗,不管是否〔与天主教礼仪〕并行,都或多或少地存在着实验的空间。还有一些风俗,像食物供奉,解决的方案并不明确。食物供奉应该避免,如果供奉的话,最后要将这些食物施舍给穷人,而不是由家人吃掉。然而,多明我会修士却取消了大部分的实验空间。

欧洲规定性文献的重订

这些调适在多大范围上影响了天主教葬礼的规定性文献?从传教士将这些文献翻译成中文时所作的修订中,可以清楚地看到其所受的影响。

总的来说,规定性礼仪文献不是年轻的中国教团首要的关注对象。即便在 1615 年就得到许可,未来的中国神父可以用汉语(文言)举行弥撒、念诵日课经、管理圣礼和其他礼仪活动[1],但在很长一段时间之后,对礼仪文献的系统翻译才开始。对非圣礼(如葬礼)文献的翻译也是如此。

最早的专门致力于帮助临终者和指导葬礼的中文天主教著作,是耶稣会士伏若望(João Fróis,1591—1638)的《善终助功规例》,该书在他去世前不久编成[2]。这本书的大部分内容与帮助病人和临终者有关。它是《教会圣事礼庆典手册》(*Manuale ad sacramenta Ecclesiae ministranda*,1605,耶稣会主教 Luís Cerqueira 为日本教团编辑的礼仪手册)一书的节译。伏若望和他的耶稣会同伴选择了 Cerqueira 的《手册》、而不是更为正规的 1614 年版《罗马礼书》,可能是因为那时的中国耶稣会教团还没有得到《罗马礼书》的复本[3]。伏若望翻译了书中"帮助临终者并将他们

〔1〕 参看宗座简函 *Romanae Sedis Antistes*(27 June 1615):Bontinck(1962),41—42. 使用中文的许可,只授予中国神父。

〔2〕《善终助功规例》(1638 年前);Chan(2002),248:这是江西建昌府建武曰旦堂的重印本,修订者是阳玛诺、郭静居和黎宁石(Pedro Ribeiro,1570—1640),由傅汎济(Francisco Furtado,1589—1653)颁给出版许可,其他复本见 ARSI Jap. Sin. I,112(Chan〔2002〕,161—62).

〔3〕 参看下面的评论:Palmeiro(1629),26r,no. 2:"〔举行洗礼时〕我们会使用日本礼书,并举行它所规定的所有仪式,因为我们还没有得到一本《罗马礼书》。"

推荐给天主"(*De iuvandis, et Deo commendandis morientibus*)这一节的大部分内容[1]。

翻译官方礼仪文献成果最为丰硕的,毫无疑问是耶稣会士利类思(1606—1682),他于 1648 年到达北京,即便是在大部分传教士都被驱往广州的那段时间里(1666—1671),他仍然留居北京。他支持任命中国人担任圣职,并支持他们用中文举行天主教礼仪庆典[2]。奉上级之命,他翻译了《弥撒经典》(*Missale Romanum, auctoritate Pauli V Pont. M., Sinice redditum*, 1670)[3]和《司铎课典》(*Breviarium Romanum Sinice redditum*, 1674)[4],而且据说他还翻译过《罗马礼书》[5]。后者于 1675 年在北京出版,题为《圣事礼典》[6]。《圣事礼典》带有拉丁标题"*Manuale ad Sacramenta ministranda iuxta ritum S. Rom. Ecc. Sinice redditum*",这个标题和 Cerqueira 那本手册的题目很像。的确,利类思的这本书似乎翻译的不是《罗马礼书》、而是 Cerqueira 的《手册》[7]。有关帮助临终者和关

---

[1] *Manuale*(1605),192—235;还可对照 Laures(1941),xviii. 伏若望相当忠实地翻译了 Cerqueira 的 *Manuale*,但并不总是和 *Manuale* 一样详细,尤其在指导的部分。Cerqueira(*Manuale*[1605],198—200)提到,对临终者的三项照料(CCT ARSI, vol. 5,352—55)引自多明我会士 Joannes Gerson(1363—1429)的 *Opus tripartitum*;参看 Gerson(1966),404—7:"332. La médecine de l'âme。"

[2] 参看"Ad R. P. N. Generalem. Judicium P. Ludovici Buglio circa promotionem Sinarum ad sacerdotium"(Beijing,19 May 1678)(ARSI Jap. Sin.,124,ff. 129—33),重印本收入 Bontinck(1962),462—72;对这一文本的讨论,参看 *ibidem*,180—86.

[3] 《弥撒经典》(1670);Bernard(1945),no. 432;Pelliot(1924),357, n. 2;Bontinck(1962),155.

[4] 《司铎课典》(1674);Bernard(1944),no. 462;Pelliot(1924),358, n. 3;Bontinck(1962),157.

[5] 利类思在他的一封信里称其为"Rituale",参看 Bontinck(1962),466:letter of Beijing,19 May 1678,131.

[6] 《圣事礼典》(1675);Bernard(1945),no. 470;Pelliot(1924),357, n. 4;Bontinck(1962),157—58;Chan(2002),211—12. 本书修订者为安文思(G. de Magalhães)和鲁日满(F. de Rougemont),由南怀仁颁给出版许可。一篇未署名的文章(A. L.[1939],242;参看 Bontinck[1962],158, n. 26)提到,*Rituale* 和 *Breviarium* 的翻译手稿藏于北堂图书馆。

[7] 一些主要的不同:Cerqueira 的 *Manuale*(1605)和《圣事礼典》都以一份日历开头,而 *Rituale* 却不带日历;在洗礼上,*Manuale* 和《圣事礼典》对男性和女性的洗礼做了区分,而 *Rituale* 没有;*Manuale*([1605],61)和《圣事礼典》([1675],CCT ARSI, vol. 11,429)中坚振礼的短注在 *Rituale* 中没有出现;在 *Manuale* 和《圣事礼典》中,婚礼位于终傅礼之前,而在 *Rituale* 中,婚礼出现在葬礼部分之后。

于葬礼的那些章节,清楚地证明了这一点[1]。帮助临终者那一节,利类思毫无疑问参考了伏若望的翻译,他照抄了伏若望《善终助功规例》的译文,只作了几处小的改动[2]。有关葬礼那节,与伏若望不同的是,利类思更为严格地遵照 Cerqueira《手册》中"葬礼日课"(*De officio sepulturae*)那部分进行翻译[3],其中带有"Ordo recitandi responsoria pro defunctis",也即在墓地举行弥撒用的应答祷文。

虽然罗马当局同意成年华人担任圣职(1688 年在大陆任命了首位中国神父),但这些中国神父还没有获得用中文举行弥撒或其他圣礼的许可,因为罗马以为他们懂得足够的拉丁文知识,能用拉丁语宣讲[4]。因此对《弥撒经典》、《罗马礼书》(手册)和《司铎课典》等礼仪书籍的汉译也就没有得到罗马的认可。虽然它们在北京出版,却没有在礼仪活动中使用。但似乎也有一些例外,正如利类思的《善终瘗茔礼典》(就是《圣事礼典》里面与帮助临终者和指导葬礼有关的那些部分,它们被单独结集出版)所显示的那样[5]。这本书何时第一次出版,是否由利类思(1682

---

　　[1]　《圣事礼典》(1675),CCT ARSI,vol. 11,476—521. 有几条详细证据可以证明利类思使用的是 *Manuale* 而非 *Rituale*。和 *Manuale*([1605],200—201)一样,《圣事礼典》(476—477)带有对临终者的询问,而 *Rituale* 中没有。在诸圣连祷中,*Manuale* 和《圣事礼典》都将圣若瑟(Saint Joseph)省略,但它在 *Rituale* 中仍然出现(位于施洗者约翰之后)。《圣事礼典》(491)中某些葬礼指导可以在 *Manuale*(235)、而不能在 *Rituale* 中找到。在 *Manuale*(268—72)和《圣事礼典》(495—502),《圣咏》50 中穿插着轮唱,而 *Rituale* 中没有。儿童葬礼的圣咏,*Manuale*(276—79)和《圣事礼典》(509—13,圣咏 112,148,149,150)类似,但与 *Rituale*(圣咏 112.[118],23,148)不同。应答祷文的位置与次序,*Manuale*(281—86)和《圣事礼典》(515—21)一致;它们也出现在 *Rituale* 中,但先后次序和位置(在 *Officium defunctorum* 之后)不同;这些祷文也收录在 *Missale* 中(参看 *Missae defunctorum* 部分和各种亡者祷文[*Orationes diversae pro defunctis*])。

　　[2]　可将两书以下部分进行对比:《圣事礼典》(1675),CCT ARSI,vol. 11,476—77,and 477ff. 以及《善终助功规例》(1638 年前),CCT ARSI,vol. 5,355—59 and 387f. 利类思对文本进行了删节,略去了 *Manuale*([1605],202—19)中的"Exhortationes",只保留了祷文。

　　[3]　其中包括《圣咏》50、112、148、149 和 150 的译文。

　　[4]　参看 Bontinck(1962),尤其是和柏应理有关的第六章。

　　[5]　《善终瘗茔礼典》(1675 年后);Bernard(1945),no. 444;复本见 ARSI Jap. Sin. I,95;Chan(2002),147—48. 还可参看 Brunner(1964),111—13(有时它会作为附录,被附到其他文本上)。《善终瘗茔礼典》晚于《圣事礼典》(1675),因为每当两者出现不同的时候,《圣事礼典》更接近伏若望的原始译本。例如,可以比较三者之间以下这处不同:《善终助功规例》(1638 年前),CCT ARSI,vol. 5,490ff.,《圣事礼典》(1675),CCT ARSI,vol. 11,480,以及《善终瘗茔礼典》(1675 年后),4aff.

年卒)最后定稿,这些问题都不得而知[1]。虽然《圣事礼典》未经罗马教廷认可,但它仍然意义重大:丧葬礼仪在这个单行本中出版了。

利类思翻译的最后一种与葬礼有关的文献是《亡者日课》(他翻译成《已亡者日课经》[2])。利类思的译本包括祷文、圣咏(总共大约23首)、用于葬礼集体祈祷和某些固定纪念日的经文读本(从《约伯书》中节选的九段经文)[3]。

这些翻译用的是中国的文言。这种选择,符合1615年允许中国神父用"文人特有的文雅语言"举行圣礼和履行礼仪职责的罗马教令[4]。总体上说,与死亡有关的天主教中文语汇,主要采用的是(宋明)儒学家描述死亡的词语,如"终"、"卒"、"丧"等[5]。另外也有佛教和道教表示死亡的"觉"、"归"、"去"等词。大量天主教葬礼术语,如"殓"(给死者穿衣或入棺)、"葬"(埋入墓穴)等,都可以从《家礼》等经典文献中找到。值得注意的是,《已亡者日课经》中为死者念诵的祷文仍然沿用了"祝文"一词,这是一个在葬礼和祭祀中表示召唤鬼神或祈祷的传统中国词汇[6]。和那时其他天主教文献一样,祷文的翻译用的是意译和音译的结合,意译有时创造出新的术语(如"主保圣人",意指保护圣徒、或后人以他的名字命名的圣徒),音译还用来翻译人名。最重要的一篇吟诵祷文——诸圣祷文,其中至少有二十五位圣徒的名字,要在信徒的应答声中轮流吟诵;

---

〔1〕　Bernard(〔1945〕,no.444)将其出版时间定在大约1671年,但它肯定要晚于《圣事礼典》(1675)。和1675年版的《圣事礼典》相比,利类思《善终瘗茔礼典》中的词语偶尔被改换。

〔2〕　《已亡者日课经》(约1675年后);Bernard(1945),no.443(Bernard 将日期定于大约1670年,但它很可能要晚于1675年);复本还见于 ARSI Jap. Sin. I,96;Chan(2002),96.本书很可能晚于《圣事礼典》(1675),但不清楚是在《善终瘗茔礼典》(1675年后)之前还是之后编成。对比三个文本中的亡者祷文会发现,有时《善终瘗茔礼典》更接近《圣事礼典》,而有时《已亡者日课经》更为接近。参看:*Manuale*(1605),281ff.;《圣事礼典》(1675),CCT ARSI,vol.11,516ff.;《善终瘗茔礼典》(1675年后),21aff.;《已亡者日课经》(约1675年后),5bff.,27aff.

〔3〕　还可参看 Palmeiro(1629),25r,n.18:"如果有足够神父,他们会按照耶稣会的传统念诵全套《亡者日课》。"*Office* 收录在西文本 *Breviarium*(1568)中,类似地,*Office* 的中译本——《已亡者日课经》,也被附在几种版本的《司铎课典》(1674)后面,例如 BnF,Chinois 7388 的末尾。

〔4〕　Bontinck(1962),412;Jennes(1946),248 n.42.

〔5〕　Brook(1989),492.

〔6〕　Edwards(1948),786—87.

汉语译音的使用,造成了一种与佛教唱诵非常相像的合唱效果——佛教唱诵中也经常使用音译的梵文词语。这种对外国人名和词汇的包纳,也使得礼仪敞开面对一个比中国更加广阔的世界。

将伏若望和利类思的译作与原始底本进行比较,就可以发现它们所包含的调整变化。第一个变化与葬礼的次序有关。译者显然对原文进行了调整,以和中国葬礼的基本结构相适应——中国葬礼中,入殓和殡葬是两个主要环节[1]。这一点首先表现在伏若望译作中"帮助临终者"那部分里。在 Cerquiera 的《手册》里,伏若望所翻译的那段原文后面,紧接着的是很长的一段"葬礼日课"(*De officio sepulturae*,描述实际的葬礼仪式)[2]。而伏若望的《善终助功规例》却将这一部分略掉,只保留了在入殓和安葬前后诵读的四段简短祷文[3]。虽然伏若望没有对这种改动作出解释,但它似乎是为适应中国习俗而对葬礼日课祷文进行调整的第一次暗示。前面提到过,Cerquiera 的《手册》和《罗马礼书》中都没有入殓的程序,因为在欧洲遮蔽尸体是一项相当晚近的风俗。与伏若望书中相同的改动,在利类思的《善终瘗茔礼典》中也可以找到。与他的《圣事礼典》(这本书被认为是对《罗马礼书》[《手册》]的精确翻译)相比,《善终瘗茔礼典》将入殓和安葬放在更加突出的位置。"入殓礼节"和"抬棺入墓安葬"这两个新加的副标题[4],显示出它们被当成两个关键环节。中国天主教丧葬礼仪,在一个以入殓和安葬为主要环节的基本架构中,被有意识地重新修订了。

第二个变化与前者密切相关,涉及到丧礼仪式的主持者。《罗马礼书》(《手册》)主要是为神父设计的,但伏若望的《善终助功规例》并未明确提到葬礼的主持者。他的这本书不是专门面向神父的,神父和普

---

[1] 参看:徐吉军(1998),第2页;Watson(1988),14—15.

[2] *Manuale*(1605),235—301(其中收录了普通弥撒上念诵的各种亡者祷文).

[3] *Manuale* (1605)的细目是:1)圣职人员、宗教人士或者以庄严仪式安葬的平民的葬礼;2)平民的普通葬礼;3)儿童.

[4]《善终瘗茔礼典》(1675年后)页10a、16a;对比《圣事礼典》(1675),<u>CCT ARSI</u>,vol. 11,492,"安葬礼节"以及506页的小注.

通信众都可以使用。而且更为重要的是,他的书中没有提到作为葬礼仪式一部分的弥撒。《善终助功规例》显然也是专门为主持丧葬礼仪的中国天主教徒设计的。这种从神父到普通信众的转变,在利类思的译作中更为明显。怀着得到中国神父用汉语举行弥撒的许可的希望,利类思翻译了《圣事礼典》。他的书里明确地提到了礼仪的主要主持者,也即"铎德"(神父),每次他都在仪式中扮演一个角色。祷文中同样应当包括那些为主教和神父进行的祈祷——圣职人员的重要地位,在书中通过这种方式得到了确认[1]。《圣事礼典》所设定的读者,显然是未来的中国神父。然而,如果我们将这部书和后来汇集了本书中丧葬礼仪内容的改编本、利类思的《善终瘞荳礼典》加以比较,就会发现明显的差异。在后面这部书中,涉及到铎德的内容被省略掉了,而在《圣事礼典》中较为模糊的大众("众〔人〕")的声音,被凸显出来。《善终瘞荳礼典》似乎是为中国普通信众之中的管理者编纂的,而不再是单独面向神父[2]。因此,有可能在等待批准中国神父用汉语举行弥撒期间,传教士们曾积极鼓励将举行非圣礼仪(如葬礼)的职责转交给中国人[3]。这种转变还被《已亡者日课经》的出版所证实;事实上,《已亡者日课经》作为一本单行的手册,也易于被普通天主教组织获得。有关神父的内容,在本书中也被省略了[4]。

　　与《罗马弥撒书》(*Missale Romanum*)和《罗马礼书》(《手册》)不同——它们都由利类思翻译、但从未被教会当局批准用于实践,利类思有关葬礼的两部书《善终瘞荳礼典》和《已亡者日课经》,似乎被中国天主教

---

　　〔1〕 *Manuale*(1605)面向圣职人员,参看 Rutherford(1970),98 n.41. 入殓时所要进行的祈祷,没有像伏若望的译本中那样单列出来,虽然《圣事礼典》,CCT ARSI,vol.11,第 476 页有一个小注:"参看下面的《入殓经》"。

　　〔2〕 唯一明确提到的礼仪负责人,是页 15a 的"司代"(代替神父的人)。

　　〔3〕 天主教团体事务的牵累,也很可能是"耶稣会士甘愿在欧亚大陆的一端严格地坚持礼仪规则,而在另一端却可以接受一些非常重要的变化"(Maher〔2002〕,217)的重要原因。

　　〔4〕 还可看某些被删掉的祷文,如为去世的教宗或神父祈祷的祷文(*Manuale*〔1605〕,284;《圣事礼典 》〔1675〕,CCT ARSI,vol.11,518;《善终瘞荳礼典》〔1675 年后〕,22b);只有一篇用于主教逝世周年纪念的祷文保留了下来(《已亡者日课经》〔约 1675 年后〕,页 6a、27a)。

团体广泛使用。几种 20 世纪早期的文献证明，即便到了这个时代，它们仍然非常流行[1]。许多国家念诵《亡者日课》的风俗都已经或多或少地消失了（虽然从未被彻底废除）[2]，与此不同的是，在中国直到 20 世纪它仍然保持着生命力。

三、天主教团体与葬礼

这些规定性文献所描述的葬礼程序，可以部分地反映 1650 至 1660 年代真实的葬礼活动。然而，这些描述性文献告诉我们，这一时期的葬礼活动似乎比前期要少，而且中国天主教会的总体状况似乎有所衰落。另一方面，天主教团体受到了满族入侵的影响。不仅由李自成（1606—1645）血腥起义（1630 年代晚期至 1640 年代）引发的内战和动荡所波及的山西—陕西地区情况如此，福建的状况也是这样——满族入侵者和天主教组织以及明室拥戴者在那里发生了冲突[3]。而且从 1630 年代开始，天主教和文人群体的接触也减少了，正如 John Wills 所说的："再也没有像徐光启和杨廷筠那样的人，没有高级士大夫精英，因为希望保留某些传统的儒家核心价值观念，而绝望地加入外来宗教。"[4]另一方面，耶稣会士令人惊异地从明清易代的转折中幸存了下来。这在很大程度上要感谢汤若望。他很快获得钦天监监正的任命，因为他能为朝廷提供一套全新的西洋历法体系，这被新王朝视为吉兆。部分地因为与钦天监的关系，耶稣会士在明清易代之际没有遭受太多的磨难幸存了下来，然而耶稣会士的角色，逐渐由士绅在思想上的朋友伙伴，转变为皇帝的专家顾问[5]。

---

〔1〕 Pfister(1932—1934),240—41；Brunner(1964),113："中国天主教徒非常喜欢利类思的《已亡者日课经》；孩子们在祈祷学校里用心学习它。当村里的天主教徒去世时，团体成员聚集在死者门前，像修士一样合声齐唱这些翻译得极为优美的祷文，看到这些让人非常感动。"

〔2〕 Gy(1955),79—80.

〔3〕 HCC,555；还可参看 Menegon(2002),112ff.

〔4〕 Wills(1994),390,394.

〔5〕 Ad Dudink,"2.6.1. Sympathising Literati and Officials,"收入 HCC,483.

而且,尽管有几个中国天主教团体受到了破坏,但其他的都幸存下来而且更加活跃。江南地区尤其如此,1663 年那里大约有 55000 名信徒,差不多占了当时中国天主教徒人数的一半[1]。还是在江南地区,天主教团体最为明显地以"会"的形式组织起来。

这些在处理丧事中扮演主要角色的"会",成为将天主教葬礼本土化的重要机构。它们显示了这些社会和教会的结合组织,如何将此前几十年里产生的中国天主教礼仪整合为一体。从一开始,组织协会或者社团就成为中国天主教徒的一项重要活动。在 17 世纪,有几种类型的天主教组织被称作"会"。"会"有时指一个具有较为明确或者正规的会员制度的群体,有时也指教会按地域组织和管理大批信众的一种重要方式(christianitas 或圣会,与教区类似)。这些团体从事的活动并不相同——从历练个人品行到献身慈善工作,或者最为常见的,将这几种活动集为一体。这些团体最终在中国信徒或者西方传教士的积极努力下建立了起来。正因为如此,它们代表了中国传统元素与天主教元素相互交织的许多路径。[2]

以互助、慈善和提升道德为目标的世俗组织和慈善团体,在中国具有悠久的传统,并且在明末兴盛起来。其中尤为重要的是名为"同善会"的慈善组织,它提供诸如帮助贫困寡妇、掩埋无名死尸和开设粥厂等多种服务。它们在地方士绅的自愿扶持下进行活动,这些士绅包括商人、地主,也包括学者和文士[3]。欧洲也有组织团会的传统,这些自我管理的团体,成员以共同提升他们的宗教生活为目标。耶稣会传教士自己也熟悉团体生活。在欧洲,1563 年耶稣会士让·路尼斯(Jan Leunis,1532—1584)在罗马成立的"圣母会"(the Sodality of Mary),是一个广泛传播的组织,它以耶稣会学校学生的精神和信仰培育为目标,与依纳爵·罗耀拉(Ignatius of Loyola,耶稣会创立者,1491—1556)的思路一致。耶稣会士

[1] HCC,383—85.
[2] HCC,456ff. ;Brockey(2007),第 9、10 章。
[3] 参看 Handlin Smith(1987).

通过这些团体来提高礼仪水平、尤其是弥撒;因此他们鼓励在中国成立类似的组织,也就不足为奇。

和欧洲一样,中国的天主教组织一开始就和葬礼关系密切。1609 年成立于北京的圣母会(Confraternita della Madonna),主要活动之一就是用庄严隆重的仪式安葬天主教徒[1]。耶稣会士不仅延续了自己的传统,而且还很容易地巩固了一种中国传统模式;他们的信徒只需稍稍鼓励,就能自己建立起这样的团体。

这些组织当中,有一些是由参加过"念佛会"、"放生会"之类佛教民间组织的天主教皈依者建立的。特别值得注意的是晚明的"仁会",它由杨廷筠(改信天主教前曾是"放生会"成员)和王徵(1571—1644,进士,约于 1616 年受洗入教)等著名皈依者建立[2]。会约以及其他保存下来的记载显示,仁会的主要宗旨是收集财物帮助贫者,主要从事七种具体的慈善工作:饥者施食、渴者施饮、裸者施衣、照料疾患、安顿旅人、救赎囚徒、安葬死者[3]。他们尤其致力于安葬死者,特别是对遗弃的死尸,他们提供坟地和棺材予以埋葬。有一些团体,像福建的"善终会",它们唯一的目的就是安排葬礼[4]。与传教士建立的那些组织不同,这些慈善团体很少组织礼仪活动(如祈祷)。现在仍不清楚是否只有天主教徒才有会员资格,虽然它们看上去是志愿组织、甚至向那些没有任何学术背景的人开放。因此,这些团体是天主教慈善教义与典型的晚明慈善组织(地方士绅在其中用自己钱财行善)的一种奇特结合[5]。这些慈善团体展示了天主教观念如何在一种纯粹的中国背景中进行运作、同时又如何巩固了传统的价值观念[6]。

---

〔1〕 FR II,482.

〔2〕 Standaert(1988),65—66,89—90. 王徵(1634);Zürcher(1999),278,282. Margiotti (1958),548—549.

〔3〕 这里面的前六项,出现在《圣经》绵羊和山羊的比喻里(马太福音 25,31—46)。它们是基督用以审判众人的标准。早在三世纪,另外一种善行——掩埋死者,就被添加进去,因为它曾被托比特书(Book of Tobit)高度赞扬(Tobit 1,17—19)。参看 Kirschbaum (1968—1976),vol. 1,246.

〔4〕 Zürcher(1990a),441—42.

〔5〕 参看 Handlin Smith(1987),330—31.

〔6〕 参看 Zürcher(1999),281.

　　另一类出现在晚明,而到清初成为主流的天主教组织(或者说"会"),是圣会(congregation)。因为信徒人数的增长远远快于为他们服务的神父,神父们只能不定期地视察这些天主教团体。因此,传教士没有像欧洲那样将信徒用教区组织起来,而是在小团体内部组织圣会,这样即使神父不在,也可以组织起来进行祈祷和教导。圣会成为教会组织最为重要的手段之一,某种程度上类似于特伦托会议(Council of Trent)之前大多数欧洲天主教徒用以体验天主教教会仪式的那些协会团体[1]。在中国,它们是以会长为首领的世俗团体。将信众分散为小组,可以帮助避免大规模聚众引起的怀疑,而且小组还易于更好地指导[2]。多数圣会都对不同阶层的民众开放,但也有一些特殊的圣会专门面向妇女、儿童、文士以及教理讲授者。圣会似乎分布广泛。例如在 1650 年前后,上海有 79 个圣母会和 27 个天主会;到 1665 年,上海有大约 140 个圣会,而整个中国有超过 400 个天主教圣会。建立这类天主教圣会最为积极的传教士,是耶稣会士潘国光(Francesco Brancati,1623—1671)[3]。

　　清初的圣会,主要服务于宗教目的[4]。成员们定期在教堂或者会堂集会,举行祈祷、圣礼和宗教教育。慈善工作,尤其是安葬死者,也是他们活动中的一个重要组成部分。在安排本会成员以及其他天主教徒的葬礼方面,它们与欧洲圣会类似——圣会成员通过为死者祈祷和参与送葬来履行其职责[5]。现在保存下来的几个中国天主教团体的会规,为了解当时实际的葬礼组织情况,提供了很好的材料。一个例子是杭州的《圣母会规》,杭州圣母会由耶稣会士洪度贞(1618—1673)在 1660—1673 之间的某年建立[6]。他们规定:

　　　　兄弟中有弃世者,会长求铎德奉弥撒二次,代其补赎炼罪之功。

〔1〕 Black(1987),ch.4 and 5;Maher(2002),201.
〔2〕 Bürkler(1942),13.
〔3〕 Dehergne(1956),970;Margiotti(1961),135;还可参看 1683 年上海地区存在的圣会名单,Pfister(1932—1934),226—27.
〔4〕 参看 Brockey(2007),ch.9 and 10.
〔5〕 Black(1987),104—7,231—33;Eire(1995),134ff.
〔6〕 杭州圣母会的创立时间,参看 Chan(2002),234.

又仝诸兄弟或诵《善终经》,或诵念珠三串。各捐己资,随力行哀矜十四端之一二,以祈大主佑其灵魂安所。[1]

这段描述显示,会长而非神父,在葬礼的组织中扮演主要角色。而且它还显示,葬礼仪式是围绕着生者与天主沟通来为死者赎罪的观念组织的。为死者举行的祈祷和慈善活动,有加速亡灵穿过炼狱的力量。这些内容同样出现在另一个慈善团体的《仁会会规》(作者、年月不详,可能与上面的会约同时)之中:

一、会中所宜行哀矜诸端,于今初立,未能悉举。其先在行殡葬之礼,至于衣衾棺椁,随人力所能者而为之。已于《丧礼仪式》内详言之矣。然必于圣教诸礼两相符合,始无差错。

一、遇教中先亡,伊家令人告知会长。倘遇会长有事,即告知副会长,若是副会长亦有事,务随托管箱之人,通知教友,相约齐集其家。

一、念经规则,照依《临丧仪式》所开单款而行。

一、念经声音,不先不后,俱要约齐如一,左启右应,右启左应,不可混乱参杂土语。

一、凡遇教中先亡,即通神父弥撒中祈主为彼灵魂。教友或到堂,或在家,代彼祈求,或念在天三十三,或念亚物六十三遍。孝子率家中之人,亦是如此。

一、在会中遇有先亡,同会各友,或念在天三串,或念亚物三串,代彼祈求。[2]

这段记载也显示,当时已有用于葬礼的一套固定祷文,一些天主教葬礼程序正在建立之中。然而这套规定侧重强调葬礼的天主教一面,没有提到实行儒家的家礼——前面讨论过,它们也可能在葬礼上出现。

---

[1]《圣母会规》(1673年前),CCT ARSI, vol. 12,455.《善终经》可能是指伏若望的《善终助功规例》,或者祈祷书中的某一部分,例如 Brunner(1964),74,265,337—38.

[2]《仁会会规》(未著年),CCT ARSI, vol. 12,475—76;还可参看《圣母会规》,里面提到了《仁会会规》:"教友病危将终,家人告知会长,通传附近教友,到家念经。殡葬祀仪,照仁会中所立规则举行。"CCT ARSI, vol. 12,494(参看 Chan[2002],459).

某些圣会有非常专门的目的。汤若望在他 1650—1651 年修建于北京的教堂中所创建的圣会里,有一个"负责葬礼的排场"(*pro pompis funeralibus*),并有男性和女性两个分会[1]。根据汤若望的说法,它是所有圣会中最为必要的:

> 的确,中国人中的异教徒错误地指责天主教的戒律,谴责它没有应有的葬礼仪式、对死者漠不关心;批评它像疏于尊敬双亲的野蛮人那样,遗漏了对亡故的父母的礼仪;攻击它在安葬自己的信徒时没有任何的排场和礼节,虽然在洗礼之前对他们非常尊重和仁慈。[2]

汤若望解释说,在信徒集会那天,每人都根据他或她的状况,在香柜上留下一份礼物,以供应圣会的开支。接下来他们参加弥撒(之后是布道),然后是连祷和其他共同吟诵的祈祷。他们还为死者送葬。

当神父长期不在的时候,这些各种各样的圣会就成为天主教团体的核心。尤其是在 1665—1671 年驱逐传教士期间,很大程度上是它们保证了宗教生活的延续,它们由此证明了自己运作的重要意义。在那些天主教团体不是非常发达的地区,天主教的人数和活动都下降了。而在其他地方,如江南,情况似乎保持稳定。

这些团体似乎在家族的范围之外进行活动。然而有关天主教礼仪在宗族发展过程中的地位,最早的痕迹可以追溯到这个时期。正如张先清已经指出的,依据宗族的类型,存在着两种可能的关系。有些宗族将传统的儒家礼仪与天主教礼仪结合在一起。因为这些宗族中有相当数量的成员皈依了天主教,天主教徒与非教徒共同生活在一个宗族之内。在礼仪活动上,儒家与天主教礼仪共存:教徒与非教徒各自采用天主教礼仪或者儒家的家礼。然而,这种礼仪的联合并没有拆散宗族、或者削弱宗族扩张的潜力。有些宗族甚至作出了从传统宗教

---

[1]　Schall von Bell(1942),328—31;Margiotti(1963),57;还可参考 1680 年创建于澳门、20 年后出现在北京的善终会(54—57)。
[2]　Schall von Bell(1942),330—31.

文化到天主教礼仪生活的转变;这类宗族在其成员开始转信天主教时,通常规模较小,所以天主教的信仰与习俗更容易被接纳为宗族的基本宗教传统。因此,对于那些已经作出转变的宗族,天主教礼仪(包括葬礼)取代了儒家的家礼,成为用以保持家族认同与维系长远发展的主要礼仪[1]。

四、结 论

最初这段接近 100 年的文化互动历史,显示了天主教葬礼是如何在中国逐渐本土化的。它经历了一个很长的过程,可以分为几个不同的文化互动阶段:首先是传教士开始时的纯粹主义立场,他们坚持将中西礼仪分开,后来逐渐开始容忍某些形式的中西礼仪并存;接下来是中国天主教徒的实验阶段,由此产生了各种类型的礼仪交织,也致使传教士将天主教礼仪法典重新改组以适应中国葬礼的基本结构;最后是丧葬礼仪进入到普通教徒团体的礼仪活动之中。导致这种演变的一个重要因素,是葬礼自身的性质。葬礼往往是开放的礼仪:虽然它们可以被限制在某个群体的内部,但通常来说,它们对与死者或死者亲属有关的所有人开放。如果一个礼仪团体是人数较少的少数派群体(比如最初 30 年里的中国天主教团体),它有可能维持一定程度的排他性,在为数有限的参与者中实行一套既定的天主教礼仪。在这一时期,天主教提供了一种迥异于周边文化习俗的新葬礼方式。新成立的中国天主教团体,明确采纳了这些新习俗,诸如举行弥撒、吟诵某种天主教祷文等——在中国文化之中并没有与它们类似的活动。然而一旦天主教团体成长壮大,与教外人士的社会联系也随之增强。结果是有人去世之后,有更多的人(他们不是原来那个礼仪团体的成员)想来吊唁,并用他们自己的非天主教礼仪表达哀伤。因此,那些与天主教团体并没有直接关系的中国人,成了天主教团体葬礼演

---

[1] 张先清(2007a),结论部分;还可参看 Brook(1989)及 Szonyi(2002).

变的主要催化剂。天主教团体中的葬礼,与感恩礼或告解礼等其他礼仪
不同[1]。后者是封闭的或排他性的礼仪,因为它们只由团体内部的成
员参与;它们不太容易受到团体外部人员的影响,并能超越时间进程,基
本保持它们的欧洲原貌,正如在中国的例子中所显示的那样。

分析葬礼所经历的变化,可以有不同的方式,这取决于研究者采用哪
个模版作为参考:是传教士想要传输到中国的欧洲天主教礼仪,还是和中
国信徒相关的礼仪。在一开始中国天主教葬礼活动较为纯粹主义和排他
主义的那个阶段,历史学家只能依靠传教士的文献。它们传达出这样的
看法:中国皈依者经历了一场巨大的礼仪转变,因为既然成为天主教徒,
他们就要完全遵照欧洲礼仪处理丧事,并且要抵制几乎所有的本土丧葬
风俗,尤其是佛教和道教风俗。然而杨廷筠家庭的葬礼清楚地说明,实际
情况要复杂得多。这个例子显示,虽然天主教仪式取代了佛教道教礼仪,
许多中国天主教徒仍然保留了遵照《家礼》来安排丧事的传统。而且,和
中国其他地方团体一样,天主教团体的成员从现有的礼仪中创造出了新
礼仪[2]。他们的模版是《家礼》,他们不邀请和尚道士,却邀请天主教神
父来念诵经文、举行仪式以做功德。换句话说,在当时的中国人眼中,中
国天主教葬礼看上去像是围绕着儒家内核而形成的一种新的礼仪变
体[3]。导致这些变化的一个重要因素是:士绅中抬升排他性的《家礼》、
抵制佛教道教风俗的潮流,实际上有利于对天主教礼仪的接受;这场运动
的基本前提,很容易地被中国天主教徒接纳了。因此部分中国人对欧洲
葬礼的接受,确证了一个被普遍接受的有关文化交流的解释:当一种外来
元素被引入到一个文化当中、并被较为容易地吸收之时,通常都是这个文
化中一些事先存在的内部运动,促成了这种接受。

虽然有些地方风俗遭到抵制,但有些还是逐渐融入到了天主教礼仪

---

〔1〕 关于感恩礼,参看 Dudink(2007);关于告解礼,参看 *Forgive Us Our Sins*(2006)
收录的各篇文章。
〔2〕 对于在宗族内部创造新礼仪的分析,参看 Szonyi(2002),143ff.
〔3〕 对于儒家礼仪中的各种变体,参看 Ebrey(1999b),209.

模式之中。这种融合多数是在主要由天主教徒自己主持的实验中发生的,实验产生了各种各样的礼仪交织样式。有一种类型的交织是不带太多改变的整合。服丧时使用的颜色是一个明显的例子。中国天主教徒接受了使用黑色的缎子来装饰灵车和举行葬礼弥撒的礼拜堂的做法,同时传教士们也接受了穿着白色丧服参加弥撒:这两者在同一种礼仪中并行,无论形式还是意涵都没有改变,因为这两种颜色都被认为是表示悲恸的标志。然而在多数的例子里,某种新形式的整合,只有在原意发生改变、或被赋予一种新的意涵之后,才可能发生。灵桌前的跪拜,只有被当成一种孝道的表达而不是相信祖先的灵魂真在那里,它才能被传教士接受。为避免引起误解,灵桌上要摆放一座十字架,这样礼拜便朝向了天主。对中国教徒来说,蜡烛可以发给送葬者,因为它能增加光辉。此外,旧有的形式还有可能被附加上新的涵义。例如向穷人施舍食物和其他的慈善工作,在保留它们表达孝道的原意的同时,也成为帮助死者灵魂获救(通功)的方式。墓志和传记,现在被用来传播已故天主教徒的美德。

不仅中国元素融进了天主教礼仪,天主教礼仪也融入到中国礼仪模式之中。在这个过程中,某些结构性和机构性的改变发生了。中国教会的组织,接受了一种中国本土的社会组织形式,这具有极为重要的意义。中国天主教不是以教区为基本框架而是围绕着一些团体建构起来的,这些团体具有重要的世俗领导能力,成为葬礼的组织中主要的机构性元素。葬礼的整体架构也发生了文化变化,欧洲规定性文献的汉文译本就是这方面最为清楚的例子。不是像欧洲那样主要面向圣职人员,它们中有不少清楚地面向普通信众。而且,根据中国葬礼基本框架的两大部分——入殓和殡葬,它们被重新调整。这些变化显示:不仅中国葬礼风俗受到调整以与传教士带来的欧洲习俗相适应,而且天主教礼仪也因中国葬礼传统而重新修订。这种调整某种程度上与 10 世纪前欧洲的情形类似,尤其在普通信众的角色上。传入中国的天主教文献的影响与接受史,后来证实了这些变化。

第四章　公开展示信仰的葬礼

到 17 世纪中期,中国天主教葬礼活动明显变得更为巩固,然而传教士和中国信徒们仍然在为葬礼的具体形式寻求共识。广州流放(1666—1671)象征了教团在礼仪发展上的某种停顿。传教士文献显示,流放之后传教士和信徒们移植礼仪的方法从原来的简单调整,变为进行一系列重要的变化,因为中国的文化传统是如此强势——可称得上是一种"文化指令"(cultural imperative)。在葬礼公开展示的问题上,他们的态度转变为一种现实的"策略"。

一、广 州 会 议

广州流放是 1664—1665 年北京"历狱"的结果,有关葬礼的争论也在其中推波助澜。为了赶走掌管钦天监的外国人,从 1660 年到 1664 年杨光先(1597—1669)三次上疏,指控他们伪造历法、提倡异端并为西洋人入侵作准备。直到 1664 年 9 月,杨光先的上疏才被朝廷受理,因为它控告汤若望为荣亲王(顺治宠妃董氏的殇子[1])的葬礼择时择地不吉。日期是由

---

〔1〕　这个孩子生于顺治十四年十月初七(1657 年 11 月 12 日),还未命名即于顺治十五年正月二十四日(1658 年 2 月 25 日)夭亡。按照习惯,他被追封为亲王,并于顺治十五年八月二十七日(1658 年 9 月 24 日)安葬。

漏刻科(汤若望掌管的钦天监里的一个部门[1])选定的。根据杨光先的指控,这个不吉的选择致使董贵妃(1660 年 9 月)和顺治皇帝(1661 年 2 月)双双崩殂。这种情形为摄政者们提供了证实杨光先指控的具体证据:传教士们正在密谋造反,并试图颠覆中国的意识形态,正如他们有关天主教以及西方天文地理学的著作显示的那样。1665 年 4 月,经历了七个月之久的事件调查之后,汤若望和七名钦天监官员(五人是天主教徒)被判处死刑。虽然汤若望被赦免,但五名天主教徒官员(其中包括李祖白)于 1665 年 5 月 18 日被处死[2]。此外,所有在华传教士都遭到了驱逐。只有四名传教士仍然留在北京:汤若望,他于 1666 年去世;利类思,在孤处北京的数年里,他翻译了几部天主教规定性文献;南怀仁(Ferdinand Verbiest,1623—1688)和安文思(Gabriel de Magalhães,1610—1677)。除了少数传教士主要在福建和江南地区隐藏下来,其他所有曾经应招入京的传教士,都被判处在广州拘禁[3]。他们于 1666 年 3 月 25 日到达广州,一直停留到 1671 年。同时,各省教堂被封闭,天主教被禁止传播。

这次流放在某种意义上是礼仪实践的一个转折点,因为神父们的拘禁造成了双重的后果。首先,天主教团体完全陷入孤立,只能靠自己维持某些礼仪活动。其次,不同教派的传教士都被监禁在广州的同一个囚营,他们被迫就礼仪上的争执进行相互磋商。

在流放期间,传教士们促成一项重要事件——广州会议。在从 1667 年 12 月 18 日到 1668 年 1 月 26 日的六个星期里,十九名耶稣会士和四名多明我会士就天主教礼仪与仪式的几项实际问题进行了讨论[4]。一项旨在避免主要问题的默识,说明了为什么会议的四十二条最后决议几乎

---

〔1〕 当时耶稣会士安文思站在欧洲立场上对汤若望在钦天监任职的评价,参看 Romano(2004).

〔2〕 关于这场历狱,参看 Ad Dudink, "2.6.3. Opponents." 收入 HCC,513—15;以及黄一农(1991)。

〔3〕 其中包括二十一名耶稣会士、三名多明我会士和一名方济各会士;在福建的四名多明我会士没有遭到驱逐。

〔4〕 Metzler(1980),23ff.;Cummins(1993),150.

没有提到中国礼仪之争的核心问题(也即祭孔和祖先崇拜)〔1〕。

广州流放之后,葬礼显然成为一项明确而又自觉的天主教策略的一部分。当然,在流放之前葬礼就已经具备了一定的形式,但是,在流放过后,葬礼变成了公开展示天主教信仰的一种方式。乍看上去,葬礼并不是广州会议决议中的主要议题。决议中除去第四十条提到禁止焚烧或制作冥币外〔2〕,只有一条(第三十四条)是关于丧葬礼仪的:

> 要鼓励新教徒经常参与天主教徒的葬礼,并且,在一场以体面的方式举行的葬礼中,要尽可能地展示天主教送葬仪式(pompa)。在教堂里,神父应该在棺材替代物和礼器前念诵三遍通行的对答祷文(Responsoria),并在圣坛上举行〔弥撒〕。对于在死者家中和墓地埋葬之时举行的对棺柩的祝福,不可能设置一套固定的规则,采取哪种形式有利,要由神父根据地点、时间以及参与者的情况谨慎决定。〔3〕

这项规定显示,神父在教堂里举行的仪式和在死者家中以及墓地围绕着遗体举行的仪式之间,已经作了区分。而且值得注意的是,广州会议认为不应该设置任何"固定的规则",这似乎说明已经建立起来的天主教葬礼习俗一直是多样的而非统一的。分析传教士如何将葬礼变成一种策略,最为重要的线索是那条对教徒的要求:他们应该参加葬礼,并尽可能地展示送葬仪式。

对于广州会议的这条规定,有必要探究它的背景。为何要求天主教徒更多地参与葬礼?中国人对天主教葬礼有何看法,以致有必要作出这样一条规定? 耶稣会士 Thomas-Ignatius Dunyn-Szpot(1644—1713)在

---

〔1〕 德文节译和提要,参见 Metzler(1980),24—28;原始文献参见 Metzler(1980),28 n.11,以及印刷本 *Acta Cantonensia Authentica*(1700);拉丁文本也收录于 Dunyn-Szpot(1700—1710),Tomus II,Pars I,Cap. VI,n.2(1668),195r—197v。

〔2〕 Dunyn-Szpot(1700—1710),Tomus II,Pars I,Cap. VI,n.2(1668),197v(相关翻译和讨论,参看该文第四部分);Metzler,28.

〔3〕 *Acta Cantonensia Authentica*(1700),30;Dunyn-Szpot(1700—1710),Tomus II,Pars I,Cap. VI,n.2(1668),197r—v.;Metzler,27. *Acta Cantonensia Authentica* 中"cum funereo apparatu"一句为 Dunyn-Szpot 的书中所无,"committitur"在 Dunyn-Szpot 的书中作"relinquitur"。

《1641 到 1700 年间的天主教史》("*Collectanea Historiae Sinensis ab anno 1641 ad annum 1700*")里提供了一些答案[1]。从 1700 到 1710 年,Dunyn-Szpot 根据罗马耶稣会档案馆所能找到的全部材料编成了这部手稿。他对 1677—1678 年历史的叙述里有一部分题为"广州流放期间神父们确定并付诸实践的天主教丧葬礼仪的落实"[2],里面解释道:

> 至于葬礼:异教徒攻击基督宗教最严重的一条错误指控,是他们〔天主教徒〕对死者漠不关心,并且禁止向死者展示他们应得的荣耀。这条错误指控如此严重,以致在〔礼部的〕禁令中,这成为不给予流放广州的神父返回教堂的许可最为重要的理由。[3]

中国人对漠视葬礼的指控,很可能促使广州会议的与会者提出这样的呼吁:葬礼中要有更为煊赫的天主教仪式[4]。这样做有几个好处:

> 去世的天主教徒遵照中国风俗(*ad morem Sinicum*)进行安葬,并且要视经济情况举行天主教仪式(*Christiano tamen ritu*),这在此前就已付诸实践;而且,为了增加基督宗教在异教徒中的威望,为了用具体事实来消除那种错误形成的〔天主教〕漠视死者的偏见,并且为了加强对那些脱离了肉体的亡灵的救助(suffragia[5]),〔教徒们〕现在必须注意下列事项:要在同一块土地上安葬死者,应该在城市、城镇乃至村落之外的空地上,用祝福、圣水和其他天主教仪式对其进行净化,并用栅栏围成某种花园的形状,正如中国人安葬死者的那种

---

〔1〕 Dunyn-Szpot(1700—1710)。

〔2〕 "Funerum et Exequiarum Christianarum Ratio à Patribus Exulibus Cantone instituta,et ad Praxim reducta":这个标题可以在第二卷末尾的目录里找到。尚不清楚这一部分是否也和前一部分一样,来自耶稣会士聂仲迁(Adrien Grelon,1618—1696)的 *Dissertatione de Sinis Ieiunantibus*,Dunyn-Szpot 曾在边注中提到过该书,见 Dunyn-Szpot(1700—1710),Tomus II,Pars III,Cap. IV,n. 8(1677—1678),285v。

〔3〕 Dunyn-Szpot(1700—1710),Tomus II,Pars III,Cap. IV,n. 8(1677—1678),286v。

〔4〕 Dunyn-Szpot 原文引用了会议决议第三十四款的第一句(Dunyn-Szpot〔1700—1710〕,Tomus II,Pars III,Cap. IV,n. 8〔1677—1678〕,286r.),由此可以清楚地看出这种指控与广州会议决定之间的联系。

〔5〕 "Suffragia"是在世的信徒通过弥撒、祈祷、布施和慈善工作来帮助其他信徒,尤其是对炼狱中亡魂进行抚慰和救赎。参看 *Liturgisch Woordenboek* (1958—1962):"Suffragium";Héris(1955)。

风俗。

　　在这些地方应该为穷人组织送葬仪式,其中的部分花费由具有怜悯与慈善之心的富裕教徒供给。送葬仪式中,我主耶稣钉十字架的塑像应该在前引导,后面跟着至高无上的圣母的画像,最后是天使中居于首位的圣弥尔额(St. Michael)的画像,隆重程度视这个地方的贫富而定。在它后面,教徒们应该手持点燃的蜡烛站成长列参加送葬;伴随着这个仪式,〔送葬队伍〕被引向教堂,如果那里有教堂的话;在举行完教会规定的祈祷(orationes)之后——要是那里有神父,如果没有,在天主教群体(christianitas)的首领〔也就是那个天主教团体的领袖〕念完祈祷(preces)之后,送葬队伍转向城外的墓地,在那里伴随着同样的祈祷(orationes),〔棺柩〕被埋入土中。在每个月已经确定的某些日子里,教徒们应该召集仪式为死者向天主祈祷,并通过布施以及其他真诚的救助来相互扶持。[1]

Dunyn-Szpot 补充说,稍后不久,当时的耶稣会中国区副省会长南怀仁,要求在每处墓地都修建一所房屋,类似于祈祷的房子,“在那里,仍在皇帝禁令压制之下的天主教徒,可以以纪念安息在那儿的祖先为借口聚集在一起(这是依据中国法律进行的),同时可以为信徒们举行圣事仪式,即便是在发生迫害期间。”[2]

二、一项葬礼策略

　　Dunyn-Szpot 的描述简要地证明了在广州会议之后,传教士将葬礼转变为一种“策略性”的活动。这项策略包括几个方面。首先遵循丧葬礼仪和维护墓地,被当作重返那些过去被遗弃的地方、并确保天主教团体在未来的迫害中生存下来的一种手段。第二,关心葬礼并在上面花费更多的钱财,被

---

〔1〕　Dunyn-Szpot(1700—1710),Tomus II,Pars III,Cap. IV,n. 8(1677—1678),287r—v.
〔2〕　同上注。

用作反驳缺乏孝心的指控的一种方式。第三,因为具有包含迷信的潜在危险而在以前遭到怀疑的某些礼仪(如吊唁),现在被当作展示孝道的仪式来加以褒扬。最后,送葬仪式变成了公开展示天主教信仰的绝佳时机。

这四个方面在广州会议后传教士所写的西文和中文资料中都有表露。其中一部资料,是耶稣会士柏应理(Philippe Couplet,1607—1680,他参与了广州会议)的《一位中国女天主教徒——许甘第大夫人的生活(1688、1691 和 1694)》。这本书与徐光启(1562—1633)的孙女许甘第大(Candida Xu[Hiu],1607—1680)的生活有关[1]。它对松江教团的日常生活作了生动的描述——从广州流放结束直到 1681 年返回欧洲,柏应理曾在松江积极活动。另一种文献是没有标注写作日期的《圣教规程》,它有可能是耶稣会士成际理(Feliciano Pacheco,1622—1687)或者柏应理的作品[2]。这是一个短篇文本,含有关于天主教礼仪的四十五条具体规则。虽然未署日期,但其成书应该是在广州会议之后,它的内容在一定程度上与广州会议的最后决议重叠。

有助于重返传教地区

在柏应理《许甘第大夫人的生活》一书中,作者承认,清楚地声明关心死者的葬礼政策,第一个好处是有助于传教士重返过去的传教地区:

> 没有什么比这些面向死者的临终慈善工作更有助于建立和发展我们的信仰。如果有人想把新的神父和新传教士从欧洲带到中国,那他应该说,他们是为了来展示有关孝道的临终服务和对朋友们的

---

〔1〕 1688 年最先以法文出版(标题为:*Histoire d'une dame chrétienne de la Chine,ou par occasion les usages de ces Peuples,l'établissement de la Religion,les manières des Missionnaires,& les Exercices de Pieté des nouveaux Chrétiens sont expliquez*),本书有西班牙语(1691)、荷兰语(1694)和意大利语译本。荷兰语本(标题为:*Historie van eene groote,christene mevrouwe van China met naeme mevrouw Candida Hiu*)内容更为广泛,而且某些部分比法文本更加详细。因此本文的注释先开列荷兰语本,然后是法文本。
〔2〕 《圣教规程》是北堂图书馆所藏的一部手稿,中文原本和法文译本由 Verhaeren(1939—1940)刊布。关于写作时间和作者,参看 Verhaeren(1939—1940),451—53. 把它归于成际理(Pacheco)或柏应理(Couplet)的作品,是因为本文由一个名字最后一个字是"理"的人署名。作为中国区副省会长的成际理,是广州会议的负责人之一。我们还可以发现,文中的某些规章和描述,与柏应理《许甘第大夫人的生活》(包括葬礼十字架在内)类似。

感恩。这同样是一条可以轻松进入这些省份的诚实理由,那么多表明信仰的人都被埋葬在那里,这些临终慈善服务在那儿受到欢迎。出于同样的理由,我们有责任重修在迫害期间被破坏、或者已经倒塌的坟墓,并且把遗体转移到我们想建立教堂的地方,或者把它们安放在现在建好的教堂里。[1]

通过葬礼和坟墓来实现传教扩张的一个清楚的例子,发生在 1671 年广州流放之后不久。耶稣会士李方西(Francesco De Ferrariis,1609—1671)在返回陕西的途中,在靠近南京的地方去世。虽然传教士只被允许返回他们原来的传教基地、并且不准有新传教士与他们同行,扬州教团的耶稣会士毕嘉(Giandomenico Gabiani,1623—1694)还是将他的遗体护送到了西安。南怀仁向官方提出申请,要求准许毕嘉留在西安而不必返回他原来的扬州基地,"以照料他的兄长李方西的丧事"。他的请求得到了积极的回复,因为礼部认为"不能拒绝神父履行孝道职责〔的请求〕"[2]。

对墓地的重视并非不同寻常的,虽然那条要"在同一块土地上安葬死者"的建议,对天主教徒来说似乎是一种新现象[3]。按照柏应理的说法,徐光启过去曾经建议传教士购买墓地并修建礼拜堂,它可以在不可预知的迫害来临时保护信徒[4]。天主教徒或者其他人把这些礼拜堂当成是一种祠堂,这也不是不可能的[5]。"在整个中国,墓地都是被授予特权的地方,无人胆敢妄动。派一些人去维护坟墓,并向死者献上他们应得的荣耀,这是被允许的。"[6]出于同样的原因,广州流放过后,南京(在城

---

〔1〕 Couplet(1694),91—92/(1688),86—87;类似的段落见 Couplet(1694),144/(1688),136. 柏应理于 1681 年 12 月 5 日离开澳门,因此本书收录的大部分信息都在此之前。我们可以注意到,1671 年柏应理曾亲自将潘国光(Brancati,1671 年 4 月 25 日去世于广州)的遗骨运往潘的传教故地上海安葬;参看 Chan(1990),69.

〔2〕 Couplet(1694),92—94/(1688),87—88. 还可参看 Dunyn-Szpot(1700—1710),Tomus II,Pars III,Cap. I,n.2(1672),253r—v. 中文本见《熙朝定案》(版本 3),页 61a—64b;XC,116—17.

〔3〕 有关 17、18 世纪中国的天主教仪式,参看 Ad Dudink,"3.3. Church Buildings,Cemeteries and Tombstones." 收入 HCC,586—91;关于 1660 年代的天主教墓地,参看 Brockey(2007),118.

〔4〕 Couplet(1694),141/(1688),133.

〔5〕 Chan(1990),70—71.

〔6〕 Couplet(1694),142/(1688),134.

外)和杭州的传教士旧墓得到了重新修葺[1]。

这项葬礼政策不仅和去世的传教士有关,而且涉及去世的中国信徒。关于这方面,我们可以在耶稣会传教士鲁日满(François de Rougemont,1624—1676)所记的账册中,窥见大概。流放过后,鲁日满重新返回江南地区的常熟基地,这部账册记录了他生命最后两年里的所有开支,其中包括为普通信徒举行葬礼的花销。鲁日满不仅资助葬礼的香烛费用,他还支持购买用作私人墓园的土地,并且偿付相关的地税[2]。

经过柏应理和鲁日满的努力,还是在江南地区,新的葬礼活动产生了。例如,在生前用来公开表明个人信仰的十字架,现在死后被放进棺材。《圣教规程》对此有详细的指导:

> 二十六　入殓时,棺中应放念珠、十字架,架上明写"云云",依后图示。其入殓时,当依《助终经规》,毋擅改一二。

这段引文提到了一张十字架图片,其中有如下说明:

> 此十字架宜预先用铜制好,刻好字格,供在家中;止留去世日期,以待终后填刻。庶得永存不朽,大有妙用。倘或不能,即用木头做的亦不妨。做此十字架,须到堂中领格式。

根据这段说明,十字架上的文字应该读作:

> 信,望,爱。
>
> 天主,三位一体。
>
> 托赖耶稣圣功,
>
> 我信罪之赦,肉身之复活,望享天上永福。
>
> 某姓名,某县人,某年月日领洗,圣名某,在世存年几岁,于某年月日去世,已行教礼。赖天主仁慈息止安所。[3]

---

〔1〕　Couplet(1694),93—94/(1688),88—89.也就是在这个时候,人们发现18年前安葬的卫匡国(M. Martini)的遗体仍然保存完好。

〔2〕　Golvers(1999),316,336;还可参看"Account book",150,165,166,216.

〔3〕　《圣教规程》(未署年),第472—473页;法文译本见 Verhaeren(1939—1940),460—61.

在《许甘第大夫人的生活》一书中,柏应理报告说,在松江和上海地区——"那里有超过四千个家庭",耶稣会士引入了置备银制、铜制或木制十字架的风俗。遵照这种风俗,"甘第大夫人有一个银制的十字架";在她去世后,文字里缺失的、有关她去世的信息,被补刻到十字架上[1]。在对许夫人生活的描述里,有一幅葬礼十字架的插图,这幅图曾被其他欧洲文献复制(图 4.1,4.2)[2]。当时的另一种欧洲文献,复制了徐永昌(同样来自松江地区,1644年9月24日受洗,1686年6月7日41岁去

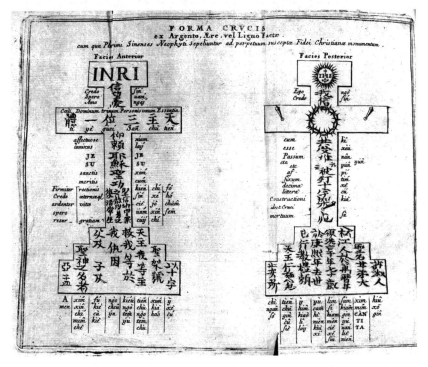

4.1　许甘第大(1680 年卒)的葬礼十字架,正面和背面。

采自 Philippe Couplet, *Historia de una gran Señora christiana de la China* (1691),between158—159. 鲁汶大学神学院 Maurits Sabbe 图书馆惠允复制。

---

[1]　Couplet(1694),150—51(提到了四千个家庭)/(1688),141—42.

[2]　Du Halde (1735), vol. 2, between 78—79/(1736), vol. 2, between 120—21/(1738—1741),vol. 2,between 12—13. 还可参看"Figure de la Croix avec laquelle les chrestiens de la Chine ont accoutumé de se faire ensevelir" (engraver F. De Louvement). ARSI Jap. Sin. III,22. 5(Chan[2002],496).

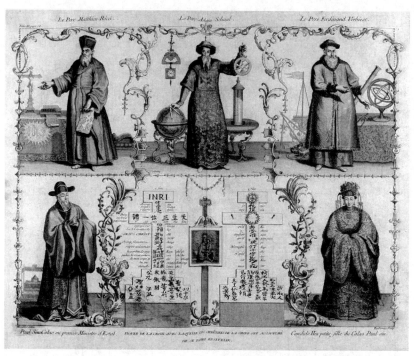

4.2 葬礼十字架以及许甘第大的画像,遗像传统的坐姿,在这里被改绘成站姿。
采自 Jean-Baptiste Du Halde,*Description...de la Chine*(1735),vol. 2,between 78—79/(1736),vol. 2,between 120—121/(1738—1741),vol. 3,between 12—13(十字架),16—17(许甘第大画像)。鲁汶大学神学院 Maurits Sabbe 图书馆惠允复制。

世)的葬礼十字架图片(图 4.3)[1]。

修缮坟墓、购买墓地和开创新的葬礼风俗,这显示了从流放地返回之后传教士和天主教徒对广州会议新建议的贯彻。

增加葬礼开支

欧洲人相信,葬礼在中国人经历的礼仪中是最为重要的。欧洲文献对中国葬礼的不同描述,揭示出了一个普遍的观点:中国人不仅比欧洲更

---

〔1〕 收于 Henschenius and Papebrochius(1685—1688)下面的部分:*Danielis Papebrochii e Soc(ietatis)Jesu paralipomena addendorum,mutandorum aut corrigendorum in conatu chronico-historico ad catalogum Romanorum Pontificum*(1688,第 141 页背面). 耶稣会士 Bollandist Daniël Papebrochius(1628—1714)是柏应理停留欧洲期间(1683—1692)的积极支持者;参看 Golvers(1998).

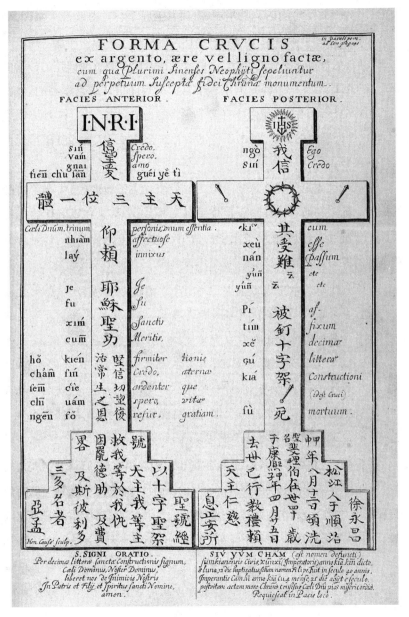

4.3　徐永昌的葬礼十字架。

采自 Godefridus Henschenius and Daniël Papebrochius, *Acta sanctorum* (1685—1688)，收录于 *Danielis Papebrochii... Paralipomena Addendorum* 部分，one folio after 141. 鲁汶大学神学院 Maurits Sabbe 图书馆惠允复制。

为重视葬礼,而且中国的葬礼华丽、有时甚至是奢侈。对欧洲人来说,中国葬礼和相比之下朴素得多的欧洲葬礼传统形成了鲜明的对比。在广州流放之前,这种对比导致的问题是:传教士是否应该坚持他们较为朴素的葬礼;或者,既然在中国葬礼上展示丰富的随葬品被认为是孝心的表现,他们是否应该让天主教葬礼适应这种奢侈的地方风俗〔1〕。广州流放之后,在这个问题上的态度,倾向于借助葬礼来公开展示天主教徒献给他们父母的荣耀。

这项明确界定的葬礼策略的第二个特征,在《圣教规程》中有着清楚的描述。除去和通常一样禁止焚烧纸钱之外,书中认为在不奢侈的前提下,天主教徒应该为葬礼准备更多的费用。对孝道的公开展示,还延伸到对坟墓的照料上:

> 二十八　教中人家父母亡故,丧祭之礼,必该要有分别于教外人。今人家虽不用释道及烧锭帛等虚费,其余多循旧礼。教外人常疑吾圣教中不奉祖先而吝啬于父母,本堂亦屡曾与各位商议,必该亦费一些于父母分上做一实用,为天主大父母而孝敬我肉身之父母。至于春秋松扫、上坟香烛之外,另宜别费一些,或以生花、或以一羢纸制一花冠、或彩球、或做一十字架标插坟上,俾人好看,知我圣教中人爱敬父母,不似外教之枉费而虚没也。〔2〕

在葬礼上花费更多的钱财,这一主题也出现在柏应理的《许甘第大夫人的生活》中。后者显然是为欧洲读者而写的。通过含蓄或者直接地与那时的某些欧洲习俗作比较,作者突出了中国葬礼的各个方面。而且,柏应理不仅描绘出了中欧习俗的差异,而且还提到了欧洲内部新教与天主教风俗的不同:

> 我们可以看到,照料死者和送葬仪式,这些我们这个时代的异端们力图用反对天主教徒〔3〕的暴力废除的东西,如此完好地被中国

---

〔1〕　这个问题在利玛窦的时代即已出现,参看 Bettray(1955),310—11.

〔2〕　《圣教规程》(未署年代),第 472—474 页;法文译本见 Verhaeren(1939—1940):460—61.

〔3〕　"反对天主教徒"一语是荷兰语本添人的。

人接受了,他们高兴地欣赏教会的葬礼仪式。这些仪式对我们的圣
礼和信仰在这个民族中受到尊敬极为有利。他们在葬礼上花费非常
可观的钱财,大人物的棺椁通常价值超过六百中国两。这些棺椁由
厚重的松木板、或者另一种来自四川省的珍贵木料制成。他们把第
一个棺材(译按,内棺)装入另一个用更厚的木板制成的棺材(译按,
外椁)里,上面涂着树脂和美丽的漆饰,它们并不比从中国或者日本
运到欧洲的漂亮橱柜逊色。[1]

中国人使用单重或者双重棺材,与欧洲的习俗适成对比:用棺材掩藏尸
体,在欧洲只是近期的事情,而且用棺材保存尸体也无甚必要,因为死者
通常在死后很短时间之内就被埋葬。与此相反,把尸体密封在一具不透
气的棺材里,在许多中国人看来,是传统葬礼仪式最为重要的特点[2]。
当时的几种欧洲文献,都对这种习俗的差异有所描述。在为父母准备棺
材这个问题上,柏应理引起了欧洲读者的惊愕:

> 许夫人为自己准备好了葬礼所需的所有物品,她有一口价值八
> 百两的棺材,这是她的儿子巴西略大人(Lord Basilius)为她提供的。
> 在欧洲,如果有人想送给父母这种礼物的话,会被认为是一件不可思
> 议的事情;而在中国,这却被当作是一种尊敬和孝顺的举动。一个地
> 方认为是可鄙和不当的事情,在另一个地方却被认为非常合理和光
> 荣。[3]

最后的评论,反映了对不同的礼仪习俗在某种程度上的适应。

吊唁活动

对许甘第大去世后(1680 年,上海)的吊唁仪式的描绘,为这类活动
提供了一种具体深入的观察。根据柏应理的叙述,吊唁仪式的主角,指派
给了甘第大的儿子许缵曾(1627—1696?,领洗圣名巴西略[Basile]),他

---

[1]　Couplet(1694),144/(1688),136—37.
[2]　Watson(1988a),14.
[3]　Couplet(1694),145/(1688),137. 最后这句评论,只出现在荷兰语本中。

于 1649 年通过会试,一生担任过多个官职:

> 她的儿子,巴西略先生——他一段时间以来一直陪伴着她,并且为了向她尽到最后的义务,经过皇帝同意,他辞去了所有的官职——穿上了丧服,这要延续三年:它是一套白色(这是中国丧服的颜色)的粗糙棉布衣服,用绳索作为腰带,还有一双草鞋。穿着这身令人怜悯的装束,他在慈母的遗体面前三次跪拜,并且前额触地九次[1],为他经历的丧事而泪水奔涌,整个家庭都跟着他行同样的礼仪。[2]

对丧服和丧期的描述说明,许缵曾遵循的是明末清初士绅中通行的基本丧葬礼仪。在他个人的吊唁结束之后,许缵曾为遗体的大殓作必要的准备。

> 在遗体抬入他准备好的华丽棺椁之后,他作了一篇诔文、或[3]一篇讣告,把它刻印出来送给所有的官员和文士。同时一张覆盖着巨幅白布的桌子,上面燃烧着香烛,被放置在停放遗体的房间里——遗体在一道白色帘幕的后面,它遮住了妇女们正在哭泣的那个方位。夫人[许甘第大]的肖像悬挂在白色帘幕上;这幅画像还要被拿去用于葬礼仪式。通常有好几个画师来画这些肖像:他们在一起工作,正如[我们]这里的人在学院里对着模特作画一样;看上去最像死者的那张画像将被选中。[4]

许氏家族遵守了朱熹《家礼》中的大多数规范,不仅在丧服和叩头方面,而且也表现在其他物质和社会活动上:诔文或者讣告,放有香烛的桌子,白色帘幕,祖先遗像等等[5]。这些都是 17 世纪普遍遵行的,正如当时《金瓶

---

[1] 荷兰语本作“三次”。
[2] Couplet(1694),152/(1688),143.
[3] 此处(“一篇诔文,或”)荷兰语本作“一篇墓志,和”。
[4] Couplet(1694),152—53/(1688),143—44.
[5] 尤其参看《家礼》对小殓和大殓的描述,见 Ebrey(1991a),81ff. 以及 Naquin (1988),39—41;还可看看《清稗类钞·丧祭类》(1996,卷8,第3544 页)所描述的20 世纪早期家庭吊唁礼节。关于中国的祖先遗像,参看 Ebrey(1991a),78(朱熹对使用这类画像的质疑)以及徐吉军(1998),第487—488 页。

梅》一类的小说里反映的那样[1]。欧洲作者对遗像的关心值得注意[2]。祖先遗像是一种绘画类别,在欧洲没有同类之物,虽然艾儒略在他的《西方答问》中提到,祖先画像"悬之家堂,以为子孙表镜,观感而仿效其德焉"[3]。在中国,这种肖像总是做成挂轴的形式,上面描绘着祖先的等身形象,通常是以一种严格的正面并且对称的姿势坐在椅子上,穿着正式的、布满装饰的服装。从理论上讲,祖先肖像里的人物通常身穿他们最好、最正式的服装,如果他们拥有高级头衔的话,应该穿朝服[4]。柏应理《许甘第大夫人的生活》里收录的许甘第大的画像,就是这样的一幅祖先遗像[5]。在画中,她穿着被封为"淑人"荣誉头衔时(这个荣誉头衔通常授给官员的妻子和母亲)所获得的服装和头饰[6]。和其他女性祖先的画像一样,画中的人物被描画成一种端庄的姿势,并且正如典型的画法那样隐藏了她的双手和双脚。她手中的天主教数珠,可能是这类肖像所展现的、最为私人化的细节,它等同于、并且取代了佛教的念珠(图4.4,

---

[1] 许多细节都出现在《金瓶梅》(1998,第三册,第142页及以下)、尤其是第六十二回("西门庆大哭李瓶儿")和六十三回("亲朋祭奠开筵宴")里,例如焚香的供桌(143、154)、帷幕(146、152)、遗像(146、151、153、158、161),帷幕后的妇女(161),印制的讣告(155)、丧服(155)和诔文(159)等。第二章已经指出,以上这些细节也出现在当时欧洲文献的描述里。有关帷幕后的妇女的更多描述,参看 Dapper(1670),412/(1671),373—74;以及 Semedo(1996),112/(1655),75.还可参看《金瓶梅词话》(1617)第六十三回的插图:挑选画像(第1764页背面)以及帷幕后面的妇女(第1765页背面)。

[2] 当时其他几种欧洲文献也提到了悬挂亡者遗像的风俗:Dapper(1670),409、412、419—20/(1671),374、376、383;Trigault and Ricci(1615),80/(1978),139/(1953),73(对比 FR,vol.1.84);Semedo(1996),112/(1655),75;Schall(1942),430—31.
在华耶稣会士绘制过遗像的有利玛窦(1610,游文辉[Manuel Pereira]绘,参看 Trigault and Ricci [1615],614 / [1978],660 / [1953],564;对照 FR,vol.2,543)、龙华民(Niccolò Longobardo,1654,皇帝下令绘制,参看 Schall [1942],308—9)、安文思和利类思(分别绘于1677、1682年,均是奉皇帝之命,参看 Couplet [1694],143 / [1688],135)。徐光启想效利玛窦之例,拒绝在生前绘制此类画像(FR,vol.2,543 n.3)。普通天主教徒绘制遗像的例子,参看《口铎日抄》(约1630—1640),卷7,页7b,CCT ARSI,vol.7,470.

[3] 艾儒略(1637),卷上,页27a;英译本:Mish(1964),61.在欧洲从16世纪初开始,为新亡之人画像,成为肖像画的一个新主题,参看 Ariès(1985),199ff. 这类作品数量不多,而且基本不涉及男性和普通信徒——这项风俗似乎主要是面向修女的。

[4] Stuart and Rawski(2001),52、56.

[5] Couplet(1691),第1页背面(带有拉丁语说明);对比 Couplet(1688)(带有法语说明)/(1694)(带有荷兰语说明). 在 Du Halde(Humblot 设计、Foubonnen 刻版)那里,遗像被改造成一种站立的姿势。Du Halde(1735),vol.2,78—79/(1736),vol.2,120—21/(1738—1741),vol.3,16—17.

[6] Couplet(1694),120—21/(1688),114—15.关于"淑人"的头衔,参看 Hucker(1985),n.5438.这个头衔对应于三品的荣誉官阶,参看 Franke(1942),52.

4.5)〔1〕。

然后,柏应理详细描绘了吊唁的过程:

> 各个级别的官员都遵照中国风俗前来行礼,向遗体表达最后的敬意。他们首先进入一个厅堂,在那里脱下他们的公服、换上一件白袍之后,他们带着礼物往前走——香,数条白色丝绸,蜡烛(用蚂蚁分泌的特殊的蜡制成,散发着强烈的气味,比蜂蜡珍贵得多)。他们在白色帘幕的前面跪倒,叩头触地;接着,巴西略先生从帘幕后面出来,在他们面前跪下,三次叩头触地;然后官员们在司仪的引导下回到厅堂,换回他们的常服,然后离开。这个仪式持续了七天,此后巴西略先生身着丧服走遍松江全城,在司仪引导下,只是在每位官员住处的门口、在一块白毯子上,进行同样的跪拜和叩头。〔2〕

这里的吊唁次序,和中国人对吊唁的描述非常一致,这些描述可以从当时的各种描述性和规定性文献中找到〔3〕。这里的描述,不再是一份有可能从其他书里转述的遥远的报告,而是一位目击者的报导——目击者很可能也是一位参与者,和其他所有人一样,自己也参加了司仪主持的礼仪程序。这段描述也确证了一个事实:这种吊唁仪式,有助于使葬礼成为一种天主教徒和教外人士都参与其中的开放性礼仪。正是这类仪式,使得天主教的礼仪受到了挑战。这些礼仪活动中,并不包含典型的天主教仪式。它们和在其他时间举行的天主教仪式并存不悖。然而,吊唁仪式并没有被说成与传教士的礼仪调整方案相矛盾。这使得柏应理有了下面的评论,它与利玛窦曾经使用过的、对可以允许进行的活动的分类,意见一致:

> 我们的传教士按照天主教的方式举行他们的仪式;在除去了含有丝毫偶像崇拜或者迷信味道的东西之后,他们保留了香和蜡烛,它

---

〔1〕 Stuart and Rawski(2001),58.可将许甘第大的画像与挂着佛教念珠的关夫人的画像(约17世纪中期至18世纪早期在世;画像题记日期为1716年)进行比较:Stuart and Rawski(2001),53,图2.1。

〔2〕 Couplet(1694),153—54/(1688),144—45。

〔3〕 参看:《家礼》(1341),见 Ebrey(1991a),98—100;Naquin(1988),41—42;郑小江(1995),第266页及以下;徐吉军(1998),第490页;《金瓶梅》(1988),第三册,第158—159页。

Candida HIV Doctoris Pauli SIV Imperij Sina-
rum Cancellarij neptis, pietate ac fidei zelo illus-
tris obijt 24. octobris 1680. Ætatis suæ 73. in
Vrbe SumKiam Prouinciæ NanKim.

4.4　绘有天主教数珠的许甘第大遗像。

采自 Philippe Couplet,*Historia de una gran Señora christiana de la China*(1691),opposite 1.鲁汶大学神学院 Maurits Sabbe 图书馆惠允复制。

4.5 绘有佛教念珠的关夫人遗像。

采自卷轴画,约 17 世纪中期至 18 世纪早期。还可参看 Stuart and Rawski (2001),58,fig.2.1。华盛顿史密斯尼学会(Smithsonian Institution)阿瑟·M·赛克勒美术馆(Arthur M. Sackler Gallery)惠允复制。

们是罗马教会也使用的。假如他们允许跪拜和叩头触地,这是因为在整个中国,这些致敬方式只是国民性的,一个人一生中也在父母、官员和皇帝面前行这些礼。[1]

关于这点,荷兰语本《许甘第大夫人的生活》收录了曾经在重要官员父母的葬礼上行过这些礼仪的几个传教士的名字:方济各会士卞方世(Francisco de la Concepción,1635—1701)和耶稣会士方济各(Francesco Filippucci,1632—1692),他们曾为广东长官的父亲行这种礼;多明我会士万济国(Francisco Varo,1627—1687),曾为福建长官的母亲行过礼。虽然这些仪式是为"异教徒的遗体"举行的,柏应理说,传教士们参与其中是"为了感激这些长官的孩子对他们的关怀。没有理由对此〔参与这种仪式〕进行惩罚,而且它也不应该被禁止。各地的风俗都不相同;在每个国家,一个人都应该遵照该国的风俗来生活,只要它不是一种不可宽恕的大罪。[2]"

送 葬 仪 式

广州流放后制定的葬礼策略的第四个、也可能是最重要的一个特征,是把葬礼变成一种对天主教信仰和天主教团体的公开展示。大多数天主教礼仪(如弥撒、集体祈祷)虽然没有必要隐藏,但却是在教堂、礼拜堂或者房屋等私人空间里举行的。而送葬仪式,成为面向公众展示的一个少有的机会。

在中国,可能在死者去世数月、甚至数年之后举行的送葬仪式,是一项重要的公众和社会事件。正如《金瓶梅》、《红楼梦》等当时的文学作品生动描绘的那样,形式最为完备的送葬仪式,规模极其宏大——其中要为送葬雇用大量人员,并耗费巨额钱财[3]。欧洲当时的文献描述显示,送

---

〔1〕 Couplet(1694),154/(1688),145—46.
〔2〕 Couplet(1694),154—55;本段不见于法文本。
〔3〕 参看 Naquin(1988),43;对盛大送葬仪式的描述,可以参看《金瓶梅》(1988,第三册,第180页及以下)第六十五回("吴道官迎殡颁真容")、《红楼梦》(1978,第一册,第195页及以下)第十四回("林如海灵返苏州郡");还可参看《金瓶梅词话》(1617,第1808页背面)第六十五回的插图。

葬仪式不论是普通的还是超常的(像皇室葬礼的送葬),都给传教士们留下了极深的印象。例如,1661 年顺治皇帝去世时,汤若望"因为职务的关系"(pro ratione officii)参加了几个仪式并参与送葬[1]。1681 年康熙皇帝下令安葬两位皇后(她们于几年之前去世,但因皇帝的陵墓尚未完工而没有安葬)时,南怀仁也参与了送葬。南怀仁向欧洲报告说,他处在这支"庞大而喧杂"的送葬队伍中间的位置[2]。这几句简短的话语和那些有关吊唁慰问的引述一样,清楚地显示了社会职务如何迫使传教士参加到这些非天主教的仪式中。

正如杨庆堃所指出的那样,并非所有的葬礼仪式都像皇室的那样华丽;但它们中的大部分,通过显示财富和社会影响,成为重新展示因死者去世而受到削弱的家族地位的一种手段。一场壮观的送葬仪式,包括雷鸣一般的开路鼓,各种精致的旗帜,朝廷授予死者的各种荣誉头衔标志,由个人或者团体赠送的、写在横幅和卷轴上的颂文,演奏葬礼音乐的乐队,由众多佛僧道士组成的团队,五彩斑斓的宗教服饰,由亲戚、朋友以及市民团体的代表等送葬者组成的长列行进队伍,用来抬放灵牌的装饰华丽的轿椅,最后是棺椁,它的质地和价钱经常是衡量丧者家族财富的一种尺度。这是富人的送葬方式,那些境况稍差的家庭,经常为举行一场精致的葬礼而陷入可能需要数年才能还清的债务。[3]

考虑到送葬仪式这些积极和公开的意义,广州会议之后,传教士们显然不再只是被动地容忍这类仪式,而是积极地对它进行改造提升,并将其纳入到天主教活动中来。

举行葬礼的日子也就是庆祝信仰胜利的日子。在这些日子里,十字架,基督、圣母和圣米歇尔的画像,都被庄严地抬出来。天主教

---

[1] Schall(1942),442—43.虽然没有明确说明,他们似乎参加了这些葬礼中所有公开举行的仪式和祭祀。更早的一个例子是耶稣会士的上司阳玛诺,他在 1614 年参加了万历母后的吊唁。Herrera Maldonado(1622),359—60.

[2] Josson and Willaert(1938),363.法文译本见 Bosmans(1912),97.参看本书的导论部分。

[3] Yang(1961),37—38.顾颉刚在 1924 年曾对两个送葬仪式(包括花费)进行详细记录,参看顾颉刚(1928—1929)/(1981)。

徒们遵照一种特别谦恭的方式,穿着丧服两两并行。他们捧着点燃的蜡烛、香和香水。有几种乐器正在演奏。这种如此庄严的公开葬礼向中国人显示:我们并非像中国的偶像崇拜者指控的那样(目的是为了使我们令人憎恨),在纪念死者的问题上不知感恩或者不知虔敬。[1]

穿着丧服,手捧蜡烛、香和香水,演奏音乐——中国和欧洲的元素交织在了一起。这里对送葬仪式的描写,和 Dunyn-Szpo 七对广州会议决议的描述相吻合。这些规定并非是一种全新的创造,而是对一种在中国逐渐成长起来的习俗的认可。某些早期的天主教葬礼,已经是一种华丽的公开展示。例如,根据 Dunyn-Szpot 的记述,徐光启的葬礼就伴随着一场"欧洲见不到的送葬仪式"[2]。而且,在欧洲,送葬仪式已经在葬礼中扮演着重要角色,虽然它主要被当作一种庄严的教会仪式。广州流放之后,送葬不仅被当作生者向祖先展示敬意的方式,而且也是展示天主教信仰和团体("庆祝信仰胜利")的一种自觉的方式[3]。抬着的各种画像(与欧洲

---

〔1〕　Couplet(1694),91/(1688),85—86;类似段落见(1694),144/(1688),136. 柏应理于 1681 年 12 月 5 日离开澳门,因此本书收录的大部分信息时间都在他离开之前。

〔2〕　"Descriptio Processionis non visae in Europa";徐光启的葬礼(1633 年去世,1634年运回上海,1641 年安葬)见 Dunyn-Szpot(1700—1710),Tomus I,Pars I,(1641),6r—7r. 还可对照罗雅各(G. Rho,1592 年生,1638 年 4 月 26 日去世,1638 年 5 月 5 日安葬)的葬礼,见Väth(1991),129—30. 关于多明我会修士郭多明(Domingo Coronado,1614—1665,因为历狱被招到北京,后来死在并且安葬在那里)的送葬仪式,参看 Gabiani(1673),349—50.

〔3〕　在 18 世纪,也有一些对精致的天主教送葬仪式的描述。有关方济各会修士、北京教区主教伊大任(1644—1721,1721 年 12 月 20 日去世,1722 年 4 月 7 日安葬)送葬仪式的详细描述,见"Relatio de Illmi D. Bernardinus della Chiesa Exsequiarum celebratione a P. Carolo de Castorano Illmo D. Ioh. Fr. Nicolai Data,Lintsing 10 Septembris 1722." 收入 SF V,798—803.

还有一个重要的例子,是围绕着耶稣会士方全纪(Girolamo Franchi,1667—1718;1718 年2 月 13 日去世,同年 4 月 10 日安葬)葬礼由方济各会修士南怀德〔Miguel Fernández Oliver,1665—1726〕主持)的盛大葬礼而引发的争论,参看"Relatio examinis circa exsequias Patris Hieronymi Franchi a P. Fernández Oliver celebratas, Tsinan-fu 23 Maii 1719." 收入SF VIII, 2,970—78 (还可参看SF V 和SF VIII 收录的其他几份文件)。对照 Mungello (2001),91—103. 南怀德因为组织铺张的仪式和送葬而受到批评。对这种批评,他作了如下回应:"为什么要有如此众多、如此铺张的仪式? 我想通过这些仪式反驳许多年来我所听到的〔攻击〕:天主教像掩埋犬马一样安葬自己的〔死者〕,而且甚至不能像对手通常做的那样给予死者哀荣——认为我们甚至对培育我们的神父、教导我们的师长、热爱我们的朋友也不够虔诚尽责。"(SF VIII, 2, 974)

另可参看巴多明(Dominique Parrenin,1665—1741;1741 年 9 月 29 日去世,同年 11 月 15 日安葬)的例子,见 Gaubil (1741 年 11 月 21 日致 Du Halde 的信),547—50: "Le 15 novembre fixé pour l'enterrement, fut un jour de triomphe pour la religion."还可参看 Naquin (2000),579.

风俗不同,欧洲只高举一个十字架),代替了传统中国葬礼中的许多送葬依仗(其中有大象、骆驼和老虎的塑像)[1]。它们也展示了这些天主教人物,在天主教信仰中的重要性。而且,欧洲参与丧葬的主要是圣职人员。因为中国的神父人数有限,所以在中国的天主教送葬仪式中,天主教团体而非圣职人员占据了最重要的地位。

这种对天主教葬礼的重新关注,不仅是由传教士和中国教徒主动发起的,而且出人意料的是,在流放之后它还受到了皇帝的鼓励。流放过后,有三场葬礼受到了皇帝的资助,并有皇帝的代表参加,它们是安文思(1677)、利类思(1682)和南怀仁(1688)的葬礼[2]。传教士们撰写的中文和西文文献,记载了许多这类皇帝的支持。他们明显是想把皇帝对葬礼的抚恤,看作是他对天主教信仰的赏识。为这些葬礼而组织的盛大送葬仪式,因此被看作是皇帝许可的、对天主教的公开展示。现存的关于这些葬礼的众多文档,显示了传教士对它们的看重。

三、结　论

上面提到的这些资料,显示了广州流放之后,天主教葬礼实践如何在中国经历了深远的变化。与最初阶段相比,差异巨大。在较早的时候,传教士们为朴素的葬礼仪式进行辩护,并且反对那些更像是一种"炫耀"(triumph)而不是葬礼的仪式;然而广州会议之后,他们把这些送葬仪式看作是对天主教的"胜利"的庆祝。同一个词语的内涵,由贬义变成了褒义。这些变化的发生,部分因为葬礼仪式自身的性质以及传教士对天主教正统的强调,同时也因为许理和所说的"文化指令"。在《耶稣会的政策调整与中国的文化指令》一文里,许理和解释说,没有任

---

[1]　有几种欧洲文献提到过"大象、骆驼和老虎"的塑像,但不清楚这种风俗的流行程度如何。

[2]　汤若望去世于1666年,但迟至1669年平反之后才获得恤典。下一个得到这类哀荣的是徐日昇(Thomas Pereira,1708年获得)。详细讨论见本书第七章。

何从外部进来的边缘宗教能期待在中国(至少在耶稣会士活动的社会层面)扎根,除非它符合中国人在宗教、礼仪、社会和政治理念上的所谓的"正"。为了避免被诬称为"邪"、并被当作一种颠覆破坏性的教派来对待,天主教徒们必须证明他们是站在正统或者"正"的一边——这是中国文化的一部分,对于任何想在中国活动的人都是强制性的和无法逃避的[1]。

从一开始,天主教就因为用简朴的方式安葬死者,而被指控缺乏孝道。广州会议期间,传教士们意识到他们必须要采取行动来驳斥这类指控——天主教徒不承认关心死者的必要性,并且禁止展示死者应得的尊荣。通过与中国信徒的互动,传教士们找到了解决这个问题的方案:把葬礼转变成一种积极的"策略",也就是不再以一种保留和审慎的态度来对待葬礼仪式,葬礼被当作一种策略,它的活动变成了一种手段。这种做法使得葬礼活动产生了几个变化,超越了早期阶段那种简单的包纳或者适应。遵守丧葬礼仪被当作驳斥敌人的一种方式,例如遵守丧葬礼仪就被当作重返早先遗弃的地区的条件。在某些事例里,正如南怀仁所提到的,传教士甚至鼓励中国信徒"以纪念安息在那儿的祖先为借口",以墓地为场所举行圣礼。

到17世纪中叶,已经有相当数量的中国礼仪表达方式(跪拜、焚香上供、昂贵的棺材、白色的丧服等等)与天主教葬礼仪式交织在一起。还有一些中国礼仪在这个时期变得更为明显,诸如使用葬礼画像——一个有趣的例子是,在许甘第大的画像中,天主教的数珠取代了佛教的念珠。在某些例子里,对中国礼仪的采纳受到了限制,像在坟上使用鲜花或者𥾝纸花等。而且,某些具体的礼仪在含义上也发生了转变;因为这些礼仪在一种不同的背景之中施行,它们的观念、标志和活动都获得了新的含义。在17世纪前半叶,这种礼仪的交织在传教士看来,主要是用哪种方式既能把一些中国仪式并入天主教礼仪、又不被认为是偶像

---

[1]　Zürcher(1994),40—41.

崇拜或者迷信；后面这段时期的主要问题是，如何运用、或者至少包容这些中国仪式，以显示天主教徒同样履行孝道。许甘第大人的吊唁仪式，就是这种转变的一个清楚例证：这些礼仪中包含了许多的活动，它们全都被接受、并作为天主教徒孝心的表现而得到支持。因此在某种意义上，关心亲属们展现孝心，变得比关心死者灵魂的救赎更为重要。决定接受它们，是因为传教士们知道，这类活动之中的某些，可以有一种完全不同的含义，正如柏应理所明确表达过的："在欧洲，如果有人想送给父母这种礼物的话，会被认为是一件不可思议的事情。而在中国，这却被当作是一种尊敬和孝顺的举动。一个地方认为是可鄙和不当的事情，在另一个地方却被认为非常合理和光荣"。这种宽容的态度，使得这类活动的存在成为可能。

　　侧重点的变化，清楚地反映在葬礼的公开展示上。那种形式朴素的葬礼，最初作为一种天主教的范例输入到中国，它与中国那种奢侈华丽（至少它给传教士的感觉如此）的葬礼模式，形成了鲜明对比。逐渐地，传教士改变了他们对葬礼的态度，从把它当作一种相对简朴的仪式，到越来越庄严隆重；它不得不去适应中国人那种深度内化的责任感——这使得葬礼的花费越来越大。天主教也无法逃避这股潮流。最为明显的一个变化的例子，是送葬仪式。在这里，传教士们吸纳了一种强有力的中国文化元素：通常来说丧礼、尤其是送葬，在中国人对孝道的公开表达中，具有无与伦比的重要意义。通过葬礼的公众影响力，传教士使得葬礼具有了双重的含义。葬礼首先被看作是对父母敬意的一种表达，这层含义在欧洲葬礼中只是含蓄地表现出来，但却是中国天主教葬礼明确的核心焦点。其次，传教士们把天主教图像和天主教团体自身在葬礼中的展览，看作是对天主教信仰的一种公开展示。考虑到中国的送葬仪式所具有的积极的礼仪力量，这种公开展示天主教的难得机会，很难有人对它进行反对。因为广州会议制定的政策，传教士似乎在这些变革中占据了主动，但正像此前的时期一样，要是没有中国人——无论是教徒还是非教徒，这些变化是不可能实现的。

这些演变还凸显了许理和所说的"文化指令"的另一个结果。这种"文化指令",将曾在天主教价值观念的传输中占主导地位的说教模式,转变成一种礼仪的模式。正如周启荣指出的,说教模式通过吸引对方在人身或者书面相遇时参与对话、交谈或者讨论,来传播文化价值观念。与此不同,礼仪的参与者通过观看或者表演礼仪,体验式地了解这些价值观念。通过参与一项礼仪的正规程序,一个人可能会接受礼仪的象征意义,或者愿意悬置有关它所宣称的含义的各种疑问[1]。在天主教礼仪里,耶稣会士虽然通常是仪式的主导者,但更常见的是扮演老师的角色,试图通过说教的方式,来传达他们的教导。他们在中国"通过书籍传道",就是这种方法的一个清楚例证。然而"文化指令"迫使他们转向礼仪模式:仅用文字或语言来说明天主教徒履行孝道,这是不够的。正像 Dunyn-Szpot 写道的,"要用具体的事实来消除那种错误形成的〔认为天主教〕漠视死者的偏见","文化指令"还必须在礼仪上显示出来。而葬礼是对它的一种合适的礼仪表达。这种变化还影响到了耶稣会士的具体角色。在说教式的沟通中,权威人物——教师或者指导者,总是在知识和价值观念的传授中扮演关键角色,学生们只是"接受"教导。即便在最重要的天主教仪式里(像弥撒和告解),也都存在着这类权威的说教角色,因为神父经常要向大众布道、或者对忏悔者进行道德指导。在礼仪模式的交流中,参与者可以是纯粹的旁观者(观众或者目击者),也可以是完全的参与者(表演者)。虽然参与的程度有所不同,但仪式的参加者都不扮演教师或者学生的角色。他们只需要正确地表演各项仪式环节。这种角色的转变,也可以从这一时期传教士的遭遇中观察到。不管是在由司仪主持的吊唁仪式,还是在皇室以及其他人的送葬仪式中,耶稣会士都仅仅扮演参与者的角色。在这些仪式中,他们教师的身份被暂时中止了;他们参加的是一个 Victor Turner 所说的"*communitas*"——一个个体之间相对无差别

---

〔1〕　Chow(1994),12—14;这两种传输模式可以和颜元(1635—1704)的观点进行对比,颜元认为道德秩序不是通过写作与文辞、而是通过具体的礼仪实践来维系的,参看 Shang Wei(2003),39ff.

的团体,甚至是一个平等个体(他们都服从仪式中年长者的最高权威)的共同体[1]。这样一来,他们不再是价值观念的传输者,而是要服从于隐含在中国礼仪框架之内的权威与价值。

[1] Turner(1969),96ff.

第五章　作为团体活动的葬礼

广州会议之后,对中国天主教葬礼的发展具有重要意义的是系统的中国天主教丧葬礼仪的创制。在 1685 年广东起草的天主教葬礼仪式指南[1]里,中国和天主教的礼仪传统,交织在了同一种礼仪程序之中。这份独特的文献,还显示了葬礼的两项主要功能:第一,通过家庭,将死者转化为祖先;通过天主教团体,将死者转化为诸圣团体中的一员。第二,增强家族群体和天主教团体的凝聚与团结。中国天主教葬礼,纳入了以中国葬礼为基础的基本框架之中;天主教礼仪中的关键性元素,被嫁接到中国原有的框架上。

一、清初中国天主教葬礼指南

天主教葬礼仪式指南规定了从死者亡故到遗体安葬,参与者所要进行的不同活动。这份指南有四种不同的抄本:

A. 临丧出殡仪式(早期抄本)[2]

---

〔1〕　这是目前发现的唯一一份 17 世纪的礼仪指南;18 世纪的礼仪指南,参看巴黎外方传教会 Joachim de Martiliat 1744 年编订的"云南—四川地区丧礼吊唁仪式指南",载 Launay(1920),vol. 2,7—11.

〔2〕　《临丧出殡仪式》(早期抄本),ARSI Jap. Sin. II,169. 4;CCT ARSI,vol. 5,439—46.

B. 临丧出殡仪式（晚期抄本）[1]

C. 丧葬仪式（早期抄本）[2]

D. 丧葬仪式（晚期抄本）[3]

这四种抄本的仪式指南（分别称作文本 A、文本 B、文本 C 和文本 D），它们之间相互关联，并且有可能按照年月先后顺序（A 最早，D 最晚）写成[4]。

文本 A 没有署名，但文本 B、C、D 封面上的注释，透露了有关这些文本历史的一些信息[5]。文本 B 有一条耶稣会士方济各（Francesco Saverio Filippucci，1632—1692）用拉丁语和葡萄牙语写的短注："我命李安当（Antonio Ly）相公〔也即地方传教员〕于 1685 年 1 月编成本书。"[6]这则注释很重要，因为一开始它就承认，中国合作者李安当是文书的主要作者，方济各只是下令编纂文书的人。文本 C 的注释也有方济各的署名，日期是 1685 年 5 月 16 日，其中透露了一些随后文本改编的信息："本文源自我让李安当相公编写的另一文本。它由罗文藻（Basilitano）主教阁下的李良相公（Leontio Ly）修订，他希望能将其批准并签署实施。尊敬的利安定（Agostinho de S. Pascual）修士对它有所保留，因为他希望在第十一章必须增加一份使礼仪纯粹的声明（statement of clarification）。"[7]Basilitano 主教即罗文藻（Gregorio López，1617—1691），他是多明我会修士，1654 年在马尼拉被任命为神父，1685 年 4 月 8 日在广州晋升为主教。利

---

〔1〕《临丧出殡仪式》（晚期抄本），ARSI Jap. Sin. I,153；CCT ARSI,vol. 5,447—65.

〔2〕《丧葬仪式》（早期抄本），ARSI Jap. Sin. I,164；CCT ARSI,vol. 5,467—79.

〔3〕《丧葬仪式》（晚期抄本），ARSI Jap. Sin. I,164a；CCT ARSI,vol. 5,481—91.

〔4〕 虽然文本 A 很可能是文本 B 依据的底本，但两者之间有重要差别。文本 A 更短一些，总共 19 则条款，而文本 B 有 32 则。文本 A 中有三则条款在 B 中散为两则，有一则在 B 中散为三则；因此 A1 相当于 B2 和 B3，A5 相当于 B9、B10 和 B11，A6 相当于 B24 和 B25，A12 相当于 B28 和 B29。文本 A 中有两则在 B 中合为一则，即 A17 和 A19 合为 B30。两个文本间能够对应的条款有限：文本 A 的十九则条款中有八则（8、9、10、13、14、15、16、18）在文本 B 及后面几个抄本中没有保留。文本 A 中较为独特的，主要是那些对祈祷的指导。文本 B 篇幅最长，与文本 C、D 非常接近，但其中有两则为他所无：B23（行述式）和 B25（邀请会长治丧）。除了用词上的一些细微差别，主要区别在于 B11（详下）。除去第 11 则中的一句话，文本 C 和 D 完全一致。

〔5〕 文本 A 没有注文。

〔6〕《临丧出殡仪式》（晚期抄本），CCT ARSI,vol. 5,448；英译本：Chan(2002),205.

〔7〕《丧葬仪式》（早期抄本），CCT ARSI,vol. 5,470；trans. Chan(2002),214（此处稍有改动）。

安定(Agustín de San Pascual,约 1637—1697)是方济各小兄弟会(OFM)的成员,1671 年来华。他最初服务于福建多明我会教团,1677 至 1683 年到山东重开方济各会教团。1683 年底,他在广州积极活动,在那里担任过罗文藻晋升主教时的助理神父。他用中文撰写了数篇论文,为在中国的西班牙方济各会修士拟定了几篇牧灵守则。1685 年底,利安定被推选为任期五年的方济各会省长[1]。

抄本 D 的附注显示,本书的出版工作半途而止,这从方济各撤消签名一事可以看出:

> 由罗文藻主教阁下的李良相公修订的这份文书,第十一章附有关于净化向死者献祭的声明,未经我知晓,即由 Bishop 主教阁下和尊敬的余天明修士(Jo. Francisco de Leonessa)[2]、利安定修士两位神父签署。我否认与此事有关,并经各位同意,将我的名字从文书的首页删除;为使前面的签名失效,文书尾页我的签名、连同主教阁下的印章以及上述神父的签名,也一并删除。[3]

由此看来,这份仪式指南并未出版[4]。

从上述历史及文书的内容可以看出,这份指南原被设计成一种地方规定性文献,面向基层天主教团体、包括社会的较低阶层。同样清楚的是,这份文献并未与实践脱离。它不仅由两位地方传教士编纂和修订,而且这份文献未被出版的主要原因,是因为利安定的修改可能会改变当前中国天主教徒的实践[5]。它与欧洲《罗马礼书》的情况不同,

---

〔1〕 他的传记见 SF III,333—51 及 SF VII,123—32. 遗憾的是,他的通信中并未提到有关修订仪式指南的争论。关于他的中文撰述,参见 Bernard(1945),nos. 461,502,503,520. 关于牧灵守则,看看"Normae pastorales pro seraphica missione statutae,Cantone exeunte a. 1683,"SF VII,187—95.

〔2〕 Giovanni Francisco Nicolai de Leonissa(1656—1737),SF IV,463—77;SF VI,3—18.

〔3〕《丧葬仪式》(晚期抄本),CCT ARSI,vol. 5,482;英译本:Chan(2002),215. 这份文件于 1685 年 5 月 15 日签署(比文本 C 早一天)。

〔4〕 Dunyn-Szpot 也称,他不确定它有没有出版。见下注。

〔5〕 方济各认为,没有理由批评一种已经被耶稣会士作为固定形式采纳数年、而且在信徒们的实施过程中没有任何信仰错误之污名的实践活动。本部分内容参见方济各 1686 年 2 月 23 日广州通信——"Controversia inter Basilicanum and Philippucium ob ritum quondam Sinensium à morte vita functorum fieri solitum",收入 Dunyn-Szpot(1700—1710),Tomus II,Pars IV,Cap. VII,n. 2(1685),73r–v.

《罗马礼书》是神学家之间长期讨论的结果,神学家们不仅要考虑实践,而且要考虑到书面文献的悠久传统。这份四种抄本的中文文书,只是一份指南,它在实践地点附近起草,试图为已有的实践活动安排秩序。虽然有这些限制,这份指南还是一份能向我们透露 17 世纪末某些葬礼活动信息的描述性文献。篇幅最长的文书 B 里面的规章,抄录如下[1]:

临丧出殡仪式

李安当、方济各

〔序〕

一

圣教之礼,与本地无邪之礼,意不相同,所以不容侵杂。先该行圣教之礼,再用得本地无邪之礼。

〔初终〕

二

教中人若弃世,其家人即宜先报神父,请神父做弥撒,为先亡之灵魂,不该迟报,免灵魂之害。

三

通会长传知众友,齐集伊家念经。

〔小殓[2]〕

四

集众友先迎尸入中堂。用床板,下垫白布一幅,放尸在上。尸前桌子,摆列香烛。

五

安座圣像、桌子、桌帷,排列香花蜡烛等物,务要清洁。

---

〔1〕《临丧出殡仪式》(晚期抄本),CCT ARSI, vol. 5, 447—65. 方括号内的小标题是作者所加,意在说明仪式指南严格遵循了《家礼》所载的仪式次序。各条规则的序号,为原文所有。

〔2〕这一环节中没有提到《家礼》所载的沐浴和饭含。

六

众友齐集跪下,圣像面前作十字,念初行工夫、天主经、圣母祷文、终后祷文各一遍。又念圣母六十三一串,念已完工夫,作十字。毕,兴。

七

众友到尸前,四拜,四兴,然后俯伏。尽举哀之礼,宜有节。

〔大殓〕

八

备办棺木,厚薄称家之有无。

九

备棺后,然后请会长及众友齐集念经。又将殓时向圣像齐揖跪下,作十字,念初行工夫、圣人列品祷文、殓前经。念已完工夫,作十字。毕,会长独自起身,用圣水洒尸,合念洒圣水经。毕,齐兴。

十

收拾妥当,迎尸入棺,封钉。众友向圣像前跪下,作十字,念初行工夫、殓后经。毕,兴。

十一

安置棺木家堂中。棺木面前设香案,品物多寡摆列。孝子跪下、上香、莫酒。事毕,众友揖退。孝子率家中人同举哀。毕,孝子跪前,叩谢众友。

〔牌位〕

十二

写牌位,上不必用"神"、"灵"等字,径写"显考某公之位"或"显妣某氏之位"。

十三

亡者牌位前,不宜念经,但行本地之礼,以"事死如事生,事亡如事存"。教友若要念经为亡者灵魂,当念于圣像前。

〔吊〕

十四

若有外教亲友来吊,送香烛可受。倘有元宝纸钱来,情上难即退还,可立时将水湿坏,不令他烧,决不许留在家中。外教亲友,作揖叩头举哀礼毕,孝子跪前,叩头答谢。

十五

若教友往吊外教,能送香烛、作揖、叩头、举哀。不得行外教一切邪礼,亦不得行教中圣功。

十六

教中人既十分苦心劝父母进教,父母偏执,至死不肯开心归正,此属本人自坏灵魂,孝子无可奈何。既行不得邪教之礼,又不得用圣教之礼,止能行古无邪之礼而已。

〔做七〕

十七

七旬之礼,除侵杂邪事,可用。

十八

若做七的时候,偶遇着瞻礼之日期,先要到堂听弥撒。完,随后能往伊家,做七旬之礼。

〔成服〕

十九

依本地之礼,七个七旬之内,惟首七、三七、末七习俗所通行的。因首七,是孝子孝眷定成服之日,并止吊;三七,是远近众亲友俱来设奠之日;末七,是丧礼完成,兼随后孝子出街谢客。

二十

若教中人要行此礼文,是日宜请会长及众友来其家,先做圣功于圣像前,后随孝子能供养上香于祖牌前,并率家中人同尽哭泣奠酒之礼。礼毕,亲戚及众友随后作揖、叩头、举哀,以尽若翁即吾翁之意。礼毕,孝子跪前,叩谢亲友。

〔奠〕

廿一

孝子所设酒馔,岂先亡能真享受乎? 但已表孝心之文。能留亲友散馔,但孝子不宜饮酒,并能分送贫人,为祖先广惠,助其得天堂之福。

〔诔,行述〕

廿二

若外教亲戚有诔文来奠者,丧家宜预先送以死者行述,庶不令他侵入邪教之言。

〔行述式〕

廿三

首序,亡者某公、讳某、字某、圣名某、生于某年某月某日、卒于某年某月某日,幸邀主宠安终,享寿若干。次述亡者某公生平善德,自某年奉圣教、昭事天主、恪守规诫、孝敬父母、慈恤幼孤,或其生前甘受苦厄、诸般之美行,真实称述可也。又次则述其现在孝子孝孙,皆奉圣教,克继父祖善志等语。末启亲友云:倘蒙俯赐诔诵显扬。幸教我伯或叔子孙,所当为之正向,以法祖之善德。无任哀感之至。司书侄某拭泪谨述。

〔治葬〕

廿四

出殡日期,听孝子自订,但不要碍瞻礼到堂听弥撒之日期。

廿五

出殡前几日,宜预请会长诸友。

廿六

若有人请教友守夜,是夜定念经三次:起更一次,半夜一次,将明一次。

〔发引〕

廿七

送殡之日,教友至亡者家里圣像前,念经如前头规矩。念毕,就

159

摆列送殡的物件。先用吹手,次列旗幡,次十字亭,次天主圣像亭,又次总领天神亭,又次圣名亭。用得提炉官灯,左右教友戴孝,拈香持蜡。末后棺柩,其柩上装绣彩。老少诸友序次而行。孝子扶柩鞠躬,孝眷人等,俱随棺后。

〔及墓,下棺,反哭〕

廿八

棺木到山停止。众友向十字亭齐揖跪下,作十字、念初行工夫、圣母祷文、安葬前经,各一遍。已完工夫,毕,会长起身,将圣水洒冢洒棺,念洒圣水经。下葬掩土。毕,众友向十字亭作十字、初行工夫、圣人祷文、安葬后经。已完工夫。毕,兴。孝子跪前,叩谢众友。

廿九

葬礼完,即迎十字等亭,照前摆列回家。会长及众友同到其家,圣像前跪下,拜谢天主。毕,兴。然后安先亡牌位于香桌上,摆列品物。孝子跪下、进香、奠酒,并率家中人拜。毕,孝子拜谢众友。

三十

若孝子要款待回来的众友,随便相留款待,亦能送点心。

〔清明〕

卅一

每年清明日,教友能到山上拜坟。若此坟是葬奉教的,先念经,求天主为亡者灵魂。然后点蜡上香供养。若是葬外教的,不得念经,但点蜡上香供养而止。

卅二

拜坟压纸不妨,但用不得纸钱。能用素白纸,将土压之坟上,意令人知此坟有人看顾。

二、天主教礼仪与地方风俗

虽然《临丧出殡仪式》是明确面向天主教徒的,但从一开始,它就不准备仅仅描述天主教的丧葬礼仪。虽然它告诫不要将天主教与(非迷信的)当地的礼仪不恰当地混杂在一起,但通篇文献都展示了怎样将这两者结合起来。文中的"本地之礼"主要是指"粤中(广东)之礼"〔1〕,这些风俗明显是不同传统的混合物。

《临丧出殡仪式》所推荐的葬礼基本结构,与明清时期中国通行的葬礼结构相吻合。它大体上依据《礼记》中勾勒的、后来由朱熹等人在《家礼》中加以简化的那种经典模式〔2〕。文本 A 中(第二则),有几处直接提到了中国葬礼仪式的某些主要环节,诸如《家礼》中提到过的小殓和大殓〔3〕。和晚明时代一样,那些在 1670 和 1680 年代成为天主教徒的中国人,对这种经典的葬礼程序可能极为熟悉。这一点可以从同时代中国天主教作家的其他著作中推断出来。例如严谟(教名保禄)与其父严赞化合写的《李师条问》(约 1694 年成书),就是一部非常系统的著作,在书中他们依据经典,对李神父(有可能是耶稣会士李西满〔Simão Rodrigues,1645—1704〕)提出的问题进行回答。在回答"丧礼各等葬礼如何"这个问题时,作者大量引用了《家礼》中有关葬礼的章节〔4〕。

在 17 世纪,宋明儒学家的礼仪制度落实得既不全面,也不具有排他性。经典仪式和源于佛教道教的礼仪,在许多地区实际上互为补充。例如,"做七"和七七的礼仪——从亡故之时起,每隔七日,家中要请和尚或者道士来念经,直到第七个七天(第四十九天)。虽然主要源于佛教,但七七之期成为大家普遍接受的、吊唁以及崇奉亡故的父母的特定日子。因此"做七",指的是在每个第七天举行的一大套活动,甚至可以没有僧人的参加。"做七"的具体礼数繁琐,并且因地而异。从上面这些资料可

〔1〕 B13 中的"本地之礼",在文本 C、D 中都改作"粤中之礼"。还有一点可以证明文中提到的风俗属于广东地区:文本 B 的封面上带有"大原堂"三个字(《临丧出殡仪式》〔晚期抄本〕,CCT ARSI,vol.5,448.),"大原堂"是耶稣会当时在广东的一座教堂。
〔2〕 对这种葬礼结构的概述,参看 Watson(1988a),12—15,以及 Ebrey(1991a),65—70.
〔3〕 Ebrey(1991a),81,84;Naquin(1988),39—40.其他抄本没有提到这些名称。
〔4〕 严谟:《李师条问》(约 1694)。

知,按照广东本地的风俗,只有头七、三七和七七才举行仪式(B19)〔1〕。文本 B、C 和 D(B17)允许用七七之礼来补充天主教葬礼仪式,只要其中不掺杂迷信的语言(文本 C、D)和活动(文本 B)。在所有这些例子中,七七的仪式应该不会邀请佛僧道士。17 世纪晚期的中国天主教葬礼,明显建立在《家礼》的基础之上,并且排斥了大多数外在的佛教道教活动。

从一开始起,这四种抄本的仪式指南就混合了不同传统。它的基本架构,是传统的中国葬礼模式。在这种架构之内,天主教、新儒家甚至源自佛教的某些礼仪,融合在了一起。对于这种礼仪的变化(以后它还将深入发展),有一个事实是需要着重强调的:这项指南,是建立在构成中国礼仪"基本结构"的一组活动、程序和表演的基础之上的。在晚期帝国时代,这种基本结构之内的活动,在整个中国差别都很小,不管阶层、身份或者物质条件如何〔2〕。这项以大殓、送葬和安葬为中心的指南,证实了这种基本结构的存在,虽然它与天主教礼仪交织在了一起。

三、葬礼的参与者及其活动

虽然仪式指南的各抄本之间存在着差异,但有关葬礼的人类学研究,反映出了它们的共同特征。下面首先从三个主要问题(参与者是谁、他们表演哪些活动、在何处表演)入手,分析这些共同特征;其次根据研究的结果,分析中国天主教丧葬仪式的含义和功能,观察其在多大程度上有助于构建具备有效礼仪的团体。(表5.1)

神 父

在欧洲指定性文献里,最显眼的参与者是地方神父。在 17 世纪的欧洲葬礼中, 他们显然占据了最为重要的位置。但在这份中国人改编的地

---

〔1〕 也称作"大七",参看郑小江(1995),第 263 页;陈怀桢(1934)第 140 页。可与 Naquin(〔1988〕,41)相比较。

〔2〕 Watson(1988a),7,12,18;Watson(1988b),133.

表5.1　中国天主教丧葬仪式结构分析

		"圣教"之礼		本地"无邪"之礼		本地"邪教"礼仪
地点	教堂	家中 堂中死者棺枢之前				
		圣像前		祖先牌位前		
参与者	神父	天主教团体		家族成员		
		会长	团体成员	孝子	天主教亲友	外教亲友
礼仪活动	弥撒	洒圣水		焚香、 上供、 奠酒		烧纸钱
		念诵祷文				
		四拜、作揖、叩头、举哀				
死者变为		诸圣团体的成员		祖先		

方礼仪指南中,神父被削弱成一个边缘的角色。指南明确提到神父的地方,只有一处。在《临丧出殡仪式》的开头,死者一去世,"其家人即宜先报神父(A1 作'铎德'),请神父做弥撒,为先亡之灵魂"。在两次提到弥撒(不能因举行地方丧礼仪式而不参加弥撒)的时候,神父的角色仍不明朗:"若做七的时候,偶遇着瞻礼之日期,先要到堂听弥撒。完,随后能往伊家做七旬之礼"(B18);下葬的日期"听孝子自订,但不要碍瞻礼到堂听弥撒之日期"(B24)。神父的边缘化,从举行礼仪活动的地点中进一步显现出来:根据欧洲指定性文献,尸体要从死者家中运往举行葬礼弥撒的教堂,然后从教堂运往墓地;而中国的仪式指南,却只把举行仪式的地点定在亡者家中和墓地。神父并不介入这些仪式。他为死者举行的弥撒在教堂中进行,而且不要求死者家属参加。

《临丧出殡仪式》证实了神父角色的边缘化,这在汉译欧洲指定性文献(尤其是伏若望的《善终助功规例》和利类思的《善终瘗荐礼典》)、天主教徒团体的会规和广州会议的决议(尤其是第34条)中都可以看到。天主教神父人数的减少,可以解释他们被边缘化的原因;而在传统中国葬礼仪式中,司仪(现代西方文本中,他们通常也被称为"priest")的低微角色,或许也可以对此作出解释。司仪所占据的地位模糊不清,按华琛的说法,是一种"制度化的边缘"(institutionalised marginality),因为他们长期暴露在死亡的玷污(也即根据广东人的观念,被尸体散发出的空气所污染)之中。因此在葬礼期间,他们尽力避免将自己太多地暴露在这种污染的影响当中。而且,虽然所有男性参与者通常都参加送葬,但中国的葬礼司仪却从不将棺椁陪护到墓地[1]。

中国天主教仪式中也有内容显示,天主教团体感觉自己受到了威胁,因为葬礼中含有明显的危险。中国有关玷污和混乱的潜在危险的传统观念,是这种威胁感的来源之一;指南中建议供桌要清洁(B5),哭泣要有节制(B7),并使用圣水(B9)。另一个来源,是天主教关于迷信和偶像崇拜的观念,尤其是那些教外亲友的举动中所包含的(B14、B16)。天主教神父和中国司仪之间的比较不能引申得太远,因为中国传统的"司仪"的概念与天主教的概念差别很大——中国多数的礼仪专家都可以结婚,并且通过为他们所在的团体服务来养活家庭[2]。而且,在天主教传统中,死亡并非真被认为是不洁。尽管如此,许多礼仪文书——像前面提到的天主教团体的会规,依然在葬礼仪式中只为天主教神父提供一个边缘角色。这种边缘性与中国葬礼中司仪的角色相吻合,但这项角色类似于10世纪之前欧洲的葬礼传统。

天 主 教 团 体

在这些文本当中,天主教神父的边缘角色、与天主教团体的主导地位,形成了鲜明的对比。葬礼中多数的核心角色,似乎都被天主教团体的成员所占据,这些成员通常被称作"众友"(B6)、"教中众友"(C6)或者"教友"(C7)。

天主教团体成员,是下列关键仪式中的主祭:小殓(B4—7)、大殓(B9—11)、改造过的七七仪式(B20,A15)、葬前守夜(B26)、安葬之日的各种不同仪式(B27—30)以及清明节的礼仪(B31)。这些活动都发生在死者

---

[1] Watson(1988b),118—19.
[2] Watson(1988b),118.

家中或者墓地。这种团体(它总是作为一个群体而被提起,唯一被单独提及的个人是会长)以及团体的活动,是中国天主教葬礼与中国儒家传统差别最为明显的地方,在某种程度上也是它与教派传统的相似之处。

团体成员的活动对于决定他们的角色非常重要。除哭泣和作揖,他们最重要的任务是念诵祷文。按照中国传统,念诵一般由司仪或者专门为此而请来的一群僧人进行[1]。和在会规中一样,在《临丧出殡仪式》里这项任务由一群世俗天主教徒来集体承担。天主教葬礼在这个方面类似于中国传统的教派葬礼,教派组织的世俗成员在其中负责诵经[2]。不同抄本的指南中都规定了相当一部分必须要念诵的祷文。文本 B 中共有四条详细的祈祷指导:首先在小殓之时(B6),其次是大殓(B9、B10),最后在安葬之时(B28);文本 A 中还有另外三则看护时的祈祷指导(A8、A9、A10)[3]。这些集体祈祷遵循日课(许多信徒在日常祈祷中人手一册)规定的一般的集体祈祷次序:跪拜,作十字,初行工夫,各种祈祷,已完工夫。多数的祷文都为人熟知,不是专门面向葬礼的:《天主经》、《圣母经》、《申尔福》、《信经》、《圣母祷文》、《圣人列品祷文》以及反复念诵的祷文(《天主经》重复三十三遍、《圣母经》六十三遍)和《玫瑰十五端》[4]。这说明天主教团体之所以能够积极参与念诵祷文,是因为大多数信徒都对这些祷文非常熟悉。仪式指南还提到了专门用于这种特殊礼仪活动的祷文:《终后祷文》、《殓前经》、《殓后经》、《安葬前经》和《安葬后经》。这些祷文也可以在伏若望、利类思编订的那些汉译欧洲礼仪手册中找到[5]。但这些仪式中祷文的题目,和指定性礼仪手册中的题

---

〔1〕　Watson(1988b),122.

〔2〕　参见 DuBois(2005),53,179,183,191. 这部分因为普通信徒比僧侣雇价低廉。该习俗源于何时尚不可知。

〔3〕　这些是对白天(早晨、中午和傍晚)守灵的指导,与 A7(B26)提到的夜间(傍晚、午夜和凌晨)守灵祷文不同。

〔4〕　关于这些祷文,参见 Brunner(1964),275ff.《天主经》与《圣母经》的念诵次数与《仁会会规》(CCT ARSI,vol.12,476)相同。

〔5〕　伏若望《善终助功规例》(1638 年前),CCT ARSI,vol.5,第428页(入殓前念)、第431页(入殓后念)、第433页(安葬前念)、第434页(安葬后念);利类思《善终瘞茔礼典》(1675 年后),页9a(终后祷文);可与利类思译《圣事礼典》(1675)相比较,CCT ARSI,vol.11,489.

目并不完全一致。因此很难断定这两本书(或者另有一部什么书)是否真的曾被用作参考[1]。这些手册中的祷文是否为人熟知,这点也不清楚。

关于天主教团体举行礼仪活动的特定场所,他们总是跪在"圣像"(可以是一个十字架、或者是天主甚至圣母的画像)前诵经。除了下跪,天主教团体还采纳了传统的表达敬意和哀伤的方式:四拜、俯伏、作揖、叩头和举哀[2]。

这些祈祷者的参与,是判定死者是否为天主教团体成员的一项重要标准[3]。而且,它们还是传播天主教理念和习俗的重要平台,因为在这些场合中,天主教团体有机会深入到家族圈子的内部[4]。最后,这些礼仪活动为参与者增强他们的内部联系,提供了机会。

会　长

中国天主教团体内部的核心角色是会长,这在广州流放之前的天主教团体中已是如此。指南中明确提到,由会长向团体成员通知某人的死讯(A1b,B3)以及下葬的日期(A6b,B25)。除了参加团体的祈祷(B9,B20,A12b = B29,A15),会长还在入殓和安葬的仪式中担当中心角色。在前一个仪式里,他独自站起来向尸体洒圣水(B9),念诵《洒圣水经》(即 *Asperges me*[5]),并且在第二个仪式中向遗体洒圣水(A12 = B28)。然而指南中没有提到上香。

会长的中心角色,某种程度上证实了天主教团体自身在葬礼仪式中所占的中心地位。

---

〔1〕 关于《殓布经》(A3),参看《圣殓布经》,收入 Brunner(1964),111.
〔2〕 "四拜"而不是更常见的"三拜",这在中国也相当普遍。《家礼》中提到过"四拜"(Ebrey〔1991〕,29,189),当时的许多著作,像徐乾学的《读礼通考》(1696)也曾提及。
〔3〕 参看 Lozada(2001),150. Lozada 对"小罗马"(1990 年代广东省的一个村庄)的天主教葬礼进行了人类学描绘。他所观察到的葬礼,与 17 世纪同一省份的《临丧出殡仪式》中规定的葬礼程序惊人地相似。可对比康志杰(2006),第 305—333 页;书中有一段对磨盘山地区(湖北西北部)天主教丧葬礼仪的描绘以及与《临丧出殡仪式》(晚期抄本)进行的对比。
〔4〕 可与传播儒家理念的丧葬组织所发挥的功能进行对比,见何淑宜(2000),209。
〔5〕 Brunner(1964),184,278;也见利类思编《弥撒经典》(1670)页 59a,《祝圣规仪》卷末。

孝 子

天主教团体及其会长,某种程度上遮盖了作为事主的孝子的角色。"孝子"这个词,指南在有关入殓之后的描述中第一次提到。现在还不清楚"孝子"是指所有守孝的儿子还是所有的后代,或者这个词仅指丧主——按中国传统,一般是在世的年纪最长的儿子或指定的男性继承人[1]。在传统中国葬礼中,他负责确保礼仪举行得合乎社会的要求。而在广东人的葬礼中,丧主只做主持仪式的礼仪专家命令去做的那些仪节[2]。

孝子的角色证明,中国天主教葬礼的主要礼仪活动场所,的确是在死者家中。根据中国天主教仪式指南,孝子在死者家中举行的下列仪式中担当角色:大殓后的仪式(B11)、吊唁(B14)和七七的仪式(B19;B20;A15)。家庭成为中国天主教徒举行丧礼活动的主要场所,部分原因由于欧洲天主教和传统中国葬礼之间的差别。按照欧洲礼仪,葬礼在死后很短时间内(一到三天)举行,因此尸体很快就从家中运走。与此相反,按照中国传统,安葬之前棺柩可以在死者家中的堂上停放数月。《临丧出殡仪式》中的中国天主教葬礼规则,符合中国主流的思想观念,按这种观念,中国人的生命转换之礼(冠礼、婚礼、丧礼)都被认为是"家"礼。这样一来,仪式指南在某种程度上与欧洲早期的传统类似,那时葬礼的主要场所也是在家中,而不是教堂。

天主教团体的成员都在"圣像"面前表演他们的各种活动,而孝子是唯一在祭桌或祖先牌位前面行礼的人(B13,B20,B29)。《临丧出殡仪式》规定,圣像和祭桌要摆放在两个不同的地方,不像晚明福建地区某些交织的礼仪中的做法那样,将一个放在另一个的后面。这种地点分离,显示了礼仪活动的不同角色和范畴。孝子和其他守孝的亲属一样,要在首七穿着丧服(B19),以此来表达他们与死者的特殊关系以及他们在家庭结构中已

---

〔1〕 按照 Chen Gang 的说法,"孝子"是对死者的儿子、女儿、义子、女婿、孙子、侄子、侄女和他(她)们的配偶、子女的泛称。见 Chen Gang(2000),80.

〔2〕 Watson(1988b),115.

经改变的位置。而天主教团体的成员,只在送葬仪式中穿着丧服(B27)。

孝子的活动,都属于中国葬礼(和其他)仪式中未被传教士认定为"邪"的内容:上香、供养和奠酒(B11,B20,A12,B29)。孝子是指南中唯一提到的行这些礼仪的人;唯一的例外,是在清明节的时候,所有的信徒都可以在天主教徒的坟上点蜡、烧香和上供(B31)。孝子还带领其他家庭成员以及宾客、教友,作揖、叩头和哀号。而且孝子还负责接待客人,在下葬之后款待宾客(B30),拜送客人以及向亲戚朋友叩头致谢——指南中有数条与这类活动有关的内容(B11,B14,B20,B28)。最后,由儿子们决定安葬的日期(B24),并且在送葬时站在棺柩旁边的一个特殊位置上(B27)。

中国天主教葬礼中孝子的礼仪活动显示,他们所进行的,是《家礼》等中国传统礼仪手册为他们规定的基本活动。

亲　　友

葬礼仪式中的参与者,还包括与死者相识的一大群人。大家族的成员们("家中人"和其他亲戚)参加各种葬礼仪式,并用传统的作揖、叩头和哀泣等方式致敬致哀(B11,B20)。三七是一个特别的日子,在这一天远近的亲友,不管是天主教徒还是非教徒,都来参加祭奠(B19)。亲戚和朋友们也通过作揖、叩头和哀哭等传统方式来表他们的悲伤和敬意(B14)。虽然这些外来参与者可能人数众多,但对他们的角色却没有特别具体的规定。

这些亲戚朋友之中,可能会有相当数量的教外者想来行"邪教之礼";到异教徒家中吊唁的天主教徒,也可能会目睹这种礼仪。在这种互动之中,天主教礼仪和那些被认作"邪"的礼仪可能会产生冲突[1]。

四、礼仪活动实现的转化

对参与者及其活动的总体考察显示,葬礼仪式参与者主要有三个圈

---

〔1〕 这种冲突将在下一章进行分析。

子,他们对应于三组具有典型特征的活动。第一个圈子由天主教团体成员及会长(包括处在边缘地位的神父)组成。这个圈子的活动是口头的,与书面文献(在圣像前面念诵或者大声朗读的祷文)相关。第二个圈子由孝子组成,其活动特征由仪式表现出来:供献食物、酒和其他物品,并在祭桌或者祖先牌位前上香。第三个圈子是范围更广的亲友团体。他们的活动(其他两个群体也如此)是一些体态的情感表达:俯伏、作揖、叩头以及哀哭。

指南第二十条(B20,指导天主教徒如何举行七七的仪式)显示了这些不同的群体是如何相互影响的:

> 若教中人要行此礼文,是日宜请会长及众友来其家,先做圣功于圣像前,后随孝子能供养上香于祖牌前,并率家中人同尽哭泣奠酒之礼。礼毕,亲戚及众友随后作揖、叩头、举哀,以尽若翁即吾翁之意。礼毕,孝子跪前,叩谢亲友。

《临丧出殡仪式》对天主教徒举行七七之礼和其他许多礼仪的方式,都有详细的描述;但是,这些不同礼仪有何含义,中国天主教葬礼仪式中的活动如何将这些含义表现出来? 总的来说,仪式与变化有关,尤其是像葬礼这样的人生转换之礼[1]。特别是丧葬礼仪,与生命从一种状态到另一种状态的变化相关。但仪式变化的含义,通常并不被表达出来。这在礼仪文本中也表现得很清楚。它们明白地指出要做什么,却不说明这些仪式的意义。它们关心的是行为正统(正确的实践)而非观念正统(正确的信念)[2]。虽然分析这些文本的深层含义需要谨慎,但还是可以弄清它们所暗示的是哪种变化。这里遵循的步骤,是将参与者、他们的活动以及活动场所放入一套连贯的情境之中,以重现它们的含义。

最为明显的转变,是由死人变为祖先。这种转变是将生物学上的死

---

〔1〕　Watson(1988a),4;Thompson(1988),73. Arnold Van Gennep 对人生转换之礼的分析,参见 Huntington and Metcalf(1979),8 ff.;Bell(1997),94ff.;以及 Tong(2004),147.

〔2〕　Watson(1988a),10. 较为例外的一本关于葬礼的正确解释与信仰的著作,是南怀仁的《天主教葬礼答问》(1682),关于此书,参看下章的讨论。

亡变为一种社会意义上的延续,家庭是发生这种转变的主要场所。在这一过程中,食物供奉起到了关键作用[1]。这种转变通过孝子的角色和活动表现出来。在《临丧出殡仪式》中,孝子是唯一献食奠酒的人。这些活动在祭桌或祖宗牌位前面进行,这是孝子特有的活动地界;例如,天主教团体就不许在祭桌前念诵祷文。祖先牌位前面允许举行本地仪式,以"事死如事生,事亡如事存"(B13)。这句引文对《中庸》原文(第三章曾经提到)稍有改动,增加了两个"事"字。如此一来,这句话就在事死和事生之间建起了一个简单的比较。这就和早期传教士对"如"的解释(用来强调人们相信灵魂并不在牌位上)联系了起来[2]。

从死者到祖先的转变,只为发生的礼仪活动提供了部分的解释。考虑到天主教团体的重要性,这种由肉体的死亡到社会意义的延续的转化,不只发生在家庭之中。受《宗徒信经》中"诸圣相通功"[3]这一经典观念的影响,天主教团体也被看作是这种社会延续的一部分。毫无疑问,中国天主教葬礼受到了欧洲主流天主教死亡观的影响——那时的死亡观是悲观的,需要为"亡者灵魂"念诵代祷经文或者举行弥撒(B2,B13)[4]。除了这种个人救赎的需要之外,还有一种天主教观念认为,死者最终会融入诸圣的大家庭,得以赎罪并且获救(universa fraternitas)[5]。而且,人们相信守丧者可以向诸圣团体恳请,请求他们代死者祈祷。生者和死者之间有一种天然的休戚与共的关系。值得注意的是,这些欧洲概念的汉语翻译,是建立在"功"这个核心概念基础上的。为亡者背诵天主教祷文被称为"作圣功"(B15,B20),"圣徒群体"被翻译成"圣神(诸圣)相通功",告知教徒的死讯并邀请团体成员为亡者祈祷的传单,后来被叫作

---

[1] Thompson(1988),73;Granet(1922),105.

[2] 参看第三章利玛窦和艾儒略对本句的引用。

[3] 关于这个概念,参看 Dictionnaire de théologie catholique ([1903—1972],vol. 3,429—79),"Communion des Saints"条。

[4] 对葬礼祷文、尤其是为那些身在炼狱者代祷的祷文的解释,见南怀仁《天主教丧礼答问》,页1a—2a及以下;CCT ARSI,vol. 5,495—97。这篇关于葬礼的文章有时与南怀仁的《恶善报略说》(1670年撰)合刊;《恶善报略说》收入CCT ARSI,vol. 5,509—30(Chan[2002],36).

[5] Ariès(1985),139—47.

"通功单"[1]。

在《临丧出殡仪式》里，这种关于死后生活的普遍观念，是通过天主教团体的活动表现出来的。例如，代替祈祷的祷文就在生者、死者和诸圣（因为不管在祷文的内容还是措辞上，诸圣团体都受到了恳求）之间建立了一种联系。这些祷文包括《圣母祷文》和《圣人列品祷文》（B6，B9）。而且，诵经总是在圣像（天主、圣母或者圣人的画像）前面进行，刚才已经提到，不是在祖先牌位面前。在葬礼游行中，当遗体和天主以及圣弥尔额的画像一起被抬着前进时，诸圣团体也受到了恳请。当时的传教士肯定不会声称死者会立即进入天堂的诸圣团体。不过，这些参与者、他们的活动以及活动的地点表明，一个由生者和死者组成的天主教团体与祖先群体（ancestral community）形成了互补，死者在其中可以受到诸圣的帮助和支持。

天主教团体的互助——慈善活动和代替祈祷，同样可以将死者引入诸圣团体。这在《圣教规程》有关帮助贫困家庭的死者的规定中表现得非常明显：

> 二十五 教中有贫者死，教友宜为其通功，念经、做追思。若有无力殡殓者，亦当留心助其殓。具此系十四哀矜葬死者之功，宜行相通之谊。[2]

因此天主教的"做功德"（不仅用祈祷，而且还有经济互助的形式）建立起了生者和死者的天然联系。

中国天主教葬礼中有两种转变：死者通过家庭转变为祖先、通过天主

---

[1] "圣神相通功"涉及到信徒与圣徒间的品德交流。参见 Alfonso Vagnone（王丰肃）编《教要解略》（1615），CCT ARSI, vol. 1, 203—4；Brunner（1964），275. 其他提到"通功"之处，尚有《圣母会规》（1673 年前），CCT ARSI, vol. 12, 456；李九功：《证礼刍议》（1681 年前），CCT ARSI, vol. 11, 104—5. 关于"通功单"，参看张先清（2007b）。具体实例参看 BnF. Chinois 7441 中收录的通功单（1740 年印制）；以及黄伯多禄（1783 年 6 月 10 日以 85 岁亡故）和赵莫尼加（1783 年 7 月 9 日以 81 岁亡故，这份通功单附在湖广总督 1784 年 10 月 31 日报告天主教活动的一封奏疏后面），见《清中前期西洋天主教在华活动档案史料》（2004），第 421 页，编号 197。

[2]《圣教规程》（未署年），第 472 页。掩埋死尸的慈善工作，是许多组织的核心任务之一。参看《圣母会规》（1673 年前），CCT ARSI, vol. 12, 455；《仁会会规》（未署年），CCT ARSI, vol. 12, 475. 还有一些组织是专为照料临终者并组织葬礼而成立的，例如汤若望为反驳天主教忽视葬礼的批评而在北京建立的圣会：Schall von Bell（1942），328—31（Margiotti〔1963〕，57—59）；以及 1680 年在澳门成立、后来传到大陆的"善终会"，Margiotti（1963），54—57.

教团体转变为诸圣团体中的一员。而且,通过积极参与葬礼、进入家族圈子,现实中的天主教团体将家族组织扩展为一个更广大的群体。参与天主教仪式,将人们和一个更为广大的天主教群体(在更早的时代和其他地方,他们也参与类似的仪式)联系了起来[1]。

五、葬礼仪式的功能

礼仪的功能不仅是作为转化死者的媒介,而且还是增强社会群体凝聚力的工具[2]。杨庆堃在有关中国宗教的研究中指出,中国传统丧葬仪式最为重要的功能之一,是重申家族群体的凝聚与团结[3]。在中国天主教仪式指南中,家庭内部的角色——孝子——被清楚地加以肯定。"孝子"是表演特定礼仪活动的一个特殊群体。当孝子履行他们的特定礼仪角色时,仪式就具备了一种凝聚家族近亲成员之间情感联系的巨大力量。

这种对团结与凝聚的强调,是以某些特定的礼仪活动作为媒介的。一个例子是礼仪性的哭泣,这在许多文化中都很普遍。不管哭泣是否出于真心,它都是一种群体凝聚与团结的证明,是一种对失去了一位群体成员表示关心的方式。根据参与者社会地位或者角色的不同,这种礼仪性的哀哭重建或者创造出一种新的情感联系。那些不哭的人,会被家族成员当成不仅是对死者、而且是对这个群体不忠[4]。欧洲描述中国丧葬仪式的文献,经常会明确提到作为这些仪式的一项重要特征的号哭,还指出偶尔的过度哀伤[5],有时还将士绅"虚伪的眼泪"与中国天主教徒"真

〔1〕 参看 Lozada(2001),12.
〔2〕 Chen Gang(2000),181;Granet(1922),105—6;Lozada(2001),12,150.
〔3〕 Yang(1961),35—38.
〔4〕 Yang(1961),35;还可参看 Granet(1922),107—10;Johnson(1988);Huntington and Metcalf(1979),23ff.;Ebersole(2000),238.
〔5〕 Dapper(1670),409,412,417,418,419/(1670),374("哭泣与致哀;不间断的哭泣"),377("哭泣"),381("形式性的哀哭"、"持续不断的哭声"),382("他们发出一种难听的声音,和哀泣比起来更像是嚎哭"、"哭泣两次或三次");Trigault and Ricci(1615),81/(1978),139/(1953),73(对比 FR I,84);Las Cortes(1991),190/(2001),156;Semedo(1996),112/(1655),75;Schall von Bell(1942),425,426,429.

诚的泪水"进行对比[1]。《临丧出殡仪式》也提到了哭泣。它被当作一种明确的礼仪,在 A2 和 B7 中被称作"举哀之礼"[2]。例如,孝子要带领家中人号哭举哀(B11)。文本 A 规定哭泣应该"宜节不宜过伤"(A2)。天主教团体成员等外来吊唁者,也要这样举哀。在欧洲,哭泣也是葬礼的一部分;但指南中提到的举哀之"礼",欧洲指定性中是没有的,这一事实说明了哀哭在中国被赋予的特殊重要意义。

杨庆堃进一步指出,家族群体得以巩固,不单是通过守丧者展示性的举动,还通过重申与亲族之外更广的社会圈子的关系以及重新证明家族在社会中的地位。这是巩固遇丧家族的社会和经济地位的一种努力。《临丧出殡仪式》显示,履行这种职能的礼仪活动,在向亲戚们发出讣文的那一刻就开始了(B22、B3):讣文不仅向他们通知丧事,还邀请他们参加送葬和丧宴。对亲友的招集以及招来的亲友群体的规模,显示了这个家族的社会和经济地位[3]。这种社会功能还在三七那天组织的宴会(设奠)以及七七之日孝子出街谢客中表现出来(B19)。指南是一份关于仪式程序的文本,因此较少关注诸如赴宴、备办食物和社会交际之类的活动,但这并不意味着招待客人不是葬礼的一个重要方面[4]。另一种重申家族地位的方式,是在送葬仪式中对家族财富和影响力的展示。

群体的凝聚力不仅影响到家族,而且涉及天主教团体。在传统中国葬礼中,庞大的专家(司仪、乐师、抬棺者、僧侣)和非专家团体,参与者人数众多。然而非常重要的是,《临丧出殡仪式》中,天主教团体是作为一个集体而被提及的。一项主要的特殊任务——念诵某些特定的祷文,把天主教团体自身与死者家族以及亲戚群体区分开来。在某些地点不允许

---

〔1〕 例如,耶稣会士李明(Louis Le Comte)这样描绘南怀仁的葬礼:"天主教徒们一手拿着点亮的蜡烛,一手拿着手绢擦眼泪。异教徒们习惯于在这种庄严的场合里虚伪地流泪;但天主教徒的去世,使他们流下的真诚的泪水。"见 Lecomte(1990),83—84/(1737),50.

〔2〕 A2 中的这种表达在文本 B、C、D 的相应条款中没有采用;B7 中的表述在文本 C、D 的相应条款中未被采用。

〔3〕 Yang(1961),37.

〔4〕 Chau(2004),133ff. 在近代早期的西班牙,丧宴同样也是葬礼仪式的高潮;参见 see Eire(1995),148.

表演某些仪式,通过这种做法,天主教团体也将自己和其他群体区分开来。

六、结 论

在前面的章节里,耶稣会中国教团早期对葬礼仪式的描述,给人一种这样的印象:中国天主教丧葬礼仪的发展,以某些欧洲和中国仪式的并行(juxtaposition)为特征,它们之间没有太多的相互影响。然而1685年起草于广东的这本《临丧出殡仪式》显示,最晚在那个时候,一种新的丧葬礼仪被从"中国的"和"天主教的"葬礼传统中创造出来,它们在同一个仪式过程中交织在了一起,虽然仪式的某些部分,在时间或者地点上可能分头进行。这个结果可以形象地比作植物的嫁接。新元素、扦枝(欧洲葬礼仪式),被嫁接到了一种事先存在的稳定环境或者树干(中国葬礼)上。在新的中国天主教葬礼中,中国葬礼的基本框架被保留下来,并成为新元素生长的基干。新嫁接过来的礼仪,与欧洲天主教本来的传统并不相同;在中国,它们经过改造,被纳入到以大殓、吊唁和安葬为主要环节的中国框架中来。在新创的中国天主教葬礼中,死亡和安葬的时间间隔不再像欧洲那样短暂,而是和当地传统一样较为漫长;尸体现在也被放进密闭的棺材里。葬礼仪式的主要参与者,是家庭成员和天主教团体,而不是神父。欧洲的墓地靠近教堂,与此不同,中国天主教徒的墓地是在城市或者村镇之外,而且遗体伴随着一场精心准备的送葬仪式运往墓地。但扦枝、新元素也给原来的基干带来了一些变化:天主教团体的仪式扩充了中国的家礼。中国天主教葬礼的两项主要功能,揭示了新的天主教元素对原有礼仪的影响:首先,死者通过家庭转变为祖先、通过天主教团体转变为诸圣团体中的一员;第二,加强了家族群体和天主教团体的凝聚与团结。这种嫁接的一项区别明显的新特征是,在团体的礼仪活动中,语言的主导地位超过了行动。同样是通过嫁接,传教士们认识到,某些天主教元素可以公开地展示。正如很难根据早期的外形来鉴别一株植物嫁接样本一样,这种新礼仪不能被排他性地称作"天主教的"或是"中国的";它只能是"中国天主教的"。

另外,《临丧出殡仪式》还阐明了前面曾经涉及的、这种相互交织的礼仪的其他几个方面的内容。结构性的变化——诸如围绕着大殓、吊唁和安葬等环节对天主教礼仪的调整,证实了中国葬礼基本结构的地位,因为即便是在与欧洲礼仪接触之后,这种基本结构仍被保留了下来。另一个方面是制度性的组织。指南展示了地方天主教团体所扮演的主要角色以及会长的特殊角色(这些角色也能从对负责葬礼的天主教徒组织的描述中找到)。在借鉴欧洲葬礼仪式时,似乎存在着一种选择:神父的角色被保留下来但边缘化了,而世俗角色却被提升并且放大了。最后,在早期时代已经被注意到并被全部接受的那些具体的礼仪表达形式,现在以一种特定的方式延续了下来。具体的礼仪被清楚地分配给不同的角色:有些只由孝子执行,有些分配给天主教团体成员执行,还有一些所有人都可以执行。

《临丧出殡仪式》清楚地揭示了团体的角色和团体中举行仪式的地点。试图通过葬礼来展示自己的天主教团体,似乎和中国宗教信仰具有某些共同本质特征,展现出与其他团体(尤其是那些具有佛教、道教传统的团体)的类似之处,这一点非常明显。这样的团体可以称作"有效礼仪的团体"(community of effective rituals)。在这样一个团体中,人们被组织在一起并团结成一个群体,群体的生活节奏共同受到某些特定礼仪调节。这些礼仪活动通常依据礼仪历法(liturgical calendar)来安排,在天主教里依据的是天主教历法。传教士们将一种新的历法介绍到中国,这不只是提供了对时间进行中性划分的一些技术性方法。不管是有意还是无意,他们还挑战了礼仪生活自身的基础:自然的时间转化为一种文化框架、一种不仅从文化上(culturally)而且从礼仪上(cultually)定义的时间。对礼拜天和其他天主教宗教节日(在此期间信徒们应该参加弥撒,并且预先斋戒准备)的引入,使得他们按照一种和具备有效礼仪的佛教或道教团体不同的时间节奏来生活。这些活动可能未被有效地介绍到所有地方,但在这种礼仪的层面上,各处流动的传教士们与和尚、道士或者当地的萨满展开了最为激烈的竞争,他们之间的差别经常被夸大。葬礼仪式不是按照日历举行的,它们发生得比较偶然,但即使在这种时候,天主教徒仍然必须尊重礼拜天和其他节日。

《临丧出殡仪式》和天主教组织的会规显示,葬礼的组织依赖一个相对稳定的团体——在葬礼以外的其他时候也定期聚会。这些仪式不仅构建了一个群体,而且群体的成员认为它们能够赋予意义并实现救赎,在这种意义上,这些仪式的举行是"有效的"(effective)。在和各种恐惧(对死亡和灾祸、魔鬼以及自然灾难的恐惧)的全面对抗中,这些团体的成员相互支持;仪式的功效得到了证明,人们高兴地发现"它们有用",这似乎是他们加入和维持这类团体的基本动机。

从上面的分析可以看到,这些团体也展示了中国宗教信仰的其他特征:它们很大程度上面向世俗,并由世俗信徒管理;虽然并未被明确地提到,妇女很有可能在念诵祷文等仪式中担当传播礼仪的主要角色。这些团体也有依靠神父主持仪式的观念——他们只在举行弥撒时需要神父。团体所信仰的教义,被用一种简单的方式表达出来;吟诵的祷文,清楚地传达出有关死后生活的信仰。团体成员都相信仪式的转化力量,因此在仪式中可以为死者代祷。所有这些特征都揭示了葬礼之时,天主教团体在多大程度上融入了中国的环境。中国民众的信仰和礼仪塑造了普通人的生活,天主教的活动也用同样的方式提供了一套令人敬畏的仪式,它们是日常生活中救赎的媒介。

第六章　天主教与邪教礼仪

《临丧出殡仪式》向人们展示了中国和欧洲的两种传统,是如何在某种程度上和谐地融合在中国天主教葬礼之中的。然而礼仪交流经常伴随着紧张和冲突,正如在传教士强加他们自己的"指令"时,中国礼仪发生的变化所显示的那样。天主教徒经常会遇到所谓的"邪教之礼",因为教外亲友在参加天主教徒的葬礼时,会行这些礼;而身为天主教徒的死者亲友,在前往非教徒家中吊唁时,也会遇到这些礼仪。在上述互动中,天主教礼仪似乎总会遇到被认为是迷信或偶像崇拜的礼仪,冲突也必然会发生。天主教葬礼中可否允许有教外礼仪存在? 在异教徒的葬礼上,天主教徒是否可以参加非天主教的仪式?

这个问题涉及中国礼仪之争的好几个方面,虽然礼仪之争不是本书的重点。概括地说,争论围绕着两类主要问题进行[1]。第一类问题与"God"以及"angel"、"soul"等重要概念的译名有关。这里的主要问题是,中国经典里的名词,像"天"和"上帝",能否表达天主教"God"的概念。第二类问题与祭孔和祭祖的礼仪有关,其中涉及在死者遗体、坟墓或者牌位前进行的俯伏、叩头、上香、供食等表达虔敬的形式。这里的问题是:应

---

〔1〕　HCC,680—88.

177

当禁止天主教徒参与这些活动,还是把这些仪式看作是表达虔敬(或者至少是与天主教信仰不相违背的)的活动而被容许。传教士还可能有第三种立场:在对礼仪的某些方面进行批评的同时,允许信徒实行修正之后的礼仪,并希望信徒们能自觉地最终抛弃、或者进一步修正它们。对上述问题有各式各样的回答,大致可以归纳为两种立场。第一种是多数耶稣会士所坚持的"利玛窦方法",它建立在与儒家精英文化进行调和的基础上。利玛窦及其多数继任者都将这些礼仪定义为"国民的"和"政治的",而不是偶像崇拜,因此是可以接受的。他们还选用中国经典中的词汇来翻译"God"等关键神学术语。主要为多明我会和方济各会修士所遵循的第二种立场,认为这些礼仪是迷信,耶稣会士选择的词汇不能表达天主教"God"的概念。当第一批多明我会修士将他们观察到的耶稣会士的作为直接报告给罗马时,礼仪之争开始了。这些以及随后的干涉,招来了1645、1656 和 1669 年的几项罗马教令,然而这项争论原本可以始终是局部性的,只在中国范围之内。当福建宗座代牧、巴黎外方传教会(Missions Etrangères de Paris)的颜嘉乐(Charles Maigrot,颜珰,1652—1730)在他1693 年 3 月 26 日的命令中对礼仪发表谴责之后,两派观点之间的冲突激化起来[1]。从那时起,宗座卷入到一起超常复杂的判决中来;与此同时,耶稣会士有关中国的书籍,成为巴黎索邦大学(Sorbonne)激烈争论与谴责的对象。罗马枢机委员会经过讨论后,发布了 1704 年 11 月 20 日 *Cum Deus optimus* 教谕,禁止使用"天"和"上帝",批准用"天主"表示"God"的概念,并且禁止天主教徒参与祭孔和祭祖活动。这项禁令在1707、1715、1721 和 1742 年被反复重申。虽然某些遭到谴责的礼仪,也是葬礼中的一部分,但葬礼本身较少受到礼仪之争的影响。

一、容许本地"无邪"之礼

当传教士来到中国并与中国葬礼相遇之时,他们最初关心的是引入

---

〔1〕 因此本书将时间下限设于礼仪之争最激烈的讨论开始之时。

"天主教的"葬礼。这种葬礼由为拯救死者灵魂而举行的弥撒和祈祷等仪式组成。由于他们在中国各地遇到的葬礼习俗相当不同,同时因为葬礼是教外人士也来参与的公共事件,传教士很快认识到不可能举行纯粹的"天主教"葬礼,除非他们将信徒限制在一个人数很少、非常排外的团体之内。到1670年代,在对礼仪进行调和的过程中,产生了一种混合的实践:按照Dunyn-Szpot对广州会议所作决定的描述,死者"遵照中国习俗、但用天主教礼仪"安葬〔1〕。李安当和方济各撰写的《临丧出殡仪式》,对中西两类礼仪采取了类似的包容态度。《临丧出殡仪式》的第一条,把这两类礼仪描述成一种前后相继的关系:"圣教之礼,与本地无邪之礼,意不相同,所以不容侵杂。先该行圣教之礼,再用得本地无邪〔2〕之礼。〔3〕"

天主教仪式上可以举行哪些"无邪"之礼,在教外人士的葬礼上天主教徒可以行哪些礼仪?传教士们从17世纪早期开始,就一直在讨论这个问题〔4〕。他们内部之间的协调以及与罗马的协商,形成了1670、1680年代在华传教士得以援据的许多重要教令。最为重要的教令之一,是由负责鼓励传播天主教、管理非天主教国家天主教教会事务规章的传信部发布的"1645年12月12日传信部教谕"。这份教谕是传信部圣会对多明我会修士黎玉范(Juan Bautista de Morales,1597—1664)所提问题的回答。黎玉范是1633年第一批到达中国的多明我会修士,他对耶稣会士建立的福建天主教团体的活动心怀反感。1643年他返回罗马时提出了十七个问题,表达他对这些活动的担忧。其中有几个问题攻击耶

---

〔1〕 Dunyn-Szpot(1700—1710),Tomus II,Pars III,Cap. IV,n. 8(1677—1678),287r.

〔2〕 在英文中,"邪"这个词在指涉礼仪时被翻译成"superstitious"(也可以用新创造的词汇"heteroprax"),指涉教义时,翻译成"heterodox",例如B22就提到禁止邪教异端(heterodox)的言辞引人谋叛文。

〔3〕 罗文藻主教(多明我会修士)和利安定(方济各会修士)采用的文本C和文本D,似乎没有这样严格,因为它们删去了禁止的内容和"无邪"这个词(也见B16):"圣教之礼与本地之礼不相同。所以奉教者先宜行圣教之礼,再行本地之礼,可也。"第十三款的开头也有类似的差别,文本A和B都作"亡者牌位前,不宜念经,但行本地之礼",而文本C和D删去了禁止念经的内容,因此成了"亡者牌位前,但行本地之礼"。这些改动很细微,但是,用明确的还是含蓄的方式表达禁令,这显示了对待其他传统的不同态度。

〔4〕 早期的讨论见 Bettray(1955),296ff.

稣会士在"God"译名和祭孔礼仪上的立场。然而在葬礼的问题上,耶稣会教团的活动和 1645 年罗马对黎玉范问题的答复之间,似乎没有根本的不同:

> 12. 在中国当有人去世之时,不管他是天主教徒还是异教徒,虔诚遵守的习俗是在死者家中准备一个祭桌,上面挂一幅死者的画像、或者摆放一个上文描述过的牌位,并用香、鲜花和蜡烛来装饰它;尸体放在后面的棺材里。所有来死者家中的人,都要在布满装饰的祭桌和死者画像面前三拜或四拜致哀。他们匍匐在地上,头碰着地。他们带来香烛,在死者画像前面、布满装饰的祭桌上点燃。

> 问题:是否可以允许天主教徒、特别是传播神圣福音的教士(他们在心中把这当作爱和善良意愿的一种表达)进行这些活动,尤其当死者是相当煊赫的人物之时?

> 决定:可以容许,只要那张桌子只是一件普通的家具而不是一个真的祭桌,只要这些活动是在国民的和政治的(*obsequii civilis et politici*)范围内举行。[1]

关于这个问题的决定是相当宽容的。因为这些礼仪只是行给亡故的父母,它们被认为是"国民的"(civil)或者"政治的"(political)——这些从 17 世纪初就一直使用的术语,刻画出了这些被接受的礼仪的特点。

然而其他问题却收到了较为否定的答复。作为反击,耶稣会士派遣卫匡国(Martino Martini,1614—1661)于 1651 年返回罗马,对黎玉范对他们传教活动的不实描述提出申诉。1656 年 3 月 23 日发布的一份赞成教谕,对卫匡国在申诉中所描述的活动表示支持。关于葬礼,罗马的立场基本上和 1645 年教谕中声明的一样宽容:

> 4. 问题:是否可以允许天主教徒参加学者们主张为死者举行的仪式,只要其中不涉及迷信的内容?

> 又问:天主教徒是否可与异教亲属一起举行那些准许的仪式?

---

[1] 原文见:CPF(1893),no. 1698;CPF(1907),no. 114;英译本见:100RD,no. 1.

再问:当异教徒举行迷信活动时、尤其在已经公开表明他们的〔天主教〕信仰(*praecipue facta fidei protestatione*)之后,天主教徒可否在场?他们不会参与、或者认可异教徒的活动;但作为有血缘的亲属,如果缺席的话,肯定会受到注意。这会招致敌视和憎恨。中国人并不认为死者的亡魂是神灵,他们并不向亡灵希求或讨要任何东西。

他们有三种方式纪念死者。首先,如果有人去世,不管是天主教徒还是异教徒,他们总是在死者家中准备一种祭桌。祭桌上挂一幅死者的画像,或者摆放一个刻有死者名字的牌位。他们用香、鲜花和蜡烛装饰祭桌。他们将死者的尸体装在祭桌后面的棺材里。

所有到死者家中的人,都要在刻有死者姓名的牌位或者死者画像前三拜或者四拜致哀。他们身体匍匐,额头触地。他们带来香烛,在祭桌上或者在牌位、死者画像前点燃。

第二种纪念方式,在祖先堂中一年举行两次。中国人把它们叫作"堂"(hall)——"祠堂",而不是"庙"(temple)。这些的确是家族的纪念堂。只有身份高级或者富有的人才有祠堂。亡者不是葬在祠堂里,而是葬在山上。祠堂里挂着一位煊赫的始祖的画像。然后在有高有低的台阶上,按照辈分排列牌位。家族中所有亡者的名字、官衔、爵位、性别、年龄和亡期,都刻在牌位上,甚至包括婴孩和女性的。所有的亲属一年两次在祠堂里汇集,较为富有的族人献上肉、酒、蜡烛和香。

穷人无力建造这样的祠堂。他们把亡者的牌位留在家里,放在一个特别的地方,甚至是放在摆放圣徒画像的祭桌上,因为屋子狭小缺乏空间。他们并不崇拜这些牌位,不向它们祭献任何东西。它们放在那里,是因为其他地方没有空间摆放。上面提到的中国仪式只发生在祠堂里。如果没有祠堂,他们就省掉这些仪式。

第三种方式是在死者墓地举行的活动。根据中国的法律,坟地都在远离城市的山里。死者的子女和亲属至少在每年五月之初

（译者按,疑应为四月之初即清明节。）来上一次坟。他们清整墓地,拔去长高的野草。他们哭泣、哀号、跪拜,就如在第一种方式里描述的那样。他们摆出做好的食物和酒,哭泣完毕之后,就把酒食吃掉。

根据前文的描述,可以允许中国信徒举行这些尊荣死者的仪式,甚至可以和异教徒一起,只要他们不做任何迷信的事情(*sublatis tamen superstitiosis*)。当异教徒进行迷信活动时,在公开声明他们的信仰之后(*praesertim facta fidei protestatione*),如果没有破坏信仰的危险、以及若不这样做憎恨和敌视会无法避免时,他们甚至可以和异教徒一起在场。

教宗批准了对上述问题的回复和决定。[1]

这些规定被多数传教士接受,这在《(西班牙修士)中国教团神父守则》(*Pastoral norms established for the China mission*[*of the Spanish friars*], 1683 年由利安定和华德美[Miguel Flores de Reya,1644—1702]编成)中表现得非常明显[2]。《守则》中有关葬礼指导的部分,明确提到了 1645 年的规定:

我们决定允许天主教徒举行吊唁仪式(在西班牙,我们称作 *pésame*),只要他们只供奉香、蜡烛和白银;这些东西都是无关紧要的,不会被说成是一种宗教举动。至于在放有死者牌位或者画像的祭桌前、甚至在死者的棺柩[3]前作揖、跪拜和俯伏,这并无妨碍,因为这些活动在 1645 年已经建议传信部批准,并且被认为是合法的。[4]

---

〔1〕 "The Congregation of the Holy Office, March 23,1656 to China missionaries";原文见:CPF(1893), no. 1699;CPF(1907), no. 126;英译本:100RD, no. 2(略有改动)。译者按,本段及上段引文的翻译,参考了沈保义、顾卫民、朱静译《中国礼仪之争西文文献一百篇:1645—1941》,上海古籍出版社,2000。
〔2〕 "Normae pastorales pro seraphica missione statutae, Cantone exeunte a. 1683," SF VII,187—95.
〔3〕 这句话在原始文本里文字模糊。
〔4〕 "Normae pastorales pro seraphica missione statutae, Cantone exeunte a. 1683," SF VII,189.

二、禁止"邪"礼

哪些丧葬礼仪被传教士们认为是"迷信(邪)"的？那些有迷信嫌疑的礼仪,涉及三项内容:祖先牌位上的铭文、供奉食物和使用冥币。[1]

祖先牌位的铭文

四个抄本的仪式指南都规定可以使用牌位,只要略去"神"、"灵"等字(B12),但没有对此进行解释。事实上,这一条款的表述与《圣教规程》(里面共有四十五条牧灵守则,可能是广州会议讨论确定的)第二十七条基本相同:"教友亡故,神位不得用'神'、'灵'等字,径写'某公之位'或'某氏之位'。"[2]制定这项禁令的原因,是根据天主教的教义,牌位不能被看作是死者亡灵的存身之处。到 1680 年代,这似乎成为一项被普遍采纳的习俗,在当时的传教士中并没有引起太多的争论。

供 奉 食 物

争论的第二类事项,与供奉酒食的迷信嫌疑有关。献给死者的食物和酒最后由守丧者吃掉,这是引起争论的第一个问题。《临丧出殡仪式》第 21 条对此解释说,食物和酒"但已表孝心之文。能留亲友散馔,但孝子不宜饮酒,并能分送贫人,为祖先广惠,助其得天堂之福"。这里所采用的"分送贫人"的解决方案,和福建天主教团体在 1630 年代已经采用的做法相同。

第二点迷信嫌疑,是死者本人能否享用食物。对这个问题的回答,在四个不同抄本的仪式指南中是一项严肃的争论;在各个抄本第 11 条的不同规定中,争论尤为明显。各个抄本封面上的小注显示:利安定想更改这一条款——他在文本 D 中这样做了;而耶稣会士方济各不赞成这种改

---

〔1〕 四份仪式指南都没有对"邪教礼仪"作明确的描述。哪些礼仪被当作"邪礼",只能根据文本中的不同禁令(哪些礼仪不被允许)来推断。

〔2〕《圣教规程》(未署年),第 472 页;法文译本:Verhaeren(1939—1940),460.

动,并因此不同意文书的出版。各抄本仪式指南中的第11条都幸运地保存了下来,与中国礼仪调和的程度,按文本 B、C、D 的次序由深渐浅。不同抄本间的对比,显示了在这个问题上的不同态度。李安当和方济各编纂的文本 B 中这样规定:

> 十一. 安置棺木家堂中。棺木面前设香案,品物多寡摆列。孝子跪下、上香、莫酒。事毕,众友揖退。孝子率家中人同举哀。毕,孝子跪前,叩谢众友。

文本 C 在此处引用了《礼记·檀弓》中的一句话(黑体部分),对此进行说明:

> 十一. 安置棺木家堂中。棺木面前设香案,品物多寡摆列。即如《礼记·檀弓》所云:**"始死,脯醢之奠而已,未有见其饗之者也。**[1]"不过孝子之情,不能自已。则当跪下、上香、莫酒,率家中人举哀。毕,又跪前,叩谢众友。[2]

利安定所主张的文本 D,建议天主教徒用一份"净化声明"来表明他们的实际立场:

> 安置棺木家堂中。棺木面前设香案,品物多寡摆列。即如《礼记·檀弓》所云:"始死,脯醢之奠而已,未有见其饗之者也。"不过孝子之情,不能自已。**则当于排列品物时,于众亲友前说明此意。或写数字,如"甘旨何曾享,孝思不敢忘"一小联于品物傍**,亦可。然后跪下、上香、莫酒,率家中人举哀。毕,又跪前,叩谢众友。[3]

仪式指南文本 C、文本 D 封面上方济各的小注已经说明,正是因为第十一条添加了这份"净化声明"(葡萄牙语作 *protestação*,拉丁语为 *protestatio*)[4],

---

〔1〕《礼记·檀弓》;Legge(1885),177.
〔2〕《丧葬仪式》(早期抄本),CCT ARSI,vol.5,473—74.
〔3〕《丧葬仪式》(晚期抄本),CCT ARSI,vol.5,485—86.
〔4〕《丧葬仪式》(早期版本),CCT ARSI,vol.5,470;《丧葬仪式》(晚期版本),CCT ARSI,vol.5,482;Chan(2002),214—15;Chan(2002),214 页译作:"在第十一条中增加一份庄严的净化声明"。这个词(*protestatio*)在上面引用的"The Congregation of the Holy Office, March 23,1656 to China missionaries"中出现过两次。

所以他拒绝在上面签字,并最终制止它的出版。在文本 D 中这份声明提到,天主教徒应该作出一项净化或反对(拒绝)葬礼上供奉食物之用意的公开说明。

从方济各关于此事的另一份报告中我们知道,他认为利安定"只接受过一般的神学教育"。他认为利安定是用一种粗浅的方式、可能是通过一些肤浅的论据,来说服罗文藻主教,要求他增加一项反对这些中国"迷信"礼仪的净化声明。方济各拒绝这样做,有两个主要原因。他认为,要对这些活动进行谴责是困难的——这些活动是许多年前由耶稣会士确立的,长久以来一直为新信徒所遵行,并无任何在信仰上犯错的污名。而且,他不想把这件事情变成一种"胜利前的骄傲"("triumph before victory"):这样做不仅在中国、而且在整个欧洲都将宣告,耶稣会士已经改变了从他们的先任那里延续下来的、有关死者礼仪的看法。结果,方济各决定阻止这份葬礼指南的出版,直至主教"通过其他在中国住过较长时间的神学家,对中国新信徒的活动和风俗有了更好的了解"[1]。

对葬礼中的酒食的讨论,似乎没有涉及问题的本质——这些祭品是否属于迷信,只是围绕着是否应该增加一项声明。然而在方济各自己的解释中,他对任何暗示——这些供物(offerings)是祭品(sacrifices)而不只是一种政治性礼仪的表达方式——都非常敏感[2],这让人感觉到,对于

---

〔1〕 参看"Controversia inter Basilicanum & Philippucium ob ritum quondam Sinensium à morte vita functorum fieri solitum"这一部分,它是依据方济各的书信(1686 年 2 月 23 日,广州)编成的,收入 Dunyn-Szpot(1700—1710),Tomus II,Pars IV,Cap. VII,n. 2(1685),73r—v. 关于这点,Dunyn-Szpot 提到,方济各并没有忘记传信部给在越南传教的三位新神父的指令(1659):"不要试图说服这些人改变他们的礼仪、风俗和习惯,只要它们不明显有悖于宗教和美德。还有什么比把法国、西班牙、意大利或其他欧洲国家〔的习俗〕输入中国更为愚蠢呢? 不要输入这些,保存信仰。信仰并不是要抵制或者消灭其他民族的礼仪和风俗,只要它们不是邪恶的;相反,是想要保存它们。"Dunyn-Szpot 引到了"Philippus Couplet in sua Relatione. 原始文本见 CPF(1907),no. 135;英译本见 100RD,no. 3.

〔2〕 在比仪式指南稍早几年的 1682 年,方济各曾向黎玉范向传信部提出的 17 个问题进行详细反驳。在反驳中,他抗议那种"错误的设想"(falsa suppositio)——把献给死者的供品看作祭品。这份反驳书 1682 年写于澳门(Filippucci〔1700〕,155;1682 年 11 月 25 日;手稿本作 1683 年 3 月 23 日),1700 年在巴黎出版。参看 Filippucci(1700),21—28(nos. 24—29),45ff.

这些供品有无迷信性质,似乎还存在着争议。

从利安定起草的《(西班牙修士)中国教团神父守则》中可以看到,关于供奉食物的解释差别很小,在守则中作者同意供奉食物,同时也要求有一项净化声明(西班牙语为 *protesta*):

> 4. 在棺枢或者牌位前面放置或者供奉食桌的仪式(当有人去世时,有地位的人通常会这样做),不能被说成是一种偶像崇拜或者迷信的举动,因为就性质而言,这项活动并非内在邪恶(*intrinsece mala*)。虽然这种仪式可以在异教徒所犯的过错中找到,但对我们来说,可以允许天主教徒举行,〔只要〕有一份净化声明(*protesta*),说明他们举行这类仪式是为了显示他们对死者的爱心;他们为死者献上和生前一样的物品,并非相信死者的灵魂降临或可能会降临、或者相信死者会吃这些东西。这项净化声明应当直接修正或者申明这类供奉是一种政治性举动,除去其中包含的任何异教的错误观念。〔1〕

> 8.〔当有异教徒去世而其子是天主教徒时〕……在这种情况下要摆放一桌食物,以满足异教家族成员的要求。虽然这类活动可能被认为没有问题,但我们发现,神父最好建议新信徒不要亲自摆放这类食桌。但如果根据谨慎的判断,〔新信徒〕发现他无法避免,他可以摆放〔食桌〕:桌子上要有一条人人可见的手写的净化声明(*protesta in scriptis*),说明摆放食桌是对亡父爱和尊敬的一种表示。这样一来,上供的主要目的就非常明白——这是为了和在死者生时一样侍奉和尊敬他。〔2〕

这里分析的重点不在两个传教士之间的冲突,而在于它揭示出了礼仪的什么问题。利安定编纂的这些文本显示,他和方济各在最根本的问

〔1〕 "Normae pastorales pro seraphica missione statutae, Cantone exeunte a. 1683," <u>SF</u> VI,189.

〔2〕 "Normae pastorales pro seraphica missione statutae, Cantone exeunte a. 1683," <u>SF</u> VII,190; 还可参看第 17 条提到的内容,<u>SF</u> VII,194.

题上,意见是一致的:就性质而言,供奉食物的举动并非"内在邪恶",因此不能被看成是"偶像崇拜"或者"迷信"。对这两位作者来说,决定礼仪〔性质〕的,是礼仪的含义,而主要不是它们的表现(这在中国尤其如此)。换句话说,思想正统界定了实践正统。如果这项礼仪只是孝道的一种表达方式,那它就被认为是非迷信的,可以被接受。但是,如果举行这项仪式是因为相信死者能来吃这些食物,那它就是迷信,活动就应该被禁止。在使用净化声明的问题上,利安定和方济各意见不一。在利安定看来,礼仪的含义和它的表达方式之间存在着密切的联系:对礼仪进行直接明了的解释,这样便赋予礼仪另一个维度,并且可以使礼仪仅被看作是政治性的。但在方济各看来,含义和表达之间没有必然的联系,所以关于礼仪的解释应该保持含蓄,不必明言。在对使用冥币的讨论中,这种礼仪概念上的差别表现得更为清楚。

纸　　钱

《临丧出殡仪式》把烧纸钱当作迷信加以抵制,不管在吊唁(B14)还是清明节(B32)的时候。然而对于教外亲友赠送的冥币,《临丧出殡仪式》采取了一种折衷的方案:虽然"情上难即退还",但不将它们焚化,而是用水湿坏(B14)。扫墓的时候,也只可以"用素白纸,将土压之坟上,意令人知此坟有人看"(B32)[1]。

有关纸钱的问题,前面的章节已经讨论过。从一开始,传教士们就抵制这类的祭品。在《铎书》等儒家—天主教善书以及在李九功有关礼仪的讨论中,就有这类禁令。抵制纸钱的原因,和天主教关于肉体和灵魂的概念有关系。艾儒略在《西方答问》中对这个问题的讨论,为我们提供了一个例子:

问:亦焚纸帛,助先人之冥财否? 曰:否。人有形有神。形之生

---

〔1〕 这种风俗的起源,参看 de Groot(1892—1897),vol. 2,711ff.;Doré(1911),vol. 1,114.当时的欧洲文献对焚烧纸钱及其他物品的描述,参看 Dapper(1670),409,413,418,419/(1671),374,377,381,382;Trigault and Ricci(1615),82/(1978),140/(1953),74(对比FR,vol. 1,84);Semedo(1996),113/(1655),76;Schall von Bell(1942),428.

时,则用饮食衣服,以克饥御寒。死则腐肉残骨,何知寒热,何知饥饱? 即奉之以衣食实物,尚不能用,况伪如楮钱,何为者乎? 用假钱与人,国法必究,况以献祖先乎? 用假钱有罪,况以楮钱当金银乎? 故知烧焚楮币纸钱,不惟无益于先人,尤亵渎欺诳之甚者也。至其灵魂本体,自属纯神,不用食饮衣裳。善者则已升天堂,万福全备,万愿满足,何须楮币。恶者则堕地狱,永受恶报,万无可救。纵云可救,则以真物犹幸。若假锡当银,粗纸为钱,焚而成灰,宁堪用乎?

或曰:楮钱虚物,不足以敬先人明矣。然除饮食楮钱,又无以表敬,如何哉? 曰:孝敬之礼,在于仿效先人遗德贻训。舍此而独以酒肉,先人不克享,而终归自用,可谓孝乎? 古人云:“生不孝亲,死祭无益。”岂不然哉? 然品馔尚是实物,不属虚假,代先人施之贫乏,以广仁德可也。若用楮钱,作佛事,以为资于冥途,此浮屠诳世之谬。贵邦名儒《家礼》明明禁之,何至举世信奉,况迷而难醒耶![1]

上面这段解释清楚地显示,中国传统观念(认为生者和死者之间存在着交流)与天主教观念(认为灵魂和肉体是分离的)差别明显。对焚烧纸钱习俗的抵制,主要基于理性的考虑、特别是基于对冥币功效的讨论。此外,艾儒略还使用了某些情感方面的论据:既然在父母活着的时候给他们纸制的金银赝品已经是欺骗,那么在父母去世之后焚烧纸币,更属欺骗。在《口铎日抄》中也可以找到类似的议论。如果面对一位无法用这些论据说服的客人,艾儒略会求助于历史:

客疑未释。先生又语之曰:“今人之孝敬父母,此于三代以上之贤哲孰愈乎?”客曰:“不能几及耳,何敢见少。”先生曰:“秦以上,未尝有纸;三代之祭典,并未闻用纸。吾子苟不存乎见少,又何用喋喋为?”客唯而退。[2]

---

〔1〕 艾儒略(1637),卷上,页27a—28a;英译本:Mish(1964),62—63;略有改。参看阳玛诺对“实”和“虚”的讨论,见《圣经直解》(1636—1642),卷6,页4b—5a;WXSB, vol. 5, 2048—49(参看本书第三章)。

〔2〕《口铎日抄》(约1630—1640),卷4,页11b—12a,CCT ARSI, vol. 7,276—277;英译见:Zürcher(2007), n. IX.10.

拒绝焚烧冥币,似乎已经成为传教士们的普遍共识。例如,广州会议所制定的规则,就明确禁止这种活动:

> 40. 禁止天主教徒制作或者售卖纸钱(这是迄今为止一直遵守的),它们用于偶像的祭祀,被称作"金银锭"(*Kin in tim*)、"纸钱"(*Chi cien*)、*mà cù* 等等。[1]

除了这项共识——中国天主教徒似乎对此也表示赞同[2],到1680年代又出现了一次新的讨论。有几位传教士竟然主动建议,要求允许在葬礼上使用冥币。一系列奇特的事件与文献,为我们用编年的方式考察对焚烧纸钱的争论,提供了广阔的文化背景。

1681年,康熙皇帝下令安葬几年之前去世的两位皇后,南怀仁参加送葬。目前还不知道是否因为参加这场送葬,促使南怀仁和康熙皇帝讨论葬礼的问题;也不清楚是否这一事件鼓励南怀仁写出了他对天主教葬礼的阐释。我们只知道大约在一年之后,南怀仁出版了《天主教丧礼答问》(康熙二十一年九月十三日〔1682年10月13日〕,利类思去世〔1682年10月7日〕几天之后)[3]。南怀仁详细讨论了焚烧纸钱及物品的问题[4]。他的耶稣会同伴闵明我(Claudio Filippo Grimaldi,1638—1712)和徐日昇(Tomé Pereira,1645—1708)为本书的出版做了修订。在同一年,烧纸钱的问题在耶稣会传教士中引起了讨论。例如耶稣会士洪度亮(Francisco Gayoso,1647—1702),就在1683年11月23日的一封信中就

---

〔1〕 *Acta Cantonensia Authentica*(1700),32;Dunyn-Szpot(1700—1710),Tomus II,Pars I,Cap. VI,n. 2(1668),197v;Metzler,28. "*Kin in tim*"是"金银锭","*Chi cien*"可能是"纸钱",虽然 Dunyn-Szpot 在"*Chi*"和"*cien*"之间加了一个逗号。最后一个词所对应的汉字尚无法确认:"*cù*"可能是 gu/ku 或 zu/cu。根据 Margiotti(〔1958〕,463,n. 54)的说法,应该是 ma-tsu(妈祖)。"ma"也可以指纸马——印有马面冥界护卫者的纸(参看 Doré〔1911〕,vol. 1,62—63)。

〔2〕 几位中国天主教徒在他们的著作中明确抵制纸钱:李九功(1681年前),CCT ARSI, vol. 11,94,96,100;张象燦(约1680年代),CCT ARSI,vol. 11,290(理由是《家礼》中没有提到纸钱);《丧礼哀论》(未署年),CCT ARSI,vol. 11,272—73(与上文观点类似)。朱熹对烧纸钱的意见,参看 Ebrey(1991a),98 n. 91;de Groot(1892—1897),vol. 2,716.

〔3〕 利类思去世时,南怀仁接到了皇帝资助丧葬费用的上谕. ARSI Jap. Sin. II,165. 2;中文文本与英译本见 Chan(2002),452. 详细讨论参看下章.

〔4〕 Verbiest 南怀仁(1682);Chan(2002),35—36. 日期用与正文不同的字体写在文本末尾(页7b),也可参看 ARSI Jap. Sin. I,〔38/42〕38/2.1. 收录的其他复本.

此事向南怀仁报告,并且引用了南怀仁1682年8月19日和1682年10月20日两封信中的话[1]。

皇帝和他的臣僚也在讨论葬礼的问题。从满族皇帝入主中国(1644)的早期开始,汉族官员就反对在葬礼中过量焚烧物品。皇帝已经同意禁止这一风俗,而且最后还就此颁布了一项法令。1687年,康熙皇帝发布诏令,主要禁止汉军旗人的葬礼浪费。康熙皇帝对待丧礼的态度,在他为深爱的、慈父般的祖母孝庄(1613—1688)守丧过程中(从这时起,他决定改变那些已被普遍接受的守丧规则),表露无遗。孝庄死于康熙二十六年的最后几天(十二月二十五日,1688年1月27日),一天之后的1688年1月28日,南怀仁去世。康熙很有可能在1689年读到了南怀仁的《天主教丧礼答问》,他在文中与焚烧纸钱有关的段落里添加了一些批注。耶稣会罗马档案馆的复本上,带有耶稣会北京副省长安多(Antoine Thomas,1644—1709)的签名,日期是1701年10月26日。安多证实这套复本是根据带有皇帝红字批注的原本印成的[2]。

下面这段南怀仁的文字,将作为我们对烧纸钱的讨论进行分析的起点:

或问:天主教不焚楮钱等项,谓何? 抑或其中有善不善之分乎?

答曰:吾人凡行外面之事物,论事物之本然,大概不可谓"善"与"不善"。其所以谓"善"与"不善"者,皆由本人当行之时,所向之意而定耳。若依合理之意而行,则谓之"善"。如依非理之意而行,即谓之"不善"也。

如烧纸等项,若向已亡之父母亲朋等,表其实心,说道:今予心所愿者,即愿现得数万金,以代多行补赎之功,为舍贫、造养生院等哀矜之用,以救父母亲朋升天享福;故现所焚之纸钱者,不过以表我此实

---

〔1〕 洪度亮是西班牙耶稣会士,1678年由菲律宾来到中国。他不太为人所知,部分因为他在1685或1686年就返回了菲律宾。参看Reil(1970)。洪度亮的信收录于Gayoso(1685),3v—4r引用了南怀仁的信。本条资料由N. Golvers提供。这些书信的评述版和摘要,将由Noël Golvers在 Supplement to F. Verbiest's Correspondence 一书中出版。

〔2〕 参看Chan(2002),35—38. 在更早一些的时候,康熙皇帝曾派官员询问丧葬礼仪:安文思去世时(1677年5月6日)皇帝派人来问:"照天主教用何礼仪"(《安先生行述》〔约1677〕,CCT ARSI,vol. 12,328);利类思去世时(1682年10月7日),皇帝派人问"他们可以在棺柩前举行哪些中国仪式"(Grimaldi〔1927〕,326).

心之诚意耳。又如说道:若费数万金,可买得父母亲友之复活,子情
愿舍去而不惜;今在墓前所焚之纸钱者,皆以表明此意耳。又如说
道:宁可失去数万金宝贝、房室家私等项,不忍父母亲朋亡逝;今在墓
前所焚此纸造金银宝贝、房室等冥器者,不过表如此之实意而已。若
依此等之情意,焚烧其楮钱等,亦无不可。[1]

这段话里,南怀仁在为死者烧纸钱的问题上采取了一种宽容的立场。要
理解他的这种立场,必须要联系到当时发生在某些耶稣会传教士之间的
讨论,前面提到的洪度亮(当时他在西安传教)的信件,为我们提供了关
于这些讨论的信息。在这封信里,洪度亮要求对在特定条件下允许天主
教徒烧纸钱的可行性,在传教士中进行公开讨论。之所以要对这个问题
进行讨论,是因为遇到了和以前一样的批评:因为不烧纸钱,天主教徒们
被说成不敬祖先[2]。洪度亮用一种非常系统、非常学术的方式,提出了
赞同接受这项风俗的八点不同理由;而且他还提到了他陕西地区的同事、
耶稣会士恩理格(Christian Wolfgang Herdtrich,1625—1684)对此提出的
异议。洪度亮非常清楚,这项风俗为此前的传教士和他们的著作所禁止,
例如在《辟妄》中,它就被称作是一种“徒劳而无益的礼仪”(ritus vanus et
futilis)[3]。他争辩的关键内容,是这项活动是否“内在邪恶”(malitia
intrinseca)。他认为,可能存在的邪恶只是“外在的”(extrinseca);南怀仁
也持同样的观点,这在《天主教丧礼答问》的引文中表现得非常明显[4]。
这意味着烧纸钱本身并不是一项邪恶的活动(如果是的话,这意味着烧
纸钱是一种不可宽恕的罪恶),邪恶与否取决于进行这项活动的“意向”

---

[1] 南怀仁(1682),页5a—6a;CCT ARSI,vol.5,503—5.

[2] 对南怀仁书信的讨论,见 Gayoso(1683),1v(7a ratio),2r(8a ratio),4r.

[3] Gayoso(1683),3v 作:“in illo libello,a nostris scripto,qui titulo praenotatur Pie
vam”. Dudink([2001b],122)考证这句引文出自《辟妄》(约1615),而且这句话是支撑
Dudink 考证结论(《辟妄》的作者不是徐光启)的一个重要论据。《辟妄》的第四部分
(WXXB,vol.2,629—34;CCT ZKW,vol.1,46—51)和第九部分(CCT ZKW,vol.1,68—70)都
有对烧纸钱的批评。

[4] 关于“内在邪恶”的问题,参看方济各会牧灵守则第四款的类似讨论,见“Normae
pastorales pro seraphica missione statutae,Cantone exeunte a. 1683,”SF VII,189.关于“外在
邪恶”,特别参看 Gayoso(1683),1v(4a—5a ratio);也可参看2v,3v,4r(与耶稣会士恩理格
[Christian Herdtrich]的讨论)。

(*intentio*)。例如,如果一个人相信纸钱真的能为死者所用,那它就是一种"邪恶和迷信的意向"(*intentio prava et superstitiosa*),必须受到谴责。相反,如果一个人并不相信纸钱真会被死者使用,烧纸钱只是为了表达他对死者的孝顺和尊敬(这就是所谓政治性〔political〕或者国民性〔civil〕的活动),那它就可以看作是一种"正确和纯净的意向"(*recta et purificata intentio*)〔1〕。

洪度亮把烧纸钱和传教士们接受的其他风俗进行了比较。供奉食物和香可以被接受,只要一个人并不相信死者真能吃掉食物或者嗅到香烟。类似地,摆放死者画像也被许可,只要并不相信死者的灵魂在画像里。洪度亮认为,传教士们一方面抵制焚烧冥币,另一方面却又接受供奉香和食物,这很可能只是受到了这些习俗在欧洲传统中的有无的影响。这种所谓的"不同",只是建立在想像而非推理的基础上:如果烧香迷信的一面可以去除,那么烧纸钱也同样可以〔2〕。洪度亮在此采取了与1656年传信部教谕相同的立场,教谕规定"可以允许中国信徒举行这些尊荣死者的仪式,甚至可以和异教徒一起,只要他们不做任何迷信的事情(*sublatis tamen superstitiosis*)〔3〕"。而且洪度亮还认为,在任何情况下,天主教徒都不需要用任何形式的"声明"(*protestatio*),来明确澄清他们烧纸钱的意向〔4〕。

南怀仁所举的意向正确的例子,可以和洪度亮的论据归于同一类别。这种论证是否有效,对于本文的分析并不重要;重要的是通过对"外在邪恶"和"意向"这两个概念的解释,传教士们得以在礼仪活动和它的意义之间划出一道界线。在他们看来,"意义"外在于活动本身,只取决于从

---

〔1〕 "政治性的"一词见 Gayoso(1683),1v,"*rationem polyticam*";"*parte Sinarum polyticâ*";以及 4v,"*cultum polyticum*";他在和恩理格的讨论中提到了"纯净的意向",见 Gayoso(1683)2v 及 2r(8a ratio)。

〔2〕 Gayoso(1683),1v(5a ratio);及 4r—v。

〔3〕 Gayoso(1683),3v. 参看上文提到的"The Congregation of the Holy Office,March 23,1656 to China missionaries":原始文本收入 CPF(1893),no. 1699;CPF(1907),no. 126;英译本见:100RD,no. 2。

〔4〕 Gayoso(1683),4r。

事者的意向。

《天主教丧礼答问》在列举了烧纸钱可以被接受的原因之后,南怀仁指出了什么是他所认为的迷信。下面的引文中,采自《辟妄》的观点[1]用斜体字表示,康熙皇帝圈点强调的句子用下划线表示,方括号内的引文是康熙添加的评论。

> 但世俗现所以焚纸之意,与前诸意不同,多有不合理之处。<u>盖有错想者,谓已亡者之魂在地狱,亦需金银等项为费用,亦须衣食唤之人,与在现世之时无异。故特备纸造之金银房室、器皿人像,用火焚之,即谓能改变真金银房室器皿真人以为实用。</u>〔言整理顺〕此等不合理之甚也。

> 盖人有属形之肉躯,有无形之神魂。*形之生时,则用饮食衣服,以充饥御寒。死则腐肉残骨,何知寒热? 何知饥饱? 即奉之以衣食实物,尚不能用*[2]。至其灵魂本体,自属纯神,不用饮食衣服。善者则已升天堂,万福全备。何用楮币? 恶者则堕地狱,万无可救。纵云可救,则以真物为幸,况伪如楮钱者乎? *岂人见为纸灰,而神魂反独见为真实乎? 夫楮钱金银锞当其未焚,不过纸耳。岂既焚乃有大能,变为真钱真金银乎?*〔说得爽快透理〕[3]

康熙皇帝同意南怀仁死者不能使用纸钱的观点,但他的赞同不是机械地套用耶稣会士的思想。康熙所赞同的,正是他祖父反对奢华葬礼的一项核心观念。在满族人看来,汉族礼俗的一大缺陷,就是丧礼中的浪费。皇太极第一个主张丧礼不应该浪费宝贵的资源。他批评世上流行的为死者焚烧或者陪葬物品的风俗。甚至在征服中国之前,他就发布了一道针对这种风俗的诏令:

---

〔1〕 南怀仁(1682),页 6a9;CCT ARSI,vol. 5,506;相当于《辟妄》(约 1615),页 6b5(WXXB,vol. 2,630);南怀仁(1682),页 7a1—2;CCT ARSI,vol. 5,507:相当于《辟妄》(约 1615),页 7a4—5(WXXB,vol. 2,631);南怀仁(1682),页 7a2—7;CCT ARSI,vol. 5,507:相当于《辟妄》(约 1615),页 8a1—8(WXXB,vol. 2,633)。(文句对应关系由 Ad Dudink 指出)

〔2〕 康熙在这句话下面所加是墨点,不是小圆圈。

〔3〕 南怀仁(1682),页 6a—7a;CCT ARSI,vol. 5,505—7. 类似的观点也见《葬礼哀论》(未署年),CCT ARSI,vol. 11,273.

(天聪二年戊辰正月丁卯)上谕待臣曰:丧葬之礼,原有定制。
我国风俗,殉葬燔化之物过多,徒为糜费,甚属无益。夫人生则资衣
食以为养;及其死也,以人间有用之物为之殉化,死者安所用之乎。
嗣后凡殉葬燔化之物,务遵定制,勿得奢费。[1]

和祖父皇太极一样,康熙对丧葬活动中的浪费不能容忍。对他来说,这类
铺张的活动还是汉族侈糜、甚至是活力衰竭的表现。1687 年 11 月 30 日,
他就颁布了一道主要禁止汉军旗人葬礼浪费的诏令[2]。

传教士们对清初几位皇帝的这种态度十分清楚。洪度亮在信中还提
出了另一项论据:按照皇帝的意见,烧纸钱可以被允许。他提到皇帝曾经
批准过一份奏疏,里面反对大量焚烧珍贵物品和家具,而主张用纸钱替代
它们[3]。洪度亮从此事中得出了下面的结论:

这种烧纸钱的迷信(它遵照的是异教徒与和尚们的错误观念),
被中国皇帝的这一假定清除了。如果他们使用纸钱的理由和原因,
的确是为了不再白白浪费珍贵的家具、纯金白银和宝石,那么和尚赋
予它的迷信意向(superstitiosa institutio)就变成了一种中国皇帝认可
的明智意向(prudens institutio),这样一来,中国天主教徒就可以合法
地烧纸钱纪念死者。[4]

除去死者不会使用纸钱这项共识,皇帝所关心的主要内容与传教士
不同。清朝皇帝首要关心的,是葬礼不应浪费;传教士主要关心的是葬礼
不应有迷信色彩。中国皇帝允许烧纸钱,是因为这样做葬礼可能会浪费
得少一些。洪度亮接受烧纸钱风俗的核心理由是,天主教徒不应该被误
认为不敬死者并因此遭受批评。既然是一种"政治"礼仪,那它应当允许。

南怀仁在最后并不赞成准许这项风俗。在进一步列举了错误信仰的

---

[1] 《大清十朝圣训》(1965),卷6,页3a(天聪二年正月初五,1628 年 2 月 9 日);关
于皇太极的丧葬政策,参看:张捷夫(1995),第 264 页及以下。
[2] Kutcher(1999),91—92;见《康熙起居注》(1984),第二册,第 1676—1677 页。
[3] 汤若望也提到过这件事,见 Schall von Bell(1942),428(参看 Dapper[1670],
419/(1671),382)。
[4] Gayoso(1683),2v(与恩理格的讨论)。"中国天主教徒"在原文中作"*Christiani
Sinenses Catholici*"。

例子之后,他又回到了意向的主题:

　　又有演出预修寄库之说。所谓预修者,生前先备,以待死后去
用。寄库者,将楮帛作为金银锞钱、衣肴冥资等物焚之,以寄于地狱
之库也。然地狱者实为受苦之监牢。世间岂有人不犯罪,而先将金
银买监牢去坐乎? 〔*有理有理,但恐得罪于人*〕*况预修寄库,而买地*
狱末久之殃乎? 为世俗由此等不合理之行,故天主教不烧纸,以免人
错想吾辈与世俗同归于谬妄矣。

　　况世俗现今已大行,设令或有一二名士,心中立定合理之意而烧
纸,亦难引导人以随其意。缘一二人私心之所行者,不能改变世俗沿
流之风,古今之所行也。譬如"恶"之一字,现在诸儒,用之以指凡属
丑恶之事物。若或有一二名士,欲用之以指属善之事物,亦断然人心
不依从,因私意之所定,不能改变公意之所定故也。〔1〕

最后这番议论,可以通过回溯晚明到清初(尤其是康熙统治时期)中国礼
仪发生的重要变化来得到说明。在对明末清初守丧制度的研究中,柯启
玄指出了明代礼仪中的一项重要转变。他认为晚明对"情"的强调,使得
"礼"的世界产生了某些分歧。前代用以指导礼仪的文献——主要是朱
熹的《家礼》,为如何守丧提供了一套固定的模式。"情"是正确执行
"礼"的产物,"礼"被认为是对情的疏导。然而到了晚明,这个假定被倒
了过来:事先就已存在的"情",决定了何时、如何举行礼仪,甚至可以决
定一项礼仪是否应该举行。晚明的礼学思想,还普遍给予了个体更多的
强调,把个体作为权威的一种来源。情感变成了礼仪的出发点,而不是恰
当地遵守礼仪的结果。〔2〕

　　康熙皇帝是第一个检讨服丧制度并设想一系列政策的清朝统治
者〔3〕。他对服丧礼仪的思考,与晚明的许多看法一致。和当时的许多

---

〔1〕　南怀仁(1682),页7a—b;CCT ARSI,vol. 5,507—8. 对于在祖先牌位前的跪拜,我
们也可以找到同样的看法,见 Doré(1911),vol. 1,108.

〔2〕　Kutcher(1999),48,50.

〔3〕　Kutcher(1999),92—93.

思想家一样,他相信礼仪应该表达、而不是控制感情。而且,他认为礼仪可以并且应该改变,甚至可以个人化,以便更好地表达感情。正如柯启玄指出的,康熙对于丧礼的态度,在他为祖母孝庄守丧期间,得到了最好的表露[1]。这位被尊为太皇太后的女性,曾经给予年幼的康熙诸多关爱与引导(康熙的母亲1663年即已辞世)。她生病之后,康熙在她身边守候35天拒绝离开。她死后康熙万分悲痛。让朝臣们非常吃惊的是,康熙宣布他要守满27个月的完整孝期:也就是说,他要像哀悼父母一样哀悼祖母。贵族成员、皇子、高官甚至普通百姓,都请求皇帝只守丧27天(以日代月,皇帝为父母守丧的传统)。但康熙却拒绝如此:"朕凡事一本于诚。行三年之丧,朕意甚切,非饰虚名。"[2]康熙皇帝的这个决定(以及与此相关的各项决定),有几个明显特点[3]。首先是关于守丧的私人性。康熙皇帝没有发布北京或者整个国家应该如何守丧的通告。虽然他公开地服丧,但他并不认为和他一起分担这种非常私人性的悲痛,是其他人的义务。他的哀悼不仅是私人的,而且在很大程度上被个人化了。康熙改变了服丧的制度,因为对他而言,服丧并非一项制度。对他来说,它是纯洁的孝心的一种表达,是子女对父母敬爱顺从的表示[4]。康熙通过服丧来显示他的情感投入程度,虽然这违背了此前所有的先例。康熙在宣布他守丧27个月的意图时,还有一点没有明言:他会以多种方式来服这种重丧。他明确声明,服丧活动不会妨碍朝廷政务。也就是说,他只在寝宫里穿着丧服(上朝时不穿),并避免参加吉礼。他认为服丧应该触及情感,但是应该用一种不会妨碍政府运作的方式进行。

---

〔1〕 Kutcher(1999),92ff.
〔2〕《清实录》(1985),第五册,第434页(《圣祖实录》卷133,页3a);英文翻译见Kutcher(1999),93.
〔3〕 Kutcher(1999),96.
〔4〕 康熙皇帝对孝道的关注,也在《孝经衍义》(100卷,对《孝经》进行注释和发挥)一书中表现出来。本书的编纂工作始于1656年,1682年完成,1690年印行。康熙所作的《孝经衍义序》(1690),被耶稣会士白晋(Joachim Bouvet,1656—1730)翻译成法文,题为"Système abrégé des rites de la pieté filiale des Chinois par l'Empereur Camhi"(ARSI Jap. Sin. IV 28)。序言的写作时间,白晋译本作康熙二十九年十一月十四(1690年12月14日),而《四库全书》收录的中文本为康熙二十九年四月二十四(1690年6月1日)。

"诚意"是这些不同文献里的关键词汇之一。康熙皇帝和传教士对这个词有不同的理解。对康熙皇帝而言,正确的意向是指恰当的情感——例如,礼仪能否真诚地表达孝心。对传教士来说,礼仪的正确意向,是指它正确的神学含义——例如,这种含义是否会导致迷信。为了用一种更好的方式来表达情感,康熙皇帝变更了礼仪。只要知道礼仪的含义与礼仪活动本身并不相同——换句话说,只要礼仪仅是"国民性"或者"政治性"的,传教士就准备接受它。为了表达情感,康熙皇帝将丧礼私人化了。而南怀仁最后不允许一些学者将烧纸钱的活动私人化,因为在他看来,避免在公众中造成对个人正确意向的误解,这点更为重要。

这个事例引出了一个文化悖论。天主教传统通常与正统教义紧密联系在一起,而中国传统往往与正统实践相关。南怀仁对正确信仰的强调,导致了这样一种情况:正确的实践最终来说〔比正确的观念〕更为重要。而康熙站在自己立场上,坚持对情感的正确表达,以致最终忽略了正确的实践。

三、结　　论

中国天主教团体内部可能产生的、与礼仪活动直接相关的紧张,很大程度上是由传教士们的"指令"引起的,他们想让礼仪与天主教信仰的正统保持一致。有些礼仪被认为是国民性的,因此可以允许;而其他的则被当作迷信加以禁止。这种紧张进一步说明了在接受或者抵制某种礼仪的过程中,礼仪的形式和含义之间的关系,尤其在礼仪的含义到底是不必明言的、还是必须对其进行明确解释这个问题上(正如"净化声明"〔protesta〕的例子)。除了礼仪的含义,还有礼仪的意向。不仅仅是正确的含义,传教士似乎还想把正确的意向传递给他们的信徒。为此,他们必须将意向与原来的礼仪分离。换句话说,为了便于传达,礼仪内在的意向必须变得外在化。

毫无疑问,这种礼仪上的紧张,对中国天主教团体的生活产生了影响。事实上,这些紧张有助于说明这些团体是包容性的还是排他性的。葬礼不仅可以团结而且也可以分裂一个社会群体。正如葬礼通过划定家族界线、对族外人封闭等方式来突出家族的排他性那样,在天主教团体中,葬礼也发挥了同样的作用[1]。在天主教团体借助葬礼展示自己的同时,他们也展示出了包容以及排外的特征。说他们包容,是因为中国天主教团体完全遵行了中国丧礼的基本结构,并参与了族外人可以参加的、最为重要的礼仪活动——作揖、叩头、哀哭等等。关于活动的地点,天主教团体在死者家中举行仪式,而没有把自己封闭在教堂之内。即便是祈祷,在某种程度上也是开放性的。任何经常参与中国天主教葬礼的人,即使没有受洗,原则上也可以参加经常举行的念诵祈祷。

但这里所暴露出来的紧张还显示,天主教团体也具有排外性。天主教礼仪的排外性通常与圣礼联系在一起,像感恩和告解等礼仪,它们只面向那些受洗者。多数圣礼都与作为执行者的神父关系紧密。然而葬礼不属于圣礼,有可能诱发排外的神父的角色被弱化了。但排外性还可以通过其他方式表现出来。在葬礼中,这种排外性主要不是通过反对非天主教者参与某些天主教礼仪的禁令,而是通过对天主教徒参与某些非天主教仪式的身份限制,表现出来;这种做法将天主教团体和其他群体(如家族或者亲戚群体)的成员分离开来。这种分离,还反映在不准天主教徒为教外人员举行教内仪式上。例如,《临丧出殡仪式》B15 和 B31 两条,就禁止为教外者举行天主教祈祷或者其他做功德的活动;在墓地也同样不可以。这些礼仪甚至不准为天主教徒没有受洗的父母举行(B16)。教徒也不准在祖先牌位(即使是信徒的牌位)前面念诵祷文(B13)。这些因"邪"礼而引起的紧张与冲突,进一步展示了新生的天主教团体与周边环境发生联系的各种方式。不仅因为某些礼仪的特殊性质,而且包容与排斥之间的紧张同样使得中国葬礼变成了"天主教的"。

---

[1] Tong(2004),147—48.

第七章　皇帝对耶稣
会士葬礼的抚恤

在 17 世纪期间,传教士和中国天主教徒对葬礼的组织逐渐给予更多的关注。出人意料的是,在耶稣会士广州流放(1666—1671)结束之后,这种努力还受到了皇帝的鼓励。1669 年皇帝对汤若望(流放期间,他是四名仅有的留京耶稣会士之一)葬礼的抚恤,是象征着引发流放的"历狱"走向结束的标志性事件。在流放过后,还有另外三个人的葬礼——1677 年 5 月 6 日去世的安文思、1682 年 10 月 7 日去世的利类思和 1688 年 1 月 28 日去世的南怀仁——也受到了皇帝的财物资助和褒扬。传教士们留下的中文和西文资料,对皇帝的这种扶持(尤其在南怀仁的葬礼上)一再予以强调。

一、葬礼卹典

南怀仁去世于 1688 年 1 月 28 日(康熙二十六年的最后几天),康熙深爱的、慈父般的祖母孝庄(1613—1688)去世的后一天。大约一个半月之后,1688 年 3 月 11 日,南怀仁带着皇帝赐予的全部恩荣入土安葬。康熙对南怀仁葬礼的抚恤,肯定给传教士们留下了极其深刻的印象,正如从大量皇帝卹典的报告中看到的那样。

最早的一篇报告出自耶稣会士安多(Antoine Thomas,1644—1709,他从 1686 年起,在北京参加天文观测活动)之手[1]。这篇报告成为后来的许多报导的来源。收录在《有关中国现状的新报告,1687—1692》(*Nouveaux mémoires sur l'état présent de la Chine 1687—1692*)中的耶稣会士李明(Louis Le Comte,1655—1728)的一篇描述,使得这场葬礼在欧洲广为人知。李明于 1688 年 2 月 7 日抵达北京,他没有来得及见到南怀仁本人,却赶上了南怀仁 1688 年 3 月 11 日的葬礼。李明在给 Nemours(1625—1707)公爵的夫人玛丽(Marie)的信中对这场葬礼进行了描述[2]。1691 年,他作为耶稣会士代表返回法国,在那里他把这篇报告编入 1697 年书信集(这份书信集在欧洲大陆的礼仪之争里发挥了作用)。15 年之后,1703 年,洪若翰(Jean de Fontenay,1643—1710,法兰西皇家数学家,和李明一道来京)发现仍然有必要向 François d'Aix de La Chaize(1624—1709,耶稣会士,1675 年成为路易十四的听告解神父)汇报这场葬礼。他的这封信[3]收录在《耶稣会士书简集》中——《耶稣会士书简集》是 18 世纪天主教使团信息最重要的来源之一,1702 年由法国耶稣会士 Charles Le Gobien(1671—1708)开始编辑,杜赫德(Jean-Baptiste Du Halde,1674—1743)和其他一些人续纂。李明和洪若翰的这两份报告,在杜赫德著名的《中华帝国和中国鞑靼地区地理、历史、朝代、政治以及自然状况概述》(*Description geographique,historique,chronologique,politique et physique de l'empire de*

---

〔1〕 安多关于南怀仁的记述收录于:"Mors,Funus,& Compendium vitae seu Elogium P. Ferdinandi Verbiest",主要依据安多(1688)的北京报告写成,这些报告收录于 Dunyn-Szpot(1700—1710),Tomus II,Pars IV,Cap. XII,nn. 1—5(1688);安多的"Carta acerca de la muerte del Padre Fernando Verbiest,Flamenco,de la Compania de Jesus,que sucedió à 28. de Enero del ano de 1688,en PeKim,Corte de la China"一文,见 Couplet(1691),216—246,葬礼的部分见第 239—242 页;Thomas(1726)"Von Dem Apostolischen Leben und Seeligen Todt R. P. Ferdinandi Werbiest,"收入 *Der Neue Welt-Bott* vol. 1,Theil 2,no. 38,8—13;安多 1688 年 9 月 8 日的一封信件也简要提到了南怀仁的葬礼,见 Thomas(1688),188—93.

〔2〕 Le Comte(1990),82—86/(1737),43—53.

〔3〕 写于舟山,时间是 1703 年 2 月 15 日,有关葬礼的内容见:Fontenay(1707),129—39/(1979),117—20. 这封信的部分内容也收录于 *Der Neue Welt-Bott*(1726),vol. 1,Theil 5,no. 97(其中有一幅墓穴排列的地图).

la Chine et de la Tartarie chinoise,1735 年在巴黎、1736 年在海牙出版)中,被合为一体[1]。这份距离南怀仁去世已经超过 45 年的报告,如此开头:

　　这就是这位杰出的传教士,他获得了当今皇帝的尊敬和宠爱,以至皇帝亲自写了一篇悼辞向他致敬,并命令两位贵族在他的棺柩前宣读(在为他举行完所有的中国通常进行的葬礼哀荣之后)。悼辞如下:

　　"我本人严肃地认为,南怀仁自愿离开欧洲来到我的国家,在这里,他在为我的服务中度过了生命的大半时光。我应该为他作出这样的证言:在他掌管钦天监期间,他的预报从未出现差谬,总与天象的运行相符。

　　"此外,他毫不忽怠我的命令,每项工作都表现得细致、勤勉、虔敬,每项任务都持之以恒、直到完满,这些都与他的品行一致。

　　"听到他患病的消息,我立即派遣御医为他治疗。但当得知死亡的长眠已将我们永远分开,我的内心受到了最强烈的悲恸的侵袭。我送去二百两白银和数匹丝绸为他助葬;我希望,这项旨意能够成为我对他真挚情感的公开见证。"

　　朝中的贵族仿效皇帝的样子,在绸缎上为南怀仁书写悼辞,悬挂在摆放遗体的厅堂里。[2]

这份报告显示了康熙皇帝及其朝臣对葬礼的主要干预:写作"悼辞",当众宣读,举行"所有中国通常进行的葬礼哀荣"以及赠送财物助葬。这些都是一套葬礼卹典固有的内容[3]。

　　葬礼抚恤的术语叫作"卹典"。国家赐予亡故的贵族或者官员的这些哀荣,是一套由非常详细的规则和章程构成的礼仪体系的一部分。其

---

　　〔1〕　Du Halde（1735）, vol. 3, 98—100/（1736）, vol. 3, 118—22（收录在" De l'etablissement & du progrès de la Religion Chrétienne dans l'Empire de la Chine"这一部分)/（1738—1741）,vol. 2,20—21。

　　〔2〕　Du Halde（1738—1741）,vol. 2,20。

　　〔3〕　其他一些偶然赐予的葬礼哀荣,这里不准备讨论。例如,耶稣会士恩理格（Christian Herdtrich,1625—1684）去世时,康熙应南怀仁之请,亲笔写了"海隅之秀"四个字,由闵明我带到绛州,作为恩理格墓前牌坊的题字。参见 Couplet（1694）,142—43/（1688）,134—35;Margiotti（1958）,154—56;南怀仁写给耶稣会士 Nicolas Avancini（1612—1686）的信,收入 Josson and Willaert（1938）,473—82;以及 Dudink（2006）,41（n. 19. 927）。

中有许多是依据先例确定下来的。关于丧葬抚恤的详细规定,收录在
《钦定大清会典则例》(1764 年成书,1768 年出版)和《钦定礼部则例》
(1794 年成书,1841 年重订)中[1]。虽然这些著作都编纂于 18 世纪,晚
于 1680 年代很多,但里面收录了 17 世纪实行的大部分规章,同时还记录
了 17 世纪以来的沿革。

总的来说,丧葬抚恤可以区分为三类。第一类抚恤发生在死后不久。
丧葬抚恤的请求一般以奏疏的方式提出,如果被批准的话,会有官员被派
往死者家中致祭。如果祭文已经备好,他们也会宣读("读文")。关于这
种致祭的礼仪(其中包含称作"[致]祭银"的拨给预算),有着详细的规
定[2]。根据死者的贵族或居官的级别,祭祀之数由一坛到三坛不等,财
物补助的数量也随之变化(最高级别的贵族 40 两,最高品级的官员 25
两),祭文也或有或无。

第二种抚恤形式是资助安葬费用,称作"葬银"[3]。它的数量同样
因死者的级别而不同——最高级别的贵族 650 两、最高品级的官员 500
两。这笔葬银可以帮助偿付葬礼中的各项费用,包括送葬;规章里没有具
体指定它的用途。

第三种形式的抚恤是赐予谥号。这项恩荣不是自动获得的,即便是
已经致祭并赐予葬银。谥号由大内(内阁)拟定[4],并且通常还要树立
一块刻有翰林院撰写的碑文的墓碑。工部负责发给"立碑工价银",银数
也因品级而不同。

---

[1] 《钦定大清会典则例》(1768),卷 91,第 29—39 页;《四库全书》第 622 册,第
874—879 页;《钦定礼部则例》(1844),第 2 册,第 1010—1017 页(卷 167)。还可参看《古今
图书集成》(1726—1728)卷 130—131 之《礼仪典·邮典》。明代的相关规章,见《大明会典》
(1587)卷 101,第 1555 页及以下;还可参看《礼部志稿》(1620)卷 34,页 1a—14a(《四库全
书》第 597 册,第 624—631 页)。

[2] 《钦定礼部则例》(1844),第 2 册,第 1012 页(卷 167,页 4b)。

[3] 《钦定大清会典则例》(1768),卷 91,页 30a;《四库全书》第 622 册,第 875 页也提
到了"造坟工价银"(最高品级的官员有三百两)。

[4] "大内"(内院)指的是皇宫,广义上也指在其中服务的人,即内阁。它是朝廷中
最尊贵、最有影响力的机构。翰林院官员在其中任职,他们被分派到皇宫各个机关处理文
字工作,拟定对各官署奏疏的回覆,起草并发布皇帝的诏令。清代最初设有内三院,其中内
翰林秘书院掌管祭文等文书的撰写。1658 年,仿照明朝体制将内三院并入翰林院和内阁,
其后又进行了其他一些改组。参看 Hucker(1985),n. 4193.

对外国人的丧葬抚恤也有规定。他们制定了对朝贡国国君(在本国去世)葬礼的抚恤原则。而且,如果贡使死在北京或者死在前往或从北京返回的途中,还有特别的规定。除了祭器使用和祭文书写的规定,规章里还预设了遗体运返本国或者遗体不能返乡时在中国选择墓地的规定[1]。

二、利玛窦的墓地

在深入分析南怀仁的册典之前,有必要回顾一下此前的先例。在南怀仁之前,只有四名耶稣会士获得了某种形式的抚恤,他们是利玛窦、汤若望、安文思和利类思。

利玛窦的事例明显不同于清初的耶稣会士。当1610年5月11日利玛窦去世之时,他的同伴以及他所熟识的官员,并没有请求致祭或者葬银之类的册典。因为利玛窦并未在中国的官僚机构中担任任何官职或者荣誉职位,所以没有理由提出要求。然而他们申请并获得了一块墓地。对申请过程的详细说明(传教士的安葬如何成为中国体制的一部分,这是目前已知的第一个例子),收录于金尼阁和利玛窦所编的《基督宗教远征中国史》的最后一章[2]。

利玛窦的遗体,没有像之前去世的所有传教士那样运回澳门,而是被放在一具密闭的棺材中,停放在北京教团的房舍里。葬礼弥撒过后,一位中国信徒建议耶稣会士提交一份申请墓地的奏疏。"这件事",耶稣会士们相信,正如金尼阁写道的,"除了对将来的神父们来说非常荣耀,也将认可我们的信仰以及我们的神父在这个国家的居留"[3]。

---

〔1〕《钦定礼部则例》(1844),第2册,第1017—1019页(卷168)。

〔2〕FR II,chap. 22. 这章用拉丁文写成,是对1611年年报(金尼阁编,见FR II,564, n. 1)的摘录;熊三拔关于利玛窦的报告的第十章,也有一段简短的描述,见 De Ursis (2000),87—92(意大利语译本),155—60(葡萄牙语)。金尼阁的文本是 Bartoli 的报告 (Bartoli〔1663〕,535—38,标题为"Esequie,sepoltura,e titoli d'onore al P. Matteo Ricci")的基础。金尼阁的描述有英文节译本,见 Purchas(1625),III. ii,407.

〔3〕FR II,566—67;Trigault and Ricci(1615),617/(1978),663/(1953),567(有改动)。

利玛窦的事例,因此成为有关墓地问题的传教策略的最早案例。庞迪我和熊三拔与中国学者们(其中有天主教徒李之藻〔1565—1630〕)一同起草了奏疏,礼部代理尚书吴道南(1589 年进士,1623 年去世)上疏支持。他们的奏疏都用颂体风格写成。奏文称利玛窦及其同伴"向慕天朝德化,跋涉三载,道经海上八万余里,始得到京朝见,贡献方物,蒙恩给赐廪饩"。因为利玛窦没有葬地、又太难将遗体运回家乡,因此请求皇帝拨给一块墓地,"此圣朝泽枯之德与柔远之仁,乃所以风励外夷而永坚其向化之诚者也"〔1〕。

金尼阁在此处打断了第一部分的叙述,插入了一段解释,以帮助读者理解奏疏里这样说的原因:

> 在继续我们的讲述之前,我们必须简要地解释几个问题,这些问题如果不予澄清,可能会干扰对下面内容的正确理解。首先,有人或许会提出疑问,奏疏为何要说神父们是受中华帝国的声名和荣耀的吸引而来到中国,而他们来此的真实动机是传播福音。我们必须知道,中国是对所有外国人封闭的,按法律只有三类人准许入境。第一类是那些自愿每年一度从邻国来向中国皇帝进贡的。这并未引起中国人的忧虑或者在意,因为中国并不热衷于征服。第二类是那些不希望被看成进贡、而是被中国的辽阔幅员所震撼,前来称颂中国皇帝是众王领袖的人……第三类是那些被这个伟大帝国的声名所打动、来这里永久定居的人,中国人认为是他们的道德声誉吸引来的。以前有很多这样的人,但是现在中国人不像他们自己想像的那样有吸引力了。传教神父必须在中国工作,只能从属于第三类,以符合法律的规定,而且还因为那些属于前两类的人,肯定会被遣回自己的国家……在第三类人的名义下(这可能不太符合实际的情况),神父们获准留在中国,他们的伙伴也被允许入境;然而不能认为他们隐瞒了

---

〔1〕 参看吴道南奏疏(1610 年 6 月 14 日)的评述本(其中有庞迪我和熊三拔的上疏),收入FR III,3—8;这份奏疏的翻译本收录于FR II,568—72;Trigault and Ricci(1615),618—20/(1978),664—66/(1953),568—69.

来此的目的,也即传播福音。[1]

　　金尼阁进一步阐述了中国的管理体制,解释了那些他很清楚的复杂程序。虽然最终决定取决于皇帝的裁断,但只有呈上书面材料之后,决定才会下达。而且,如果没有最高官员的建议,它们也不会被接受。材料"然后再次送给皇帝审批,他的意见很少与〔原先的〕批示不同。这套程序在我们后续的讲述里,会更清楚地展现出来"[2]。通过进一步详细描述这套复杂程序以及传教士及其友人不得不与各署官员进行的联系,金尼阁清楚地证明:利玛窦所获得的恩宠,不单是皇帝个人的一个决定,还取决于它是否符合官方的礼仪体制。

　　事实上他们早就清楚,"中国没有法律、或者任何先例,外国人可据以获得一块葬地"[3]。耶稣会士的中国友人提出的解决办法,是建议将利玛窦的事例类比于在朝觐途中去世的贡使[4]。他们这样做了,同时又承认利玛窦事实上"未经该国差遣"[5]。吴道南的奏疏援引了《明会典》的规定(清代有关外国使者丧葬卹典的规章,就是根据它制定的)[6],这些规定写在朝贡使团、而非葬礼的条目下[7]。有关利玛窦墓地的请求,通过一道复杂的程序申报上去,并最终获得批准。1611 年 4 月 22 日,他的遗体运往栅栏公墓;1611 年 11 月 1 日,举行了庄严的安葬[8]。

　　从金尼阁的解释看来,为利玛窦申请墓地出于一个非常实际的原

　　〔1〕　FR Ⅱ,572—75;Trigault and Ricci(1615),620—21/(1978),666—67/(1953),569—70(略有改动).

　　〔2〕　FR Ⅱ,576;Trigault and Ricci(1615),621/(1978),667/(1953),570.

　　〔3〕　FR Ⅱ,578;Trigault and Ricci(1615),622/(1978),668/(1953),571(有改动).

　　〔4〕　庞迪我和吴道南的上疏里都没有提到"卹"这个词。然而几年后,在王应麟(1545—1620,1580 年进士,时任顺天府尹)1615 年 3 月 29 日撰写的感谢皇帝赐予墓地和住所的碑文里,庞迪我的上疏被称作"请卹"。参看FR Ⅲ,15,16.

　　〔5〕　吴道南奏疏,FR Ⅲ,7.

　　〔6〕　FR Ⅲ,6.

　　〔7〕　这些是"主客清吏司"的条款,见:《大明会典》(1587),第 1624 页(卷 108,页 28a,"朝贡通例");《钦定大清会典则例》(1768),卷 94,页 27b 及以下(《四库全书》第 622 册,第 941 页及以下);《钦定礼部则例》(1844),第 2 册,第 1017 页及以下(卷 168,页 1a 及以下)。

　　〔8〕　FR Ⅱ,619ff. ,626ff.

因——将他安葬在北京,以省去将遗体运往澳门之劳。根据在葬礼中积极活动的中国天主教官员的建议,通过将利玛窦的事例纳入中国的礼仪体制,问题得到了解决。按照先例,他应被当作外国人对待。正如金尼阁所说,在这一事件中皇帝的个人干预是有限的。然而这个决定的影响,比乍看上去的要深刻得多。考虑到中国人对墓地的重视,利玛窦的安葬为天主教在北京的存在,提供了一个稳固的依托[1]。从金尼阁的描述中也可以清楚地看到,这种稳固性或者恒久性,与当时外国人在华活动的暂时性,适成对比。这种矛盾在数年之后的南京教案(1616—1617)中显露出来。南京礼部代理尚书沈㴶(1565—1624)提交一系列奏章,试图控诉外国人。在一份奏疏里,他直接提到了和为利玛窦指定葬地有关的问题以及耶稣会士是如何解释这项指定的。沈㴶以1408年在南京去世的文莱(浡泥)国王为例,解释皇帝此举的意图。在第三封陈情疏(1617年1月7日)里,沈㴶评论说,皇帝赐予利玛窦葬地是因为:

> 皇上怜其孤身,赐之葬地,此自柔远之仁,与成祖当年赐浡泥王葬地相同。若使浡泥王蒙恩赐葬,而浡泥国臣民遂借为口实,因缘窃入,散布京省,成祖能置之不问?彼乃欲借皇上一时柔远之仁,而潜藏其狐兔踪迹,勾连窥伺,日多一日,岂可置之不问耶?[2]

沈㴶这里依据的是"柔远之仁"(吴道南在奏疏里已经提到过这种说法[3])的意识形态。这种经典的说法,指的是一种礼貌地对待外国客人的政策,只要他们完全顺从。正如周锡瑞(Joseph Esherick)指出的,这种说法还含有征服与控制的意味[4]。沈㴶的奏章清楚地表明,即便在指

---

〔1〕 即使是墓地,在某些情况下也可能被查没(如"历狱"和"文革"期间);然而这些处所至今仍然存在。

〔2〕《破邪集》(1640),卷1,页16a;英文翻译见 Kelly(1971),288;参看 Dudink(2000),150—51.

〔3〕 王应麟在碑文里重复了这种说法(FR III,16)。还可参看 Dudink(2000),151.

〔4〕 Esherick(1998),143—44.

定了葬地之后,耶稣会士们也无法逃脱中国的文化指令。

三、汤若望的平反

赐予利玛窦葬地之后,其他传教士也被相继安葬在同一个地点,但朝廷未对任何一场葬礼提供任何形式的抚恤[1]。第一位获得卹典的传教士是汤若望,1655 年他获得了皇帝对拓展耶稣会墓园的许可[2]。汤若望葬礼的情况较为特别。他于 1666 年 8 月 15 日辞世,两周后的 8 月 29 日安葬,有 500 名天主教徒出席。一开始他并未获得皇帝的祭奠,因为他在历狱中受到诬陷[3]。1669 年当他在死后恢复名誉之时,赠予汤若望以及同受诬陷的几个合作者葬礼卹典,成为冤狱彻底平反的标志。1669 年 8 月 16 日(康熙八年七月二十日),和硕康亲王杰书(1645—1687)和其他大臣一起上疏,请求"照伊原品"赐予汤若望卹典[4]。一个月后,请求得到批准:赐给汤若望"(葬银),并给与一品致祭银两,遣官读文致祭,祭文内院撰拟。"[5]有文献提到朝廷赐给了 525 两白银[6],这与最高级别官员 25 两祭银、500 两葬银的标准相符。汤若望原先在康熙元年获得的"光禄大夫"的封号,在官阶中的确是正一品[7]。

---

〔1〕邓玉函(Johann Schreck Terrenz, 1630)、罗雅谷(Giacomo Rho, 1638)、徐复元(Br. Christopher, 1640)、邱良厚(Br. Pascoal Mendes, 1640)、龙华民(Niccolò Longobardo, 1654)和郭多明(Domingo Coronado,多明我会修士,1665)都安葬在这里。参看 Malatesta and Gao(1995),35—38.

〔2〕Malatesta and Gao(1995),(35—36);Stary(1998),156—59.

〔3〕Väth(1991),320.

〔4〕《熙朝定案》(版本 1),WX,115—27;XC,77—80. 奏疏中还请求对李祖白等人"照原官恩恤"(WX,122;XC,79)。

〔5〕《熙朝定案》(版本 1),WX,129—30;XC,83. 奏疏具体在九月的哪一天获得批准,已经无法查考。西方文献对汤若望通过卹典获得平反的记载,参看耶稣会士 Giovanni Filippo De Marini(1608—1682)1670 年 10 月 20 日和 12 月 8 日给在比利时安特卫普(Antwerp)的 Balthasar Moretus 的信,收入《Der Neue Welt-Bott》(1726),vol. 1,Theil 1,no. 14,46—47;原件收藏于耶稣会罗马档案馆,参看 Väth(1991),331,n. 28.

〔6〕Väth(1991)第 331 页提到有 525 两,但这项信息的来源不清,Der Neue Welt-Bott 收录的 Marini 来信没有提到葬银的数量,在 Väth(1991)第 331 页注 28 所提到的信里,也无法找到这项信息(N. Golvers 核对);还可参看《正教奉褒》(1894),页 62a(作 524 两);以及黄一农(1992),第 164 页。

〔7〕黄一农(1992),第 164 页。

第二个月，卹典仪式在汤若望墓前举行，南怀仁、安文思和利类思出席[1]。祭文被当场宣读，后来又刻到汤若望的墓碑上：

> 皇帝谕祭原任通政使司通政使加二级又加一级管钦天监印务事汤若望之灵曰：鞠躬尽瘁，臣子之芳踪；恤死报勤，国家之盛典。尔汤若望来自西域，晓习天文，特畀象历之司，爰锡通微教师之号。遽尔长逝，朕用悼焉。特加恩恤，遣官致祭。呜呼！聿垂不朽之荣，庶享匪躬之报。尔如有知，尚克歆享。

康熙八年十一月十六日(1669 年 12 月 8 日)[2]

这是一篇典型的祭文。这种祭文通常带有传记的性质，多少有着固定的格式。它通常写成散文体，或者更常见的韵文体；写作祭文的目的，是为了直接与死者对话，在这个仪式中祭文被写在纸上并且烧掉[3]。汤若望的祭文不仅遵循了经典的格式，而且通篇文字在措辞上也与当时的其他祭文相同[4]。

耶稣会士们可能对这样一篇祭文并不完全满意，这点从拉丁文译本中可以看出。拉丁文本中有两处关键段落与原始中文本不同。在拉丁文本的开头，皇帝不是下令祭祀"亡灵"（中文本作"皇帝谕祭……汤若望之灵"），而是"赠予汤若望虔诚的双手葬礼哀荣"（*Imperator deferri iubens honores funebres pijs manibus Ioannis Adami*）。文章末尾希望亡灵"尚克

---

〔1〕《熙朝定案》(版本 1)，WX，131—32；XC，83(具体在十月哪一天，已无法查考)。

〔2〕 Malatesta and Gao(1995)，133(Ad Dudink 译)，日期康熙八年十一月十六日 (1669 年 12 月 8 日)；《熙朝定案》(版本 1)，WX，131—32(日期作康熙八年十月)；XC，83；这份祭文及其拉丁文译本，也见 A. de Gouvea 的 *Innocentia Victrix*(1671)，27r—29v；其他现代英文译本收入 CCS 6(1933)，32；德文译本收入 Väth(1991)，331—32。还可参看 De Marini 在 1670 年 12 月 8 日的信中对"Grabschrifft"的翻译，收入 *Der Neue Welt-Bott* (1726)，vol. 1，Theil 1，no. 14，46—47。还不清楚这是对皇帝的祭文还是某篇碑文的翻译。汤若望仍可保留他原来的"通微教师"的封号(参看《熙朝定案》〔版本 1〕收录的上谕，WX，133—34；XC，84)。

〔3〕 Edwards(1948)，786；Nivison(1962)，459；de Groot(1892—1897)，vol. 3，1127ff.；Honey(1981)，76ff.；Weinberg(2002)，6，30ff.

〔4〕 参对《湖广通志》(雍正十一年〔1733〕)卷首收录的祭文：页 4a(康熙元年〔1662〕)、页 5b—6a(三篇祭文，康熙十七年〔1678〕)、页 31b(雍正四年〔1726〕)；《四库全书》第 531 册，第 20、21、33 页(本项信息由《四库全书》电子版检索获得)。

歆享"的召唤,被换成了一种较为普通的陈述,"你一定可以前来接受我们所授予你的"(potes utique venire,& quae deferimus,suscipere)[1]。这种更改显示,耶稣会士很明白这两句话潜在的问题。很明显,如果在其他场合直接与亡灵对话并且要求亡灵享用供品,会被耶稣会士当成是制造偶像崇拜而遭到抵制。

虽然这篇祭文以皇帝的语气写成,但从赐予卹典的诏书里可以清楚地看到,撰写祭文的不是皇帝自己,而是"内院"。因此皇帝和这次卹典的关系可能极小。一旦朝廷决定为汤若望平反,卹典也便会遵循官方礼仪的惯例举行。耶稣会士把它解释成是为整个教团平反昭雪,然而,在接受这些哀荣的同时,他们也接受了那些明显是召唤死者亡灵、邀请亡魂享受的祭祀。

四、安文思、利类思葬礼上的恩荣

下一个在北京去世的耶稣会士是安文思,他于 1677 年 5 月 6 日辞世[2]。他和利类思曾经短暂地在反明起义者张献忠(1601—1647,1644—1647 年在四川自立为王)朝中服务。1648 年初到达北京之后,由于汤若望的影响,他们获准留在首都并且恢复神父职务[3]。数年之后,他们才受到皇帝的注意。顺治皇帝赐给他们房屋、钱物,并允许建造一座教堂;安文思为皇帝制作了一些奇妙精巧的物品,以表达他的感激之情[4]。除了在张献忠手下被迫接受的官职,利类思和安文思似乎没有担任过任何公职,他们在著作里也从未提到这类职位[5]。因此,赐予安

---

〔1〕　Malatesta and Gao(1995),133;Gouvea(1671),29r—29v;Väth(1991),332 n.29.

〔2〕　有关安文思葬礼最重要的文献,是利类思和南怀仁撰写的小传《安先生行述》(约 1677)以及利类思对安文思生前和死后的描述,见〔Buglio〕(1688),380—85/(1689),348—52.

〔3〕　Zürcher(2002),363.

〔4〕　〔Buglio〕(1688),378/(1689),346;Pfister(1932—1934),253;Pih(1979),131—32.

〔5〕　事实上,安文思强烈批评汤若望和南怀仁担任公职;参看:Pfister(1932—1934),254;Pih(1979),chap.3;Zürcher(2002),372.

文思哀荣,似乎是出于南怀仁与康熙皇帝的私交,正如利类思对安文思葬礼的描述中显示的那样。安文思死后第二天:

> 南怀仁(现在是这个教团的副省长)在上午及时地向皇帝通报了神父的死讯。皇帝命他回家,他很快就会亲自传旨行动。果然在半小时之内,他派遣宫中三名最重要的内臣,带着追念神父的祭文、二百两银子(大约八十磅)和十大匹裹尸的缎子,奉命在死者的遗体前举行所有的风俗仪式,在通行的仪式结束之后,两位使者还为他号哭,当着所有人的面流了很多眼泪。[1]

南怀仁可能没有通过正常的渠道提交申请;他在行政程序上似乎享有相当的特权,正如他在其他例子中表现的那样[2]。根据利类思的描述,南怀仁亲自去见皇帝,并向他提出了一项私人的、口头的申请。结果,赐予的恩荣不是由常规的政府机构(正常来说是礼部)、而是由皇帝个人决定的,因此被称作"特赐"[3]。在皇帝赐予恩荣的旨意里,没有任何官衔的安文思,因为献给顺治皇帝的那些精巧物品而受到褒扬[4]。

耶稣会士特意为这场葬礼印制了一份《安先生行述》[5]。题目中"行述"这个词显示,它属于传记或者生平描述的体裁;重要人物去世之后,通常会编写、并且可能刊印这类文字。行述的复本会送给墓志的作者

---

〔1〕〔Buglio〕(1688),380("二百两"改作"大约八百法郎")/(1689),348(法文本没有特别描述后面那两位使者)。

〔2〕Vande Walle(1994),第511页:1673年南怀仁在请求皇帝准许毕嘉(G. D. Gabiani)将李方西(G. F. De Ferrariis)的遗体运回西安时,就是这样做的。《熙朝定案》(版本3),页61a—64b;XC,116—7。

〔3〕可以对比"特旨":"特旨"指皇帝不经常规的审批程序而作出的决定,经常会引起官僚的不满(Hucker〔1985〕,n.6333);邮典规章里已经预设了特旨赐葬的条款,看看《钦定礼部则例》(1844),卷167,第2册,第1011页。

〔4〕"Imperial edict of Kangxi 16/IV/6(7 May 1677)given on the death of G. de Magalhães,"(康熙十六年四月初六〔1677年5月7日〕关于安文思去世的上谕)ARSI Jap. Sin. II,165.4,上谕的原文和英译见 Chan(2002),453;另一件复本(红字印刷)藏于大英图书馆中文部,编号15303. d.7;上谕文本还见:《熙朝定案》(版本4)页1a,199以下;XC,127;《正教奉褒》(1894),页76a—b;《安先生行述》(约1677),CCT ARSI, vol. 12,327—28;XC,408。Malatesta and Gao(1995),第145页提到上谕还被刻到墓碑上。法语译本见〔Buglio〕(1688),383/(1689),349;葡萄牙语译本见 Pereira(1677),566r.;另一种现代英文译本见CCS 6(1933),32—33.

〔5〕《安先生行述》(约1677),CCT ARSI, vol. 12,323—34;XC,408;部分文本也见《熙朝定案》(版本4),页2a—2b,199以下;XC,128.

以及国史馆的学者[1]。在安文思的例子里,这份行述连同祭文"送给了所有的王子、显贵和官员,〔送给了〕我们的朋友和所有的天主教徒。让社会上的人了解皇帝对福音传布者的高度敬意,这对我们神圣宗教的声誉和名望,有着重要的意义和巨大帮助。"[2]

《安先生行述》对葬礼准备工作的记录,比安文思的生平着墨更多[3]。在三名内臣第一次拜访过后几日,那三个人[4]又奉旨来问哪天举行葬礼、按天主教教义要用哪些礼仪。相应地,利类思和南怀仁开列了一张出殡所需的器物名单:带有上谕的御亭一座,十字圣架亭一座,天主圣母像亭一座,总领天神(圣米歇尔)像亭一座,最后是皇帝钦赐的安文思影亭。此外,他们还提到旗帜、乐器、提炉、香烛、棺柩等物品的细节。这三名内臣将仪单转呈皇帝,他批准了所有这些待办物品,并问先前给的银两是否够用,利类思和南怀仁对此回复说"有余"。葬礼当天,皇帝派那三名内臣来到墓地:"皇上特差内臣三员送至茔地,奉旨亲到冢前,详看葬时天主教所行诸礼,及众奉教者群集跪念经文等仪,复照其亲见者,统述回奏。[5]"

西文本对送葬过程和安葬礼仪作了详细描述:

> 士兵们带着刀在头前开道;后面跟着几个衙门的 10 名引路人,他们举着木牌,上面写着官府让路的命令,违者受惩。跟着他们的是 24 名号手和管乐手,带着其他几种乐器,走在皇帝的祭文的前面,祭文写在黄缎子上,用一乘围着 24 匹各色缎子的轿子抬着。几位信奉天主教的太监陪护着祭文,他们中有几个是伺奉皇帝本人的。后面出现的,是另外三乘用几条丝绸装饰的轿子。第一个里面装着十字架,第二个装着圣母的画像,第三个里面是圣米歇尔的画像。这些轿

---

[1] Edwards(1948),780—81;Nivison (1962),460;de Groot (1892—1897),vol.3,1109ff.;Weinberg(2002),6,37ff.

[2] 〔Buglio〕(1688),382/(1689),349—50.

[3] 《安先生行述》(约1677),CCT ARSI,vol.12,328—32;XC,408—9;还可对照利类思关于葬礼的记载:〔Buglio〕(1688),382—85/(1689),350—52.

[4] 《正教奉褒》(1894)页76b中一个叫黄伯禄的人提到,这三人中有一个是侍卫袭萨。

[5] 《安先生行述》(约1677),CCT ARSI,vol.12,331;XC,408—9.

子彼此拉开合适的距离,它们之间的空当里走着许多天主教徒,有些举着灯笼,有些举着旗子,有些提着香炉,有些捧着蜡烛、香水和其他物品。他们身后的另一乘轿子里,抬着四周围绕着丝绸的神父画像,这是三年前神父还活着的时候,皇帝命令宫廷里一位著名画家画的,其他所有神父也一同画了像。画像被一大群天主教徒围护着,他们中有60多人穿着丧服。神父跟在最后,走在庄严的棺椁前面;棺椁放在用金银装饰的灵车上,在一大块红天鹅绒做成的罩盖的下面,四周围绕着数条白色和蓝色的绸缎,灵车是皇帝的礼物。棺椁由70个人抬着,每人戴着一顶丧帽;跟随着棺椁的人群如此庞大,从头到尾的距离超过一英里。来到墓地时,他们唱起了对答咏以及其他一些通行的祷文和天主教仪式。八名天主教徒官员为此身着短白衣协助神父举行日课。天主教徒们也极其虔诚地唱起了圣母连祷,然后遗体被放进砖块搭成的坟墓里。仪式一结束,你就会听到整个人群发出的哀泣和哭号,伴随着显示他们真诚悲恸的泪水;皇帝派来的三名官员也履行他们的使命。三天之后,他们奉皇帝之命回来,再次致以与安葬之日相同的葬礼悼念。

　　这个朝廷从未有过如此隆重的葬礼,如果你想一想参加葬礼的人群,他们的谦恭、他们的泪水以及他们真挚的哀伤;或者〔想一想〕皇帝授予死者的哀荣以及皇帝赐给他的不同寻常的祭文。〔1〕

这段描述清楚地显示,传教士们不仅接受了举行隆重的送葬仪式的提议,而且还把这种仪式变成了自己的长处。整个送葬仪式,是典型中国的和皇帝中心的框架:皇帝的圣谕后面,是皇帝的礼物(绸缎)和死者的画像;附带着皇帝礼物的棺椁处在中间;所有这些的前面,是队伍前端喧闹的乐器演奏。而且,教徒们拿的不仅是天主教葬礼中通常使用的蜡烛,而且还有"旗子,香炉……和其他物品"。中国送葬仪式的基本框架中,嫁接了天主教的

---

　　〔1〕〔Buglio〕(1688),384—85/(1689),350—52.英文译本中,最后一段有一个词不清楚。

元素:十字架、圣母和圣弥尔额的画像以及天主教徒的参与——其中包括太监和官员。作者试图通过对墓前举行的仪式(尤其是天主教和中国礼仪的并行)的强调,来着力显示送葬的隆重。天主教礼仪包括念诵相应的祷文,而中国礼仪中有哀哭的仪式,这被描述成在场所有人哀伤的表现。

根据《安先生行述》的说法,有 800 百多人参加了安文思的葬礼[1]。虽然西方和中国文献总体上都对葬礼持赞赏态度,然而一些资料显示,皇帝的抚恤对天主教团体的参与影响有限。在耶稣会士徐日昇(Tomé Pereira,1645—1708)看来,出殡的灵车以及装饰奢华的棺椁是"遵照中国的方式(ao modo de China),很难违背这种方式,其中的一些活动很难减掉,因为这样会违背这个国家的皇帝所主张的风俗"。皇帝的卹典,使得本地天主教徒无法举行他们的某些风俗性的葬礼仪式:"天主教徒们放弃了很多我们极力阻止他们去做的事情,但我们无法阻止他们去做其他那些不会引起太大麻烦的事情"。根据徐日昇的说法,有大约700名教会成员穿着丧服参加送葬,参加葬礼的总人数有1000[2]。

安文思的卹典显示,除了由政府渠道组织的常规资助,皇帝也主动提供了一些私人资助。这些规定之外的恩荣,很大程度上出于皇帝个人的决定;这之所以可能,是因为它们建立在已有的法规和先例基础上。皇帝的私人赞助包括捐资助葬和派遣代表参加葬礼,虽然这些官方代表——安文思葬礼的报告中缺乏[与他们相关的]细节,至少从这点来看——并没有在那里举行常规葬礼卹典中的所有仪式。

还有一个原因,使得这份安文思葬礼记载与众不同:它提到了耶稣会士和朝廷之间进行的礼仪交涉。虽然礼仪通常被认为是"固定在天上"的[3],但满族领袖愿意改变他们的葬礼习俗以适应耶稣会士。而耶稣

---

〔1〕《安先生行述》(约1677),CCT ARSI,vol.12,332;XC,409.

〔2〕 Pereira(1677),568r/v(信息由 L. Brockey 提供). 耶稣会士想在葬礼之后举行一场追念安文思的私人祈祷,以此对信徒们进行补偿。Brockey(2005),64—65.

〔3〕 这个提法来自 Esherick(〔1998〕,149),他受到了 Chow(〔1994〕,189)引用的戴震(1724—1777)的一句话的启发:"礼者,天地之条理也,言乎条理之极,非知天不足以尽之。"(戴震〔1980〕,下编,第318页)

会士也对自己的标准习俗做了相当大的改动。虽然使用的是通常的天主教礼仪(这样便于向朝廷的代表解释),虽然送葬队伍是按当时中国教徒通行的送葬次序组织的,耶稣会士仍然准备同意把这些礼仪放入一种新的背景之中。的确,整个送葬仪式被纳入了一个与皇帝相关的框架之中——队伍开头皇帝的圣旨就是象征,这实际上对当地天主教徒的参与是不利的。耶稣会士重新解释、甚至歪曲了皇帝个人的恩宠(它更可能是一种对南怀仁的同情姿态,而不是献给安文思的荣耀),把它曲解成皇帝保护天主教的一种表现。

安文思最亲密的伙伴利类思,死于 1682 年 10 月 7 日,在中国一共度过了 50 多年的时间。皇帝的抚恤以及他的葬礼,与安文思非常相似,不过,对他葬礼的报告里,包含了另外一些信息[1]。一道抚慰的上谕,在利类思去世之前就被送到并且宣读。皇帝从赵昌(皇帝的侍卫,数年来耶稣会士与皇帝进行沟通的一位关键中间人[2])那里得知利类思的病情,他在上谕中说:"利类思卧病京邸,绝无亲友资助,深为可悯。故特赐银二百两、缎十匹,以示朕优念远臣之意。"[3]这段话显示皇帝(他知道传教士没有亲人为他们主持丧事)通过他的抚恤,自觉承担起操持丧事的任务[4]。和安文思一样,利类思的卹典也是"特赐",这显然是朝廷的特例。利类思去世后,宫中派来三个人,首先询问"面对去世的神父,他们可以举行哪些中国的仪式";接着"遵照鞑靼风俗",用祭奠和哀哭的仪式向遗体致敬;他们还分享了"鞑靼茶和酒,就如在重要人物的类似祭奠

---

〔1〕 对于利类思的去世和葬礼,闵明我有一篇简短的报告(写于 1682 年 10 月 4 日),见 Grimaldi(1927),325—28. 还可参看 Du Halde 书中的引文:Du Halde(1735),vol. 2,128/(1736),vol. 2,150/(1738—1741),vol. 1,308:"Particularités de celles〔funerals〕du P. Broglio〔or Buglio〕."也可参看南怀仁、闵明我和徐日昇撰写的小传《利先生行述》(约 1682)。

〔2〕 参看 Witek(1982),43;Wills(1984),161.

〔3〕 "Imperial edict of Kangxi 康熙 21/11/7(7 October 1682)given to Ferdinand Verbiest and others,"(康熙二十一年七月十一日〔1682 年 10 月 7 日〕谕南怀仁等)ARSI Jap. Sin. II,165.2:上谕的文本和翻译收入 Chan(2002),452;文本也见《熙朝定案》(版本 4),页 1b,199 以下(日期误作康熙二十二年七月十一日〔1683 年 10 月 26 日〕);XC,127—28;《正教奉褒》(1894),页 82b—83a.上谕还刻到了墓碑上,见 Malatesta and Gao(1995),149;另一种现代英文译本见 CCS 6(1933),33.

〔4〕 皇帝操持葬礼的重要意义,见 Chau(2006),126.

中做的那样"〔1〕。这里第一次明确提到了"满族的"仪式。

送葬仪式很排场,这符合皇帝的意愿,但"与我们耶稣会的谦恭不符"。送葬队伍前面举着皇帝的谕旨、皇帝下令绘制的利类思的画像、十字架、圣母像和圣弥尔额像,后面跟着捧着香的人和乐手,还有 500 多名天主教徒。皇帝的代表也来到墓前。在墓地首先举行了天主教的仪式,"仪式的真义通过小册子得到了很好的解释。接下来,是异教徒通常为重要人物举行的国民仪式"〔2〕。

利类思的葬礼似乎确证,财物赞助和举行仪式,可能是朝廷依据法定的规章主动提出的;在这个例子中,所依据的是先例。而且,葬礼再一次地经过了协商。它融合了天主教礼仪和"国民仪式",包括那些人们所认为的典型满族仪式。皇帝的抚恤,又一次被解释成对天主教的保护:

> 天主想让利类思的死成为〔显示〕他神圣荣耀的工具,正如他活着时那样,因为他触动了皇帝的心思,在他去世前后,皇帝超常地表现出对这位神父的尊敬和关爱;这种表现为皈依、为天主圣教的荣誉,带来了极大的好处;这体现在皇帝频频派人问候利类思、询问他的病情之时,或者更具体地说,在神父生命最后的日子里,他向神父展示关爱的时候。〔3〕

五、南怀仁葬礼的全套卹典

与利玛窦、汤若望、安文思和利类思获得的部分葬礼卹典不同,南怀仁的葬礼获得了官方授予的全套卹典。南怀仁死于 1688 年 1 月 27 日(康熙二十六年十二月二十六日),康熙的祖母孝庄〔4〕去世的第二天。

---

〔1〕　参看上谕后面的注释,《熙朝定案》(版本 4),页 1b,199 以后;XC,128;Grimaldi (1927),326。根据《利先生行述》(CCT ARSI,vol. 12,339;XC,410)和《正教奉褒》(页 83a)的记载,这三名使者中有赵昌和裴萨。

〔2〕　Grimaldi(1927),327.

〔3〕　Grimaldi(1927),325.

〔4〕　根据安多的说法,孝庄曾将四位辅政大臣对汤若望的死刑判决撕得粉碎。Dunyn-Szpot(1700—1710),Tomus II,Pars IV,Cap. XII,n. 1(1688).

去世的前一天,南怀仁在一位饱学文士的帮助下,上了一道哀悼孝庄之死的奏疏,并解释说因为生病,他不能亲自参加吊唁[1]。皇帝读到上疏的时候,南怀仁已经去世。于是皇帝下令赐予南怀仁葬礼卹典,因为他"治理历法,效力有年;前用兵时,制造军器,多有裨益"。皇帝要求礼部尚书稽考先例,给出合适的建议[2]。礼部尚书在回复中称,根据定例:

> 加级至二品侍郎,病故者照伊加级品级给与全葬之价,并给一次致祭银两,遣官读文致祭,应否与谥,请旨定夺。凡与谥官员,工部给与碑价,本家自行建立碑文,祭文内阁撰拟。[3]

这份奏疏所述的规定,与在下个世纪编成的《钦定大清会典则例》和《钦定礼部则例》中提到的规章非常一致[4]。根据这些规定,礼部尚书建议依照南怀仁的加级赐予卹典。授予谥号的决定权留给了皇帝——皇帝下令赐予谥号。

这份奏章显示,与安文思和利类思不同,南怀仁葬礼卹典的决定遵循了常规的行政程序。当然,不是所有方面都这样,这点很清楚。礼部尚书的奏章里没有提到应该赐给多少财物。皇帝上谕里的恤金(称作"特赐")是200两白银和10匹绸缎[5],和赐给安文思、利类思的恤金相同。南怀仁在自己的奏疏里使用的以及礼部尚书提到的头衔,是"加工部右侍郎又加二级"。1682年5月16日(康熙二十一年四月初十),南怀仁因为铸造了132门常规火炮和240门巨炮而被授予工部右侍郎的头衔[6]。

---

〔1〕 CCT ARSI,vol. 12,389—92;《熙朝定案》(版本2),WXXB,vol. 3,1729—31;XC,167. 文士的协助,见 Dunyn-Szpot(1700—1710),Tomus II,Pars IV,Cap. XII,n. 1(1688). 为了让这份奏疏传播得更广,钦天监后来又对它进行了审核,并增加了四个字以改善文体。天主教阵营内部的一些反对者认为,这给奏疏增加了迷信的含义。

〔2〕 CCT ARSI,vol. 12,391;《熙朝定案》(版本2),WXXB,vol. 3,1731;XC,167.《康熙起居注》(康熙二十七年二月初七〔1688年3月8日〕)提到了皇帝的这条意见。

〔3〕 CCT ARSI,vol. 12,393—95;《熙朝定案》(版本2),WXXB,vol. 3,1735—37;XC,167.

〔4〕《钦定大清会典则例》(1768),卷91,页29—39;《四库全书》第622册,第874—879页;《钦定礼部则例》(1844),卷167,页1—14;第2册,第1010—1017页。

〔5〕 CCT ARSI,vol. 12,381—83;《熙朝定案》(版本2),WXXB,vol. 3,1733—34;XC,168;上谕发布的日期是康熙二十七年正月二十七日(1688年2月28日),南怀仁去世后一月;拖后的原因是因为孝庄的葬礼活动。看看《正教奉褒》(1894),页87a及以下。

〔6〕《熙朝定案》(版本4),页183a—84b;XC,147;对照 Vande Walle(1994),513(有改动)。南怀仁在此时获得一级加官;还不清楚他何时获得第二次加官。

在清初,这个荣誉头衔是正三品(南怀仁没有正式担任官职),加两级之后就变成了正二品。根据这个品级,南怀仁应该获得 400 两白银(正三品300 两)。而且上谕里没有提到祭银(二品应该有 20 两,三品 16 两)。因此在抚恤金额上,安文思、利类思葬礼的先例,似乎比南怀仁的品级、或者汤若望的先例(按照最高名衔,汤若望总共可以获得 525 两恤金),更为重要[1]。

　南怀仁的卹典包含几个方面的内容。上面引到的那篇文献,描述了以皇帝的名义在耶稣会士住处的南怀仁棺前举行的仪式。因为正处在孝庄太皇太后的丧期,一个月之后,1688 年 2 月 28 日(康熙二十七年正月二十七)或者稍后,这些仪式才举行[2]。在 Dunyn-Szpot 的书里,这些礼仪被说成是"中国人和鞑靼的仪式和礼仪,〔皇帝〕事先知道它们为天主教戒律所容许。[3]"皇帝代表也被派来协助南怀仁的葬礼,耶稣会文献把它当作北京天主教团体[4]的一件大事加以描述:

---

　〔1〕　这条规则在 18 世纪仍然沿用。苏霖(José Soarez,1736)去世时,传教士们仍然援引安文思和利类思的先例。两年后,雷孝思(Jean-Baptiste Régis,1738)去世时,他们提起徐日昇(1708)和安多(1709)的例子(参看《睿鉴录》〔1735—1737〕,《乾隆元年》,页 6b;《乾隆三年》,页 4b)。到 18 世纪,传教士收到的葬银仍然是 200 两,除去上面提到的那几位,还有:林济各(Franz Stadlin,1740)、巴多明(Dominique Parrenin,1741)、费隐(Ehrenbert Xaver Fridelli,1743)、徐懋德(André Pereira Jackson,1743)、戴进贤(Ignatius Koegler,1746)、德理格(Teodorico Pedrini,1746)、罗怀忠(Giovanni〔da〕Costa,1747)、沙如玉(Valentin Chalier,1747)、冯秉正(Joseph Marie Anne de Mailla de Moyriac,1748)、鲍友管(Anton Gogeisl,1771)、刘松龄(August von Hallestein,1774)、蒋友仁(Benoist,1774)、艾启蒙(Ignaz Sichelbarth,1780)、傅作霖(Félix da Rocha,1781)、汪达洪(Jean Matthieu Ventavon Tournu,1787)和高慎思(José d'Espinha,1788)。也有人例外,只收到 100 两:汤执中(Noël d'Incarville Le Chéron,1757)、纪文(Léonard de Brossard,1758)、安泰(Etienne Rousset,1758)和杨自新(Gilles Thébault,1766)。这些例外的原因尚不完全明了。还有一个特例是朗世宁(Giuseppe Castiglione,1766),他是唯一获得 300 两葬银的传教士。到 19 世纪初,金额发生变化:索若瑟(José Bernardo de Almeida,1805)和汤亚立山(Alexandre de Gouvea,1808)150两,福多明我(Domingos-Joachim Ferreira,1824)100 两。除了遣使会士德理格和福多明以及身为方济各会第三会士的汤亚历山,这些传教士都是或曾经是耶稣会士(从 1775 年起,耶稣会在中国被取缔)。以上信息参见 Malatesta and Gao(1995)以及陈东风(1999)收录的传教士碑铭。
　〔2〕　Thomas(1688),188v.
　〔3〕　Dunyn-Szpot(1700—1710),Tomus II,Pars IV,Cap. XII,n. 1(1688).
　〔4〕　有关南怀仁去世前夕北京天主教团体(有约一万名信徒)的描述,参看 Witek(1995).

三月十一日,葬礼的那一天,皇帝派遣他的岳父(同时也是他的舅舅[1])和朝中的一位大人[2]、一位侍寝官以及宫中的五名官员,代表他出席。他们大约在早晨七点到达那里。传教士的遗体被封在三到四寸厚的棺材里,外面按照中国风格漆饰贴金,并紧紧闭合以隔绝空气。棺材放在棺架上抬着走过大街,[棺材]放在一种由四条细木支起来的罩棚下面,覆盖装饰着白绸,在中国这是服丧的颜色;细木之间悬挂着各色丝绸扎成的花彩。棺架固定在两根直径两尺、长度适中的木杠上,由60个人用肩膀抬着。

会长在北京所有耶稣会士陪伴下,跪倒在遗体前,向大地三次深深致敬,其他天主教徒也都将目光聚集到这里,这足以融化最无情的冷酷。送葬的所有仪物都已备好,走过两条笔直的大街——100尺宽、1里格(League)长,来到西门;西门距离万历皇帝赐给利玛窦的葬地600步。

最先出现的是一张桌子,22尺高,4尺宽,上面铺的红绢上用金字写着南怀仁的名字和头衔。这张桌子由许多人抬着,头前是一队乐手,后面跟着举着旗子、花彩和灵幡的另外一群人。然后是一个大十字架,装饰着小旗子,抬在由两排身穿白衣的天主教徒中间,[教徒们]极其谦恭地两两并行,每个人一只手拿一根点燃的蜡烛,另一只手拿一块手绢擦眼泪。隔一段距离,在另两排蜡烛的中间,是圣母和圣婴的画像,他的手里拿着地球仪,[画像]放在一个相框里,四周围着几条丝绸,组成了一种漩涡状的装饰。接下来是带着类似装饰的圣米歇尔的画像。

再接着是亡者的画像和皇帝写的祭文,[祭文]写在一大块黄缎

---

[1] Dunyn-Szpot(1700—1710),Tomus Ⅱ,Pars Ⅳ,Cap. Ⅻ,n. 1(1688):"Tumquechamus"(读音接近"Tong Guozhang");还可参看《正教奉褒》,页89b。这个人很可能是佟国维(1719年卒),他是康熙的舅舅和一位皇妃(1689年晋封为皇后,谥称"孝懿仁皇后")的父亲;参看ECCP,795—96.佟国维的哥哥佟国纲(1690年卒)也是康熙的舅舅,他是1689年《尼布楚条约》的签字人之一;参看ECCP,794—95.

[2] Dunyn-Szpot(1700—1710),Tomus Ⅱ,Pars Ⅳ,Cap. Ⅻ,n. 1(1688)写作"Chao laoye",极有可能是前面提到的赵昌;还可看《正教奉褒》(1894),页89b。

子上,由一大群穿着丧服的天主教徒和传教士围绕着。最后是棺椁,由朝廷的代表和许多骑马的贵族陪护着。50名骑兵殿后,行进的时候很有秩序,非常庄重。

来到墓地后,身穿短白衣的传教士们反复念诵教会的祷文;播洒圣水、按常规焚香,一如《罗马礼书》的指导;然后遗体被放入很深的墓穴,〔墓穴〕由四面砖墙围成,砖墙将在顶部用一道拱门封闭。

这些仪式结束之后,传教士们跪倒,皇帝的岳父代表他的君主作了下面的讲话:"皇帝陛下——他非常清楚南怀仁神父为国家所作的服务——今天派我和这些大人们前来当众致谢;全世界都将知道陛下一直对神父怀有的深厚情谊以及他为神父的死而感到的悲恸。"

传教士们那时悲痛至极,对皇帝的恩典如此惊讶,以致他们一时不知如何答复;最后徐日昇神父以所有神父的名义,对皇帝的岳父作了如下答复:"我们的沉默,更多地是因为皇帝陛下的恩慈而非我们的悲伤。如此伟大的一位君主,对待外国人就如同他们有幸是他本国的臣民一样,大人,这不是太难得了吗?不只满足于保护我们的健康、我们的名誉和我们的生命,他甚至通过他的祭文、通过慷慨的赗仪、通过朝廷大员的莅临——比一切都更加无法估量的是通过他的哀伤,为神父的死增添荣耀。我们如何能对如此众多的恩典,作出合适的回报?大人,我们恳求您告诉陛下:我们今天的眼泪,是为了见证我们悲恸的深切;我们不敢讲话,是因为语言不足以表达我们的感激之情。"

这些话向皇帝汇报之后,他非常高兴。几天之后,礼部官员恳请皇帝准许赐予南怀仁新的恩典,请求获得了批准。〔朝廷〕拨给700两白银[1]为他树立纪念碑,皇帝的祭文被刻在一块大理石碑上,一

---

〔1〕 Le Comte(1990),第85页作"sept cents écus d'or"(700两)/(1737),第52页作:"seven hundred golden crowns"(700金克朗);安多说是"trecenti & quinquageni〔350〕aurei nummi Sinici"(350中国两)(Dunyn-Szpot〔1700—1710〕,Tomus Ⅱ,Pars Ⅳ,Cap. XI, n. 4〔1688〕)。后者与一品官的立碑银数额相符,参看:《钦定礼部则例》,卷167,页1b;第2册,第1010页;《钦定大清会典则例》,卷91,页30a;《四库全书》第622册,第875页。

219

位官员代表以皇帝的名义,向他致以最后的敬意。〔1〕

对南怀仁送殡和安葬的描述,与对安文思葬礼的描述类似,虽然要详细得多。它证实了皇帝的仪物和礼节在葬礼中所占的主导地位,虽然葬礼中也有天主教元素。而且和早期一样,传教士把送葬解释成一种公开的展示、甚至是"炫耀"。李明(Le Comte)评论说:"它〔送葬的队伍〕超过一千步长,一路上街旁站满了不计其数的围观者,他们惊愕地看着我们煊赫的天主教礼仪,即便是在他们的都城里,〔仪式的排场〕也超过了异教徒的迷信。"〔2〕身穿白法衣〔3〕的传教士在墓地举行的那些礼仪活动,尤其引人注意。

耶稣会士的服饰和礼仪都表明,他们最终扮演了两种不同的角色,这两种角色在类型上分属于中国社会里的两个不同范畴:他们一方面是典型的儒家士大夫,另一方面又是主持弥撒、洗礼、驱邪、告解和葬礼等礼仪活动(这些更类似于道士或和尚的活动)的神父。在圣职活动方面,作为圣职宗教的罗马天主教,无法与儒家调和,因为儒家没有与神父对等的人物。天主教神父这种既是学者又是神父的身份,把在许多儒者看来相互矛盾的两种角色结合在了一起,正如许理和所指出的。天主教不能像儒家或者佛教那样,将自己限制在一个领域之内;它的性质是一种垄断性的宗教,必须兼跨两个领域。早期中国天主教的这两个面孔,构成了一种永远无法解决的内部矛盾〔4〕。

对中国仪式和天主教仪式的那些描述,显示了报导者试图在这两者之间达到一种平衡。一方面,他们急切地表现皇帝赐给了多少荣誉、人们如何从展示这些荣誉的仪式中获益;另一方面,又要证明这类仪式并没有影响到天主教礼仪的正确执行。然而,正是中国仪式、而非天主

〔1〕 Du Halde(1738—1741),vol. 2,20—21. 对照 Du Halde(1735),vol. 3,98—100;(1736),vol. 3,118—22.

〔2〕 Le Comte(1990),84/(1737),50.

〔3〕 "白法衣"是一种半身长的宽袖短装礼服,用上好的亚麻布或棉布制成,比白麻布圣职衣要短。这是圣职人员唱诗时的装束,也是游行或主持某些礼仪时所穿的外衣。助理人员也可以穿白法衣。

〔4〕 Zürcher(1997),630—32;650.

教礼仪,使得这些葬礼不同于那些仅仅遵循欧洲礼仪的普通传教士葬礼,成为人们交谈和通信广泛议论的对象。对天主教的明确认可和接纳,并不反映在中国人对天主教礼仪的接受上;某些特定的天主教礼仪,在中国一直获得接受。把天主教礼仪融入中国皇室礼仪的宽广框架之中,这一点才证明了对天主教的包容——在传教士看来,这是皇帝对天主教的支持。

在清初以来所有的耶稣会士中,南怀仁获得了最完整的卹典。相关的一整套葬礼文书都被保存了下来。除了上面引到的悼辞——实际上是一份皇帝的诏书,皇帝还赐给一篇祭文(1688 年 12 月 9 日、康熙二十七年十一月十七)〔1〕、一个"勤敏"(意思是勤奋机敏)的谥号和一篇碑文(1689 年 5 月 19 日、康熙二十八年四月初一)〔2〕。

和其他礼仪文献一样,这些文本也很可能是不同葬礼参与者之间的紧张与协调过程的产物。总体而言,在这些礼仪传记文本的撰写中,至少可以看出三种不同类型的紧张(tension):文字风格与礼仪结构(ritual structure)之间的紧张;情感表达与机械记叙之间的紧张;历史事实与说教歌颂之间的紧张〔3〕。某种程度上,这三种紧张对应于文本写作面向的三种不同对象:为死者写作的文本,要介绍死者,并为死者在祖先的亡灵世界里定位;为作者本人写作的文本,要展示作者与死者的私人关系、并表达作者的悲恸;为在世的死者家属以及后代写作的文本,将被存入家史以教育儿童,并为宗族后代增添荣耀〔4〕。

为死去的南怀仁写作的祭文,与其他祭祀中使用的祭文结构一致,正如汤若望的祭文那样。首先是向南怀仁之灵致辞;然后是简要地回顾他的事迹;最后,祭文以恳请亡灵前来享用祭品结束〔5〕。也和汤若望的例

〔1〕　《熙朝定案》(版本 2),WXXB,vol. 3,1747—48;XC,171.
〔2〕　《熙朝定案》(版本 2),WXXB,vol. 3,1781—82;XC,178—9;Malatesta and Gao(1995),139;另一现代英译本见CCS 6(1933),33—35.
〔3〕　参看 Honey(1981),85ff.
〔4〕　参看 Weinberg(2002),72,145—46,193.
〔5〕　Honey(1981),85.

子一样,通过接受这些哀荣,耶稣会士间接地接受了那些召唤南怀瑾亡灵享用供品的祭祀。

葬礼文书不仅是为死者、而且也是为作者而写的。一般来说,作者和死者的关系不可避免地会对写作产生影响。从很早的时候开始,撰写诔文(用来赞颂那些去世的忠诚臣民)的能力,就被当作是政治才干的标志[1]。因此,葬礼文书的写作不仅要展示与死者的事迹,而且展现出作者(在本例中是皇帝)的道德与文学水平。皇帝本人在南怀仁葬礼文书的写作中参与了多少,这点现在很难估量。虽然他的祭文具有固定的各套,但作者仍尽力赋予它一些文学价值[2]。和其他以皇帝名义写作的葬礼文书一样,这份祭文几乎肯定是由主管部门准备的;但在本例中,也不能完全排除出于皇帝个人之手的可能。授予谥号的决定权留给了皇帝,为南怀仁选定的谥号用字("勤"、"敏"),在南怀仁死后立即下达的诏书就已经出现——这个事实说明其中有某些皇帝的私人干预。比个人的参与更为重要的,是那些看不见的力量。所有这些丧葬礼仪活动,皇帝都未出席,但他通过那些以他的名义写成的礼仪文书参与了葬礼,并以此巩固了他的威望,这一点从耶稣会士对他的恩宠的赞扬中可以清楚地看到。它还揭示了皇帝对南怀仁的私人恩宠与决定卹典的官僚程序之间的紧张,以及皇帝对南怀仁的情感表达与写作这些文书需要用到的格式化语言之间的紧张。由这些紧张而导致的表义模糊以及读者对皇帝活动的无知,使得耶稣会士可以对文本作出有利的解释。

中国的葬礼文书,还是为死者的亲属和后代写作的。葬礼文书的写作,常有溢美歌颂的倾向。它们通常是在年长的家族成员去世之后、受活着的亲属委托写成的,写作的目的很大程度上是为了表扬死者、表扬死者的家族;它不仅要面向死者的后人,而且通过在地方志中的出

---

〔1〕 刘勰在《文心雕龙》里说:"周世盛德,有铭诔之文。大夫之材,临丧能诔……又贱不诔贵,幼不诔长,在万乘则称天以诔之。读诔定谥,其节文大矣。"刘勰(Liu Hsieh)(1959),64/(1998),109。

〔2〕 汤若望祭文里的措辞语汇,几乎全都能在别的祭文中找到。但南怀仁的祭文和碑文不是这样(结论根据《四库全书》电子版的检索结果)。

版,还要面向读者大众。不过,死者去世时一份客观的传记和不带偏见的评价,也有它的价值。历史事实与说教歌颂之间的紧张,也显现在南怀仁的例子里,并且影响到了耶稣会士和广大的天主教团体。耶稣会士似乎不是对皇帝的所有赞誉都表示感激。在皇帝赐予卹典的诏书里,南怀仁因为修订历法和铸造火炮而受到表彰[1]。然而在最早的安多译本以及此后的所有译本中,后面这项功绩却被删去了[2]。南怀仁在军事装备方面的贡献,在他的祭文和碑文中都有记录[3],并没有完全被耶稣会士掩盖。安多撰写、稍后由李明出版的南怀仁传记,提到他"指导铸造大炮,使国家免于崩溃"[4]。耶稣会士手稿文献也承认,数学和大炮是"在中国获得一块坚实立足之地最有效的两种手段"[5]。但皇帝诏书里对他们最为称赞的那些内容,却在耶稣会文书里基本消失了。

1680 年代发生在北京的葬礼,确立了下个世纪礼仪的发展趋向。在宫廷服务的传教士,仍然按照先例获得卹典,公开的送葬仪式也继续举行。这不意味着里面没有冲突。除了与礼仪之争有关的那些争论[6],天主教丧葬礼仪活动中的其他冲突,反映出那些仪式在多大程度上采纳了中国的形式。有一个例子是关于 Pietro Sigotti 葬礼的讨论。Pietro Sigotti 是一位外科医生、罗马使节多罗(Charles-Thomas Maillard de Tourn-

---

〔1〕 CCT ARSI,vol.12,381;《熙朝定案》(版本2),WXXB,vol.3,1733;XC,168.

〔2〕 "Mors,Funus,& Compendium vitae seu Elogium P. Ferdinandi Verbiest",根据安多 1688 年北京报告写成,收入 Dunyn-Szpot,Tomus II,Pars IV,Cap. XII,n.1(1688).

〔3〕《熙朝定案》(版本2),WXXB,vol.3,1747,1781;XC,171,179;Malatesta and Gao (1995),139.

〔4〕 Le Comte(1737),44/(1990),75:"Il fit des canons qui furent le salut de l'État (他为国家铸造大炮)";还可参看安多的"Compendium vitae",收入 Dunyn-Szpot(1700—1710),Tomus II,Pars IV,Cap. XII,n.4(1688),里面提到"按欧洲样式铸造并在武装部队中推广的军事器械".

〔5〕 见于一封信件(很可能是耶稣会士闵明我 1681 年 10 月所写),ARSI Jap. Sin. 163,108r(本信息由 N. Golvers).

〔6〕 有一个例子是耶稣会士和马国贤(Matteo Ripa,1682—1746)以及传信部派来的其他传教士在康熙(康熙六十一年十一月十三日〔1722 年 12 月 20 日〕去世)和雍正母后(雍正元年五月二十三日〔1723 年 6 月 25 日〕去世)葬礼上发生的冲突,参看 Ripa(1939),119—20;126—27. 更为完整的原始文档,将由 Michele Fatica 在 Giornale(1705—1724) 一书关于马国贤的几卷中出版。此后的几个例子,参看 Laamann,33—34.

on,1668—1710)的随员,在使团到达北京不几天后的 1705 年 12 月 12 日去世〔1〕。多罗为此要求耶稣会士详细描述他们在北京所举行的葬礼仪式。听汇报后使节马上提出了几项修改意见:不使用汉字,即便死者的名字也不应以书面形式出现;丧礼宴会应该取消,代之以发给参与者银钱、自行购买食物;从仪式的开头到结尾(包括送葬期间),神父都应该身穿短白衣。在后来关于这些修改的讨论中,从耶稣会士的角度来看,很明显,他们的大部分争论都是为了维护一种已被皇帝批准的传统:"因为这种新形式的葬礼无法保密,只要皇帝住在城里,他就会问我们为何改变了那些他至今一直同意的老习惯。"〔2〕罗马使节动用了他的权威,但最后在墓地的时候,因为天气寒冷,并没有能够举行所有的仪式。"对他来说,严寒是一个充分的理由,他可以省略掉某些圣礼仪式,因为他感受到了寒冷;但是神父们提出的、不要穿着短白衣在北京街道上行走的那些理由,却不够充分,因为他没有感受到。"〔3〕

六、结　论

在正规的中国天主教葬礼中,天主教徒——传教士和中国信徒,在其中扮演着领导的角色,但是当皇帝的恩恤到来之后,传教士可以说已经被中国礼仪压倒超过了。他们手中不再掌握主动权,不得不向那些他们以前从未允许过的东西妥协。相应地,对送葬游行的评价也发生了变化。17 世纪之初,金尼阁等传教士认为中国的葬礼是一种"华丽的炫耀"。到 17 世纪末,他们非常严肃地对待这种"炫耀",并赋予它一种特殊的意义:送葬游行不仅是对天主教的公开展示(正如广州会议的决定所明确表述

---

〔1〕 耶稣会士纪理安(Kilian Stumpf,1655—1720)所编的"Acta Pekinensia"("北京日志,或自安提约基(Antioch)宗主教、传教巡视员、多罗大使阁下 1705 年 12 月 4 日初次抵达时起的每日记事录",此书目前正在进行英译)一书记载了此事,见〔Stumpf〕(1705—1712),16ff.;von Collani,23ff.(信息由 C. von Collani 提供)

〔2〕〔Stumpf〕(1705—1712),21.

〔3〕〔Stumpf〕(1705—1712),26.

的那样），而且皇帝对送葬仪式的赞助，还被当作是皇帝对天主教的支
持。中国人和耶稣会士对皇帝抚恤的含义有着不同的解释。皇帝及其朝
廷对某些传教士的葬礼给予抚恤，是因为他们曾是国家的官员，不是因为
他们是耶稣会的成员；而耶稣会士认为卹典是对他们表示慷慨宽大的一
种举动，在接下来的时间里，他们会试着寻求对天主教进一步的宽
容[1]。因此，耶稣会士对那些中国人看来只是礼仪制度的东西，赋予了
他们自己的解释。耶稣会士在早期反对为利玛窦举行华丽的送葬游行，
因为"这种展览更像是炫耀，而非葬礼"，而且"这种奢华超出了我们所遵
循的清贫与谦恭笃诚"；然而现在，到了 1680 年代，他们看到这种"与我
们谦恭的教义不符"的皇室排场吸引了"不计其数的观众"——观众们发
现"我们天主教礼仪的煊赫，即便是在他们的都城里，也超过了异教的迷
信"。在葬礼游行结构的改变中，出现了皇帝这样一个领导角色。经历
了 17 世纪的大半历程，中国天主教葬礼游行已经或多或少地形成了一些
基本程序，例如一连串地展示耶稣、圣母、圣弥尔额等一些不同人物的画
像。现在，在皇帝赞助的葬礼游行中，这种结构被重新修订，皇帝的象征
物——诸如送葬队伍开头皇帝诏书以及皇帝的祭文，成了最重要的内容。
这点也从皇帝这些文书都被刻在墓碑上体现出来。而且，送葬队伍中皇
帝赐给的棺罩，将棺内死者遗体的意义，与棺材前面的皇帝赐给的仪物联
系了起来。换句话说，在观看队伍穿过京城街道的围观者看来，它更像是
一场典型的获得皇帝抚恤的送葬仪式，只是带有天主教的某些特征，而不
像一场使用了某些中国仪仗的天主教葬礼。传教士被中国的仪式所压
倒，还从下面的事实中最为清楚地表现出来：他们允许举行某些明显带有
特定宗教观念的汉族或者满族仪式，像恳请死者前来接受祭享的祈祷，而
在其他情况下，他们会抵制这类仪式。

　　上面这些结论并不能概括整个 17 世纪中国天主教丧礼的状况，因为
皇帝对葬礼进行抚恤只是一种特殊情况，和普通天主教徒的葬礼没有关

---

〔1〕　可以参看徐日昇和安多在康熙三十一年十二月十六日(1692 年 2 月 2 日)的奏
疏中对葬礼哀荣的评论，见《熙朝定案》(版本 2)，WXXB，vol. 3，1786—87；XC，183.

系。而且,传教士在 17 世纪初撰写的文献,还试图证明中国天主教徒能很好地按照天主教传统举行葬礼。但 17 世纪末撰写报告的时候,这方面的内容已经消失得无影无踪。这并不意味着那些特定的天主教礼仪不再举行:文献里清楚地提到举行弥撒、念诵《亡者日课》、在墓地举行祈祷和其他仪式。但在整幅图景之中,首先进入人们视野的,不是天主教的元素,而是中国的形式。

第八章　结论:织布的比喻

如果中国天主教徒"遵照中国风俗、但用天主教仪式安葬",那么我们该如何评价在 17 世纪的中欧互动中,葬礼的这种中间(intermediary)或者"之间"(in-between)状态? 有一种理解的方式(这肯定不是唯一的方式),是从文化接触的角度来研究这个问题。[1]

一、分 析 的 框 架

本书进行的葬礼研究,为中欧之间的文化互动提供了一个个案。这种互动可以用不同的方法进行研究,每种研究方式都有自己的方法和结论,有四种不同的分析框架可以区分出来。[2]

第一种可以称作"传播类框架"(transmission framework)。它主要关注的是传播者的角色,提出的主要问题是"欧洲传教士如何将天主教丧葬礼仪传输到中国"? 直到 1960 年代,这种研究路数一直是主流;在最近

---

〔1〕 作者希望通过本书提供的材料,读者们对这个问题能够提出新的解释。译者按,本章的翻译参考了钟鸣旦撰、刘贤译《文化相遇的方法论:以 17 世纪中欧文化相遇为例》,载《清史研究》2006 年第 4 期。

〔2〕 对礼仪文化互动研究的哲学背景和方法论的详细讨论,参看 Standaert(2002).

的研究里,这个方向还在直接或间接地继续着。本书的某些分析也采用了这种方法。有些章节以传教士撰写的中西文文献作为起点,分析传教士如何传播欧洲的葬礼方式,或者他们如何报导他们在这方面的成败。而且,欧洲丧葬礼仪文献由西文到中国语言和文化的转换,也通过比较分析的方法进行了审核。这必然涉及检验原来的欧洲文化和新的中国文化背景之间的相应性与一致性。本书对中国的天主教指定性文献和其他地方编订的礼仪文献——例如伏若望的《善终助功规例》和利类思的《圣事礼典》,它们依据的都是 1605 年在日本编成的《教会圣事礼庆典手册》(*Manuale ad sacramenta Ecclesiae ministranda*)——进行了对比。这种文本分析,为中国天主教徒新创的礼仪和从西方传来的礼仪的对比,提供了基础。以传播与接受的内容完全一致的预想为出发点,这些比较产生了一些有趣的结果,尤其在欧洲礼仪改组(将其纳入中国葬礼的入殓和安葬两大环节之中)的问题上。

然而这种"传播"的框架,不是本项研究的主要方法,因为它有两个基本的局限。这两个局限都与下面这点有关:传播的问题往往会直接牵扯到传播的效果,例如传教士将信息传输给中国人,有效果吗? 这个框架所强调的是效果、冲击、贡献和影响。这些词语的使用是有问题的,因为它们所依据的是"纯正"式的传播的设想。换句话说,在这种框架最极端的表现里,只有礼仪被接受者原封不动地照搬、和传播者做的一样"纯正",礼仪的传输才被认为是有效的或者成功的。只有在主体和客体之间作出区别,这才可能;因为这种想像的传播会带来这样的暗示:中国天主教徒在适应这些强加的礼仪的过程中发生了改变,而礼仪本身却没有变化。如果礼仪被改变了,那就不再"纯正",传输也就被认为是"失败"。这种分析方法隐含了一个预设:礼仪可以独立于传播者进行传播,而且礼仪的接受者只对自身进行调整、而不对礼仪做任何变动。然而,实际上礼仪总是在一个与它相互影响的环境中被接受的。

这个框架的第二个疑问,是影响(influence)的问题,也就是说传教士到底发挥了什么影响? 这涉及中国人所发生的变化,这些变化也经常用

"成功"或者"失败"来衡量[1]。这里的主要问题是历史学家所说的"影响"是什么意思? 关于 17 世纪中欧互动的历史,史学家经常会提出影响的问题并评价其成败;但他们很少明确地讨论如何确定这种影响。影响这个概念本身就是研究的对象——主要在社会科学理论中,它是一些社会学分析里的基本概念——例如分析现代通讯手段的影响(像电视对选举或者暴力的影响)[2]。"影响"的一个定义是:"传输者在这个意义上影响了接受者——传输者使得接受者去做一些特定的事情;若没有前者,后者不会去做这些事。"[3]我们从葬礼的变化中,可以找到关于这种解释的几个例子:没有与传教士的互动,中国人不会在家人去世时要求举行弥撒,不会念诵特定的天主教祷文;没有葬礼仪典,传教士不会接受为他们的同伴弟兄而作的祭文。尽管如此,判断总体的影响却要困难得多。例如,根据什么我们可以判断本书研究的那些葬礼是"成功"的? 根据参与者的人数,根据他们人数的增长,还是他们的社会级别? 虽然"影响"通常被定义为引起这种或者那种变化,但文化接触的结果也可以是没有变化——只是巩固了已有价值观念和风俗习惯,例如,《家礼》中的许多规则就被继续遵守。此外,短期和长期影响应该作出区别,对不同个体、群体、社会组织或者整个文化产生的影响也应加以区分。除此之外,还有认知(知识、观念)的影响、情感(情绪、态度)的影响和意念(行为)的影响,就连这些范畴也都与葬礼有关,但在本书中只被稍微触及[4]。

研究葬礼文化互动的第二种方法,是"接受类框架"(reception framework),它所提出的问题是:对于欧洲丧葬礼仪的传入,中国人是否有积极的或者消极的反应。在这里,研究的中心不再是作为传输者的传教士,而是作为接受者的中国人(以及他们写作的中文文献)。这种"接受"的视角,出现于 1960 和 1970 年代,与"中国中心"的研究路径联系紧密[5]。

---

[1] 关于耶稣会在中国传教"失败"的各种原因的讨论,参看 Zürcher(1990b).
[2] 社会科学对这个问题的研究概况,参看 Chazel(1990).
[3] 这个定义由 Robert Dahl 提出,参看 Chazel(1990),299.
[4] 参看 Van den Bulck(1996),34—35,46.
[5] 参看 Cohen(1984).

作为对"冲击—反应"模式的一种反动,这种路数的研究首先将中国的问题置于中国的背景之下。

本书的研究也借鉴了这种"接受"的视角。通过查阅中国人写作的文献,本书试图了解他们如何对传教士传来的丧葬礼仪作出反应。这需要广泛利用各种文献,包括团体活动日记、抄本指南、社团规约、皇帝所作的笔记、葬礼祭文等等。将这些文献与传教士留下的资料进行对比,就可能观察到葬礼在接受过程中发生了重要的变化。在接受者的手中,某些地方它们变得和在传输者手中不同了。因此,礼仪自身所经历的变化过程就变得很明显了。

虽然这种方法有明显的优点,容易揭示出对葬礼的各种不同反应(包括消极的反应),但它同样含有一些局限。在交流传播方面,这个框架很大程度上和传输框架所凭据的是同样一些概念——"纯正传播"的假定以及主体和客体的区分。然而"接受框架"潜在的预设,以一种不同的方式表现出来。虽然这种方法关注的是接受者,但分析的焦点是接受的东西——也即葬礼自身。在传输框架中,史学家寻找接受者所发生的变化,而丧葬礼仪本身被设想成一成不变的。在接受框架的极端表现里,史学家寻找被接受的礼仪发生的变化,同时暗中假定中国人不会或者不应发生变化。结果,礼仪发生的变化,容易单纯地用历史、礼仪或者社会的背景进行解释。举例来说,欧洲丧葬礼仪发生的那些变化——诸如展现孝道、号哭以及对尸体的态度等等,可以被解释成源于中国的世界观。因此这种研究方法可能滑向本质主义(essentialism):中国人在本质上是不同的,并将始终如此,因此永远不能接受一种"完全"(fully)天主教或者欧洲的葬礼指导方式。

"接受"框架的另一个问题,在于"接受"这个概念本身。"接受"基本上被认为是被动的。虽然接受框架内的研究会使用中国文献,并试着将中国参与者带到前台,但这种框架很大程度上仍然基于"行动与反应"的研究方法[1]。对"接受"、"回应"或者"反应"等概念的强调,实际上

---

[1] 可以参看 Jacques Gernet(1982)一书的副标题:*Chine et christianisme:Action et réaction*;英文版(1985)的标题把本书变成了"冲击模式":*China and the Christian Impact:A Conflict of Cultures.*

是假定欧洲天主教担当了真正积极的角色,而中国扮演了一个非常被动的或者反应者的角色[1]。本书也不可避免地受制于"行动—反应"的框架,这部分地因为最有用的那些文献是从欧洲到中国传布福音的传教士写作的,它们经常将传教士描绘成主要演员。结果,分析就容易受到它们的解释的影响。然而,正如在其他几个地方已经指出的,在传教士眼中带有某些中国元素的天主教葬礼,也可能在中国人看来是新添了某些欧洲色彩的中国葬礼。本项研究试图指出,事实上在丧葬礼仪变化的过程中,中国人——不管是教徒还是非教徒,往往都是主要的推动者。

第三种方法可以称作"创新类或建构类框架"(invention framework),这是最近从后殖民主义和文化研究中发展起来的[2]。受福柯(Michel Foucault)的理论方法及其在赛义德(Edward Said)《东方主义》中的应用的启发,它从这样一个与众不同的前提出发:事实(reality)并非就是那样存在着的;它是通过语言与图像的表达,建构、建造、创新出来的。然后它被应用到不同文化间的交流上:传播者在靠近接受者的过程中,为接受者以及他(她)自己的文化,建构起一种符号的事实(一套论说);这套符号事实成了判别接受者、在他(她)身上行使权力的手段。这个框架里的另一个重要概念,是"阐述的立场"(locus of enunciation),它不仅指传播者还指史学家的立场,也即期望、利益、联盟,以及简要地说,他们学术工作中隐含的探求对象。[3]

本书也从这一框架中受益。通过直接使用欧洲作者用西文写成的旅行随记、报告、翻译的文献、会议的决议等材料,显示了传播者(传教士)对于他者的观察,是怎样建立在欧洲文化基础上的。欧洲人用他们自己的范畴,来解释和重组中国人的葬礼观念:他们将这些观念分为"迷信的"、"偶像崇拜的"、"非迷信的"、"国民的"和"政治的"等等。把他们的范畴强加在当地文化上,这种办法帮助他们决定哪些礼仪可以保留、哪些

---

[1]　参看 Cohen(1984),9,53.
[2]　对这种研究路径的概述,参看 Loomba(1998),尤其第 43 页以下。
[3]　可以参看 Mignolo(1995),324. Mignolo 用这种方法研究"利玛窦世界地图"。

应该抵制。虽然中国礼仪之争和启蒙运动(这些范畴的含义在启蒙运动中被明确)不是本项研究的对象,但不难看出这些早期的分类,很大程度上决定了此后很长时间欧洲对中国的理解。

这种结构的优点在于它关注主体。它提醒历史学家:任何对语言的使用,都是一种诠释;通过语言手段与文字建构,权力可以施加到被视作"他者"的文化上。它同样提醒本书的作者,他自己的阐述立场必然会影响到他的观察,读者的阐述立场也是如此。

然而这种构架也存在问题。在极端的表现里,"交流"这个概念,实际上却成了没有交流。把全部的重点都放在传教士和他们的构建活动上,有否定中国人的角色或者作用的危险。因此,欧洲人对中国葬礼的描述,被认为是不依赖于中西间的任何交流而被拟构出来的。然而传教士有关葬礼的多数信息,都是通过与中国信息提供者的互动而获得的。坚持要发现传教士的"建构",有低估本土群体在建构他者过程中的作用的危险[1]。

建构框架的另一个问题,涉及"创新"、"建构"、"解构"这几个概念。它们容易得出有关文化接触的一些静态而非动态的概念。关注欧洲人强加的力量而不是中国人对它的抵制,并且忽视后者的自我描绘,一个静止的交往框架就这样生成了。在这个框架中,似乎权力和话语都被传教士占据了,只留下很少、或者根本没有留下协商与变更的空间[2]。然而本书的开头即已指出,17世纪中国的一个独特之处是:中国人与欧洲人的交流都是通过汉语、而非欧洲语言进行的,中国人在很多方面都占据着支配地位。这种静态解释的危险,尤其与阐述的立场有关:阐述的立场可以被强调得更为固定,因此很难接受一个人——礼仪参与者或者史学家——可能会涉及不同的立场、或者会改变他的立场,并且因此改变看待问题的方式。毕竟这些传教士中许多人在中国度过的生命时光,比在世界任何其他地方都多。而且许多与欧洲人进行接触的中国人,也准备改

---

〔1〕 参看 Pratt(1992),6;Schwartz(1994),7.
〔2〕 Loomba(1998),49.

变他们对于葬礼的看法。因此,不能认为传教士如 Mignolo 总结的那样只有"一元的"理解,对于他们生活的这个多文化的世界,传教士和中国人采取的都是"多元的"理解[1]。

第四种框架可以称为"互动与交流类框架"(interaction and communication framework)[2]。这个框架并没有根本取代其他的框架,而是建立在前几个框架的基础上。和传播框架一样,它承认交流(communication)中包括传播,因为人们都试图将信息或者礼仪传递给别人,并且期望被理解、或者期望共同分享礼仪。然而互动框架与传播框架有所不同,举例来说,它并不以传教士作为它的中心:他们往往不是对话的发起者,但加入已经开始的对话[3]。

"互动与交流"的框架同样包含"接受",因为接受总是交流的一个组成部分,虽然这个框架承认接受和传播一样,是双向的。互动框架与接受框架的不同之处在于,它不仅仅试图揭露差异或者不符之处。在对礼仪的分析中,这个框架有助于揭示中欧相遇新创造的礼仪的内在一致性。这个框架提出的第一个问题是:在新礼仪的建构中,中国人(欧洲人)是否采用了欧洲人(中国人)提供的仪节与含义。不能将这种新创造当作误读,揭示欧洲礼仪和中国天主教礼仪之间的一致性,有助于说明理解的各种方式。"一致"(coherence)的意思是说在创造者们看来,新创造的礼仪彼此之间内部一贯、有意义,并且被认为是有效的,正如各地天主教团体不同的丧葬礼仪所显示的。互动框架同样有助于和接受框架潜在的本质主义倾向保持距离,本质主义认为在 17 世纪如果一个中国人是儒生或者佛教徒,那他就只能是、或者仍然是"中国人";而加入一个新的少数宗

---

〔1〕 Mignolo(1995),18.

〔2〕 亚洲海洋史研究中使用的"互动"(interaction)这个词以及与它相关的"互动的形成"("interactive emergence")这个概念,参看 Wills(1993);Pratt(〔1992〕,6)更喜欢用"接触"(contact)这个词。人类学领域的类似研究方法,特别参看 Tedlock(1979)关于"对话人类学"(dialogical anthropology)以及 Tedlock and Mannheim(1995)关于"文化对话的形成"(dialogic emergence of culture)的论述;艺术史中的这类方法,参看 Bailey(1999,尤其是第二章)以及他"全球合作"(global partnership)的概念。

〔3〕 参看 Tedlock and Tedlock(1985),142.

教(如天主教),他们就失去了这层身份。通过预设一种互动,这个框架使人们有能力摆脱文化决定论[1]。在任何文化中——正如从17世纪中国的例子中清楚看到的,总是有人愿意向别人开放,总有人愿意和主流文化保持距离。交流框架感兴趣的,正是不同于主流文化服从者的那些人。

最后,互动框架借鉴了建构框架中的观念。传播者建构了一套关于他者的话语,并且这套话语与权力有关,本书中"传教士的指令"可以看作是一种构拟的过程。但是这种权力与建构之间的关系,同样存在于中国人创造的话语当中,正如中国人的"文化指令"所显示的。他们还构建并动用权力,与传教士交流以实现他们自己的目标。虽然传播者和接受者可能会被理想地看作平等的伙伴,然而建构框架显示,在一种相互但不均衡的权力关系所支配的背景中,他们总是相互交流:传教士在举行弥撒布道的时候可能会占据师长的角色,但在中国司仪指挥的中国葬礼中,可能会服从于参与者的角色。与建构框架相比,交流框架更加重视中国参与者群体。它尽力避免将他者弱化为被动的客体角色,而把他者看作是积极的主体。这个"他者"不仅被看作是个体,而且也是与传教士发生接触的礼仪群体,个体参与其中的活动并成为群体的成员。建构框架将建构性元素带到了最前线,并强调礼仪事实的主观构拟。然而在互动与交流框架中,强调的重点不再是主观、个体或者个人对事实的建构。社会文化的内容成为中心:这些礼仪事实的构建,一定程度上是与他人共同进行的,其中既有传播者,也有接受者[2]。

作为理解文化接触史的复杂性的一种尝试,互动与交流类框架从根本上说,是建立在一套关于他性(alterity)的特定理论(也即人们关于他者的特定看法)之上的[3]。这种看法主要是一种身份(identity)的概念:自

---

[1] Todorov(1989),428.

[2] Van den Bulck(1996),93.

[3] "他者"在历史中的地位,参看de Certeau(1969),尤其是de Certeau(1973),第四章"L'autre du texte"以及结论"Altérations"。

我的身份不仅是通过个人单独的努力,而且也是通过与他者的接触而确立的。换句话说,一个人变成何种身份,不单是他个人活动的结果,而且也是他人所扮演的积极或者消极角色的结果。通过与其他人的接触以及随后发生的交流,人才成为人。更重要的是,人们总是作为人际关系网(其中包括他者)中的人而出现的,在这张关系网中,人们与"他者"无法剪断的联系被揭示出来。没有他者,就没有自我[1]。

对于那些由文化交流而形成的身份认同,这种理论尤为正确。本书中的人物在他们生活的早期并没有一种固定的身份认同,但通过与来自异文化的人进行接触与交流,他们的身份认同开始部分地形成了。在某种程度上,他们扮演了文化"中介者"的角色,因为他们在两种文化"之间"活动,既同时属于两种文化,又不属于其中的任何一种[2]。

二、交织的葬礼

互动与交流框架的特定目标与相关方法,可以帮助我们从一种新的视角重构那些已经分析过的材料。这个框架的基本关注点不是传播、接受或者建构的问题,而是互动与交流的结果。在何种意义上,传播者和接受者——欧洲人与中国人交替扮演这两种角色——通过相互交流创造出了新事物?他们在何种程度上,用他者提供的礼仪习俗构建出一种新礼仪?葬礼是否可以理解成传教士和他们中国伙伴交流的创造性结果?

交流框架的核心,是互动或交流在其中得以进行的"空间"(space)的概念。与之相应的方法,源于下面的预设:文化的创造力,产生于传播者与接受者之间、客体与主体之间以及自我与他者之间的缝隙空间的存在与创造。这种空间可以是物理的,像放置棺椁供人前来吊唁的房屋中堂。

---

[1] 对于"他性"理论的讨论,参看 Standaert(2002),28ff;以及 Todorov(1979)和(1982a).

[2] 参看 Curto(2005)关于这一主题的论文,Curto 部分受到了 Michel Vovelle(1981)的启发。

它甚至可以是活动的空间,例如送葬的队伍。但这种空间常以各种符号作为媒介:语言、各种形式的文本和图像、各种物品或者本书中的礼仪。这种礼仪空间既容许接触的发生(由此导致互动与交流),同时也是接触产生的结果的媒介。例如,一个不是天主教徒的中国人想到耶稣会士或其他教徒家中吊唁,他的到来就创造了一个互动的空间:这使得传统的行为和思想被重新构思和修正。因此关注点既不在传播者也不在接受者身上。出发点在于空隙、在于它们"之间"的东西:交流的结果,它可以是文本、图像、礼仪,或者是作为互动成果的社会网络。因此就方法论而言,这里存在一个从寻找他者到寻找互动空间的转变、一个从寻找两个世界之间的差异到寻找"内部和中间"之物的转变[1]。葬礼创造出了自己的空间,对话在其中得以发生,因此它为这种方法提供了一个有力的说明。对丧葬礼仪来说,问题不再是它们应该被称作"欧洲的"还是"中国的",而在于它们是如何从两种文化传统互动中产生的。

在文化接触上,互动框架考虑到了不同的、多样的视角,由这些视角中产生了理解这里所研究的文本的方式。前提预设是,文本——如图像、地图、社会网络、社团等,都是交流的结果。不管这个文本是传教士译成中文的欧洲礼仪规范,还是中国天主教徒关于葬礼的著述,或是传教士发回欧洲的有关中国葬礼的报告,它们都反映了某种程度的互动。从这个意义上说,所有的文本很大程度上都可以看作是合著(coauthorship)的产物。因此,对这些文本(它们是不同文化之间交流的结果)的分析,不能仅仅将文本的署名者当作唯一的作者,往往有其他人也参与了文本的写作。在文本上署名的可能是西方传教士或者是中国学者,但文本往往是他们之间密切互动的产物。对于本书所研究的文本,这点表现得非常明显。如果没有中国合作者的帮助,欧洲指定性文本的翻译就不能完成。《口铎日抄》收录了超过 25 位参与记录和编辑工作的福建天主教团体成员的名字。至于在广州制定的仪式指南,方济各坦率地声明它们是由李安当编

---

[1]　参看 Tedlock(1979),388;Waldenfels(1995),43.

辑的。本书的四个不同抄本同样说明,和其他文本一样,这个文本也是在一个创作过程中形成的,其中涉及许多其他人:罗文藻主教的地方传教士李良以及方济各会修士利安定。那些现在被看作是原始民族学报告的文本,也是如此。没有当地的信息提供者的参与(毫无疑问,他们在这些文本中留下的痕迹),这些报告不可能写成。只要这类文本被单独归于某个传教士的名下,与欧洲作者的身份资格有关的问题就必然会产生。如果把它们当作欧洲与中国经验互动的产物,对这些文本以及它们所描述的礼仪的分析,就会较少地涉及“欧洲的还是中国的”这种排他性的属性划分。因此任何文本都是一个交互的文本(intertext),这不仅是说其他文本会提到它,而且是指他者的声音在这个文本中也可以听到[1]。

交流类框架承认客观事实的存在,但在检验事实是否与传播或者接受的相符时,却不把它作为自己的首要关注点。不仅探求传播与接受之间的符合性(correspondence),同时也寻求从互动空间中产生的一致性(coherence),这有助于发现新事物是如何产生的。除了用标准历史学的、批评的方法分析礼仪,史学家们还试图发现礼仪的一致性:也即新礼仪的不同部分是如何组装在一起并相互贯通起来的[2]。礼仪的内在一致性和作为礼仪的语境的外部一致性有所区别。中国天主教葬礼的内在一致性,在仪式指南中最为清楚地表现出来:作者将礼仪的不同环节,安装到一个可以追溯到朱熹《家礼》的框架之中。礼仪指南还显示了作者如何处理可能存在的冲突:对有的人来说,如果没有一份关于供奉食物的净化声明,这个仪式将是不协调的;但对另一些人而言,加上这样一份声明,仪式反而会不一致。

---

〔1〕 Tedlock(1985),122;Clifford(1988),41,43,46—47(两人依据的都是 Bakhtin 的观点)。

〔2〕 对一致性的追寻隐含了这样一个预设:任何文本或礼仪都是一致的(在这里界定的意义上),即便某些元素可能会表现得不一致、不合逻辑或者与 21 世纪的读者的经验不相干。Thomas Kuhn(〔1977〕,xii)提出过一个适应于任何文化文本的建议:“阅读一位重要的思想家的著作时,首先寻找文本明显的悖谬之处,然后自问一个理性的人如何会写下它们。当你找到了答案……当这些段落变得有意义时,你就会发现,更多先前自以为已经理解的核心段落,含义已经发生改变。”

在皇帝对传教士葬礼进行抚恤的例子中(这些传教士的身份是官员或者他们与皇室的关系影响了邮典的赐予),这种外部一致性作为中国天主教葬礼组装与互动的更大背景,被揭示出来。这个例子还显示,参与者对葬礼的一致性(它的各个部分如何相互配合、一同工作)的评价,在很大程度上也依赖于背景:在 17 世纪初,朴素庄重的葬礼被认为是切合实际的;然而到 17 世纪末,更为昂贵炫耀的葬礼被认为符合那时的背景。背景的变化,还表现在对同一个葬礼描述文本多样的复述中。杨廷筠料理父母葬礼的故事,在不同的语境中被多次复述:欧洲的年度通讯、中国学者撰写的颂扬传记以及中国天主教善书。还有一个类似例子,是对南怀仁葬礼各种不同版本的描述。法文与荷兰文版的《许甘第大夫人的生活》显示,即便是作者自己进行的翻译,也会产生一些重要的变化。这些故事都融入到了知识复述的新背景之中。在这里,与其检查这些葬礼报告传播的正确性如何,不如考察一下它们在新的文化背景中是如何移植的,或者人们怎样用一个特别的故事来证明《家礼》的重要性、一份报告如何被拿来论证皇帝个人对天主教的支持。研究的不是礼仪中的某一项客观事实,而是各种报告所呈现的、事实的许多不同版本之间的贯通性(connectedness)。这种多样性不会导致相对主义或事实并不存在的结论。主要的兴趣点在于交流的文化事实,因此,正如交流框架所认为的,礼仪事实是由人们彼此接触的多样性构成的[1]。

这种多样性至少可在四个不同领域中观察到:历史时代、地域差异、社会阶层以及礼仪的类型。虽然不能完全避免某些概括,这种领域的划分为区别(differentiation),因此也为区分葬礼中的差异变化提供了方法。换句话说,17 世纪初的葬礼活动与 1680 年代不同;江南地区的葬礼传统与广东有别;穷人与士绅在埋葬死者的方式上存在着差异,更不要说皇室的葬礼;通过文化接触,葬礼所发生的变化与弥撒不一样。然而在讨论天

---

〔1〕 参看 Van den Bulck(1996),23,98—100.

主教在中国的遭遇时,所有这些方面经常被放到一起、一成不变地置于同一个固定名称"中国"之下。

互动还通过紧张(tension)刻画出来,紧张总是存在的,它构成了互动过程(process)的基础:一个参与者与另一个参与者近似程度之间的紧张;理解他者(或被他者理解)的可能性与不可能性之间的紧张;愿意或者不愿意参加日常礼仪之间的紧张。因此互动使得参与者调整、反思并且重新表达自我和他者的观念。中西葬礼交汇中存在的紧张,在于新的礼仪是否与中国或者欧洲的礼仪传统相抵触。报导葬礼的那些文本,捕捉到了某一个时刻的互动,然而丧葬礼仪内部长时间的紧张(从长时间报导中可以看到),导致了可以产生另一种类型的礼仪的动态。这从利玛窦和金尼阁的报告中所展示的、传教最初几年里对待葬礼态度的变化过程中可以观察到。它也清楚地表现在仪式指南里:作者们至少撰写了四个不同抄本的指南,每个都有自己的特色,很明显作者对礼仪没有一个最终固定的看法。

和这种紧张有关,交流框架也把传播看作是一种基于"协商"(negotiation)的交流。通过互动,人们普遍尝试着进行选择(并由此作出较为合理的决定),即便他们的选择在史学家看来并不总是那么清楚。组群之间对于丧葬礼仪的协商,在福建地区中国天主教徒举行的试验里,在广州会议对葬礼的讨论中,在不同抄本的仪式指南里以及在皇帝进行葬礼抚恤之前朝廷与传教士的沟通中,都表现得非常明显。为了使新的礼仪可以被人接受,使用了各种不同的策略。例如,中国学者极力展示天主教葬礼与《家礼》的传统多么一致;而传教士则通过"国民"礼仪的经典概念,让他们的欧洲同行接受中国礼仪。

这种协商的结果,可以根据接受的程度——接受程度可以通过观察它在两个极端之间的连线上的位置来确定——来加以分类。一个极端是对他者的礼仪元素,用最纯正的形式完全地吸收或接受;另一个极端是完全拒绝。完全接受和完全抵制两个极端之间的这个范围,可以安放、度量本土文化对外来文化元素(也即那些被接受或者抵制的礼仪)的各种回应;也可以度量两种文化中的参与者——从接受他者礼仪的人到那些强烈抵制者。完全接受或者完全抵制的例子相当少见,大多数情况都可以归于这两个极端之间的范围,因为最终创造出来的东西必然会包含两种文化的元素。这个范围之中存在着多种可能性,像接受、融合、杂交等等[1]。这些不同的可能性,在本书不同章节的结论中都有所探讨。这种在接受和拒绝两个极端之间的分类,不是用来辨别哪种礼仪元素或文本是完全或者仅仅属于某种文化的;它有助于观察两种文化间的互动产生的创造物的多样性。宗教人类学家和宗教史学家用各样词汇描述这种结果:混合(mixture)、调和(mélange)、汇合(syncretism)、杂交(hybridization)、混血(métissage)、熔合(fusion)、合并(amalgamation)等等[2]。一些贴切的比喻也被拿来指代这种现象:器官移植、嫁接、化学品混合反应或河流交汇等等[3]。

对于本项研究,作者更喜欢用纺织品进行类比,文化间的互动可以和织布进行比较;纺织的产品——布匹,就是文化的文本(图8.1,8.2)[4]。或许这个比喻不如其他比喻生动,但织布的图景有助于强调传播的复杂性。文化的借鉴吸收,可以比作纺织品生产过程中发生的交织(interweaving)——许多不同的丝线和纤维,被以一种复杂的方式编织在一起。这种交织,也可以用来形容社会网络的互动。而且,文本(text)和文理(texture)有着共同的语源——texere,意思是编织、连接、组合、拼装、建造、构筑等等,与汉字中用来指代经典著作和织物经线的"经"字,意思相近。在描绘葬礼的中西文文本中,文化的丝线就像织物的丝线那样交织在一起。

---

　　[1] 对这类互动的概述,参看 Standaert(2001). Luzbetak([1963] and[1988])的著作对于理清这些类别具有启发意义。

　　[2] 关于这些词汇,参看 Gruzinski(1999),34—36,40—42,56.

　　[3] 关于这些比喻以及它们在17、18世纪中欧文化交流研究中的应用的概述,参看 Standaert(2001),103ff.

　　[4] 17世纪的花机图示,参看宋应星(1637),卷上,《乃服》,页25b—26a;英文本见 Song Yingxing(Sung Ying-hsing)(1966),55—56. 在欧洲版本里,织工变成了女性:Du Halde(1735),vol.2,页222—223之间(Hausard 刻版)/(1736),vol.2,页246—247之间/(1738—1741),vol.1,页352—353之间。

8.1 织机织布图。

采用《农政全书》(1639),卷三十四,页 17a—17b。柏克莱加州大学东亚图书馆惠允复制。

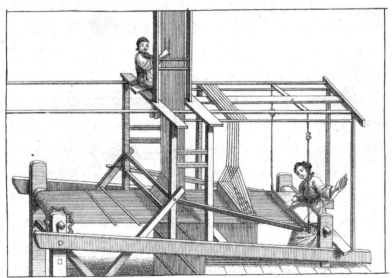

8.2 织机织布图,改编自宋应星的插图。

采自 Jean-Baptiste Du Halde, *Description... de la Chine*(1735), vol. 2 between 222—223(Hausard 刻版)/(1736), vol. 2,页 246/247 之间/(1738—1741), vol. 1, between 352—353. 鲁汶大学神学院 Maurits Sabbe 图书馆惠允复制。

织布的比喻可以让我们观察特定的丝线或纤维发生了什么,那些来自异文化改变了礼仪的丝线有哪些变化;而且还可以从总体上观察织物的用途、功能、形式和含义。在一件织物成品中,不同的纤维有不同的功能和颜色,它们一起构成了一件独特的产品;同样,在同一组人群、同一种地理背景或者同一个社会组织中,也能有着极为不同的反应(reaction)。一个人可能接受葬礼的某些方面,然而抵制或抛弃其他某些内容。可能有人反对文化交流,然而会有其他人制止。这些都可以在同一件"织物"中共存。因此,纺织象征了一场内容广泛的文化活动。运用织布的类比(表8.1),能辨别出一套特征,可以帮助说明中国天主教丧葬礼仪的许多元素。有些例子里分辨出来的,主要是原有的中国丧葬传统中的元素,有些例子里是新引进的天主教传统的元素,虽然多数例子同时涉及这两种传统。由此产生了一种观察这些丝线(元素)如何发挥作用、如何影响礼仪演变的新方式。

上面这个交织类型的表格,意在强调文化互动可能存在的复杂性与多样性。而且,纺织的比喻还说明,虽然一般认为礼仪是专属于某种宗教或者文化传统的,但它们也可以发生变化、并与来自其他传统的礼仪相互交织[1]。

织布的比喻虽然具有这些优点,但也有局限。它可能会导致这样的看法:互动的结果是预先设计好的,是一件天衣无缝的完美织物。然而随着时间进程观察一下天主教葬礼传入中国的经过就会发现,它是一个历史的发展过程,其中有许多不同的互动环节与选择。因此,许多互动只是暂时性的,远不是最终可被人们接受的解决方案。织布比喻的另一个缺点是,它只暗示了文化间的和谐互动。但文化互动经常伴随着紧张、冲突甚至暴力。织品可能被破坏,纺织可能被中止,纺线可能被剪断。虽然这些冲突不是本项研究的主要关注点,但书中有几个争论(像对烧纸钱的讨论)还是能说明这方面的内容。此外,织布的比喻有些机械,因此不如其他比喻那样生动、有活力,例如器官移植的比喻(器官是鲜活、有生机的,对环境导致的变化敏感)。坐在织布机前的织工的形象,可能会传达

---

〔1〕 Ivan Marcus(1996)用类似的观点证明了中世纪犹太人如何轻而易举地借用主流天主教文化中的礼仪、故事和姿势等元素。

表 8.1　纺织的比喻及其与中国天主教丧葬礼仪的对应

纺 织 的 比 喻	中国天主教丧葬礼仪
加固已有的纺线	加强对儒家葬礼活动(《家礼》)的尊重
移除(不是取代)原有的纺线	禁止焚烧纸钱
原有纺线取代新纺线	密封的棺材取代反复利用的棺柩
保留原有纺线而改变织法	保留跪拜礼,但只用以表达国民的敬意
用一条已有的纺线取代另一条	用鲜花、羢纸花取代墓前的供品
调整原有纺线的方向	将食物消费由上供者吃掉,改为发给穷人
原有纺线和新纺线并用	中国和欧洲的丧服颜色(白色和黑色)并用;善书中儒家和天主教故事里的美德并存
增加新纺线而不取代原有的纺线	在供桌和送葬队伍里增添十字架
用功能与意义相似的新纺线,取代原有纺线	天主教念珠取代佛教念珠;天主教神父取代佛教僧侣、道教道士
赋予新纺线新的含义	将杨廷筠父母的天主教葬礼作为孝道的模范
重新调整织物中新纺线的位置	调整墓地的位置,从教堂附近迁到村外的山上
新丝线织成漂亮的织物	葬礼由简单朴素变得更为精致
按已有织物的样子,重新修改新织物	重新修订天主教葬礼,将其装入以入殓、吊唁和安葬为关键环节的中国框架
社会群体对纺织的引导	社团对葬礼的关心
拆除不同的织层,将新织物还原回最初的状态	(部分地)消除天主教葬礼的圣职化倾向(因为缺少神父),将葬礼还原回类似于欧洲 10 世纪之前的状态

这样的观念:文化互动是一项根据设计好的图样特意安排下的活动。但整个文化接触的背后,并没有一位控制的“织工”;文化接触的反应,正像那些被移植的器官一样,是不可预测、不可控制的。将经线和纬线编织在一起的织机,也说明了另一个限制:纺织的图像可能会产生这样的暗示——文化交流的结果,是中国和欧洲的“纺线”按相等的比例融合在一

起的产物。然而,事实并不总是这样,因为在许多例子里,天主教元素是被嵌入到了中国葬礼框架中。和纺织出来的织物不同,文化交流的结果通常是拼缝物,是由一块块布片(它们拼成了缝在被子上的那种更大的图案)缝成的布料。在很多方面,天主教葬礼都是被补缀到原有的中国"被子"上的。因此,本书中有好几处都用嫁接的比喻作为解释性的类比。这个比喻的优点是更为生动。它意味着新的元素(幼芽,这里指欧洲丧葬礼仪)不仅仅被拼接到已有的稳定元素(基干,这里指中国葬礼)上,而且两者的互动还能产生新的果实。

所有这些局限都在提醒:与其他的比喻一样,织布的比喻只是一种用来帮助理解文化互动可能会如何进行的描述,而不是一套指导文化互动应该如何发生的规定。

三、交织的有效礼仪团体

织布的比喻也可以拿来描述那些被创造出来的社会网络。葬礼之类的礼仪,使得不同出身、不同地位和不同性别的人有可能进行互动,而在一般情况下他们是不会这样的。虽然通过这类事情可能会产生某些长期的关系,但葬礼要在不是因为它就不会相遇的人们之间建立起联系,那真是太偶然了。他们所做的事情,是与一个更加稳定的团体(如天主教团体,即"具备有效礼仪的团体")中的成员紧密互动。天主教团体及其表演的仪式,可以看作是展现中国的宗教表达方式的一种典型;在这个意义上,它与中国其他的那些宗教类似。当然,也有理由认为这种宗教表达方式是天主教的特征。实际上,对17世纪传教士来华目的一个恰切描述,是说他们的目标在于建立一个"基督宗教体"(christianitas,一个欧洲人用来指称他们自己及其文明的词汇)。John Van Engen 把"基督宗教世界"定义为"被称作基督徒的人的礼仪"[1]。

---

〔1〕 Van Engen(1986),540—41.

这个词还有一层组织机构上的含义,因为西文的中国传教资料可以证明,在原始材料中,"基督宗教体"也同样用来指称那些将礼仪付诸实践的具体团体。因此基督宗教化(christianization)的整个过程,从文化的角度来说,需要采取措施建设天主教的信仰和活动,也就是建立由神父指导的礼仪和团体。天主教在中国的传播,似乎一直在努力建设一种与中世纪和文艺复兴的欧洲一样的、在天主教生活中居于核心地位的礼仪生活。因此具备有效礼仪的中天主教团体——它们和欧洲普通信徒的社团类似,用礼仪守则限定了参与者的生活——是"基督宗教体"逐渐进入中国的一种象征。

这样的有效礼仪团体,因此可以看成是中国和天主教传统共同的特征。然而,这里有一个将来需要研究的重要问题:中国天主教团体有没有展现出一个排外群体具有的特征? 这些排外特征往往可以在其成员身上清楚地辨别出来,而且似乎是发源于东地中海地区的宗教(也称作"亚伯拉罕的宗教",本书称为"一神教",例如犹太教、基督宗教和伊斯兰教)的典型特征。葬礼对这个问题的回答有重要意义,提供了一个略有不同的答案。

这个问题所依据的假设,是从杜瑞乐(Joël Thoraval)对前近代中国宗教属性的研究中推演出来的[1]。他分析了1881年和1911年香港进行的两次调查。统计数据得出了一些令人惊讶的结果:1881年有超过一半的人,1911年有四分之三的人宣称他们信奉"儒教";同时有三分一的人称自己是"俗家"(1881年,解释见下)或"万物有灵论者"(1911年)。而且更重要的是,虽然中国被认为是"三教"之国,那时佛教徒和道教徒的总数,却不足总人口的百分之一。而中国的基督宗教教徒——在调查中,可以根据所属的教会将他们清楚地分辨出来——超过了道教徒和佛教徒的数量。虽然这项建立在西方宗教概念之上的数据分析,对分析前近代中国的"宗教"现象作用有限,但在某些方面,它

---

〔1〕　参看 Thoraval(1992).

仍然可以显示人们是如何确定他们的宗教归属("西方"还是"中国"的宗教)的[1]。

在这种背景下,杜瑞乐对世俗信徒(教友/无圣职教徒)和职业教徒两种身份的区分是有效的。在现代西方,那些声称有宗教归属的人,可以被归入不同的团体或教堂(它们可以被比较容易地区分开)。这些团体中的每一个都有自己的神父、自己的礼拜地点和自己的信条及仪式。他们趋向于一种排他的属性,这种属性将信徒和宗教专家(神父、拉比、牧师和阿訇,他们对教友的服务是排他性的)团结为一体。这里不存在教籍交叠(cross-membership)。同样地,除去特殊情况,卫理会教徒不会向安立甘教会的神父求助,天主教教徒不会在新教教堂里祈祷,浸信会教徒也不会使用天主教的《圣经》,等等。

然而在传统中国,情况变得相当不同,因为"世俗"团体与宗教专家(和尚、道士或者萨满,人们可以同时向他们求助)之间存在着极大的区别。杜瑞乐声称,世俗团体总体来说是未分化的、与宗教专家彼此区分的各种派别团体适成对比,理解这一点很重要。在宗教专家或职业信徒(连同一些非常活跃的、半职业的世俗民众)的层面上,存在着排他性的教义或者礼仪上的区别与认同(例如,和尚与道士之间的差别),这点与欧洲情况相似,虽然这些差别不像西方那样显著。因此通过风俗聚合起来的民众团体,与宗教专家们(他们可按教派或学派各自分类)那些分裂的派别组织,形成了对比。(参见附录,图A1)

对于本项研究的主题,重要的是虽然17、18世纪中国基本上只有一种基督宗教的派别,那时的天主教似乎就已经包含了香港调查的分析中所显示的那些特征。的确,当起源于东地中海的宗教在中国建立起来的时候,他们试图复制自己的排外团体,这种团体能用礼仪和教义将平民和专家团结起来。与很少干预信徒私人生活的佛教僧侣不同,传教士采用

---

〔1〕 参看附录里的图表,它们有助于直观地理解这里以及后面提到的各种特征。这些图表受到Scribner的"Ritual and Popular Belief in Catholic Germany at the Time of the Reformation"一文的启发,该文收入Scribner(1987),45.

的是欧洲模式,这就意味着对皈依者的私生活进行干预和指导。因此与佛教徒相比,一般天主教信徒似乎对神父更加依赖[1]。这也就解释了为何信仰东地中海型宗教的中国人,可以很容易地从其他中国人中分辨出来,不管他是平信徒还是宗教专家。

如果这种解释得到证实,这些具备有效礼仪的团体,也就展现出了欧洲天主教与前近代中国宗教类似的特征,正如前面已经指出的。虽然这些相似之处不应被过分强调,但天主教在中国也试图复制排他的制度性组织,正如杜瑞乐的解释模式所指出的。

目前礼仪方面的研究,进一步阐明了东地中海型与中国型宗教之间的紧张;但对宗教类型的区分,同样有助于更加深入地理解葬礼在中国天主教团体的构建中所起的作用。在欧洲天主教团体(它们是传教士起源的土壤)中,大部分礼仪生活是围绕着七件圣事进行组织的,即:圣洗、坚振、感恩、告解、(终)傅油、婚姻和圣职。为何只有这七项礼仪被定义为圣礼,其中有历史和神学上的原因。特利腾大公会议确定这些礼仪是有效的,也就是说:通过〔仪式中〕使用的物品、讲述的话语和表演的手势,人身上会发生真实的变化或转变。会议特别声明,信徒可以通过圣礼获得拯救[2]。圣礼和举行或主持它的人(即圣职人员)之间存在着密切的联系,在这个问题上注意到这一点非常重要。虽然不是所有圣礼都必须如此——例如圣洗原则上可由教友举行,但在 16 世纪晚期和 17 世纪早期,实际上神父和主教是这些仪式的主要参与者。天主教礼仪生活要比这些圣礼宽泛,因为除此之外还有各种各样的仪式(也叫"圣仪",提醒或呼吁人们专注于天主的存在),像祷文诵念(晚课、晨经、玫瑰经、亡者日课)、降福、敬香、洒圣水、游行、守斋等等。事实上,天主教礼仪的核心是弥撒庆典,但它被其他这些礼仪包围着。虽然并非所有这些仪式或者活

---

〔1〕 参看 Zürcher(1990b),33;Zürcher(1997),630—32.
〔2〕 天主教和新教在这一点上存在差异,因为新教认为,仅用人的语言和手势就能迫使圣意行动,这无异于亵渎和异端。天主教声明,礼仪能展现(present)天主的活动;而新教团体认为礼仪最多再现(represent)或指向(point to)天主的活动。参看 Maher(2002),196—97.

动都需要有圣职人员——像念诵玫瑰经和守斋,但实际上它们中的许多都有圣职人员出席。葬礼也是这样。葬礼并未被当成圣礼,而且 10 世纪之前基本上是掌握在民众手中的一项家庭礼仪。然而在经历了一个很长的过程之后,它们逐渐变得"圣职人员化",弥撒变成了欧洲天主教葬礼仪式的核心部分。在传教士前往中国的时代,礼仪促成了欧洲各宗教派别强大的排外性结构的形成。不仅天主教教友不会参加其他教派(如新教或犹太教)组织的仪式,而且几乎所有的重要礼仪都是由圣职人员和普通信徒共同出席的,虽然每个群体扮演不同的礼仪角色。而且,特利腾大公会议之后,天主教教会开始了激烈的礼仪规范化进程。耶稣会士是这一进程的拥护者,从一开始他们就强调正确的礼仪所具有的重要意义,并且坚持要对某些礼仪活动——尤其是教会的核心礼仪弥撒庆典——进行统一[1]。这就是欧洲方面的情况。(参看附录,图 A2)

杨庆堃对"制度型"(institutional)和"弥散型"(diffused)宗教的区分,对分析中国礼仪的总体状况,可能会有帮助。他将"制度型宗教"定义为对宇宙和人类活动有独立的神学或宇宙论阐释,具备由符号(像鬼神、精灵的图像和他们自己的画像)和仪式组成的独立的礼拜形式以及便于阐释神学观念或进行礼拜祭祀的独立组织。杨庆堃据此认为佛教和道教是制度型宗教。杜瑞乐的研究修正了这种分析,指出在佛教和道教当中,对于宗教专家或职业教徒(和尚、道士及一些世俗专家)而言,这种独立性无疑是正确的;然而大多数的世俗信众,属于一个更大的、性质未分化的团体。弥散型宗教,是将自己的神学、仪式及成员分散到一个或多个世俗社会组织之中,并将它们变为世俗组织的思想、礼仪和结构的一部分,因此没有明确的独立组织的宗教。《家礼》中的那些规定,经常和所谓的"儒家传统"联系在一起,就属于这种弥散型宗教的范畴。葬礼仪式可以很清楚地说明这点。在《家礼》所规定的葬礼中,主要的参与者(通常是长子),是在作为"世俗"组织的家族之中起着最重要作用的人。其次,他

---

[1] Maher(2002),204.

们的那些礼节,像作揖和叩头,在拜年等场合里也照样实行,并不需要长期地专门学习。最后,葬礼中也没有关于彼岸生活的独立神学理论等等。16世纪末、17世纪初中国葬礼的状况,只显示了发散型和制度型宗教的部分交叠:大部分人都遵循《家礼》的基本框架举办葬礼,葬礼本身也基本上是一种家族礼仪。在举行家族礼仪的同时,多数人还会请来和尚、道士等宗教专家,举行某些仪式。换句话说,制度型宗教的礼仪,被嫁接到了弥散型宗教的礼仪上。这个时期的一个特殊现象,是某些士绅成员在葬礼中排斥佛教和其他礼仪、推广纯粹的家礼的运动。这就是外国传教士到达中国时的情况。(参看附录,图A3)

在传教最初的阶段,中国天主教的总体图景与欧洲的情况非常类似,至少传教士们是这样报告的。他们着力描绘人数稀少但相当排外的团体是如何参加天主教仪式(主要是圣事礼仪和圣职人员化的礼仪)的。这与耶稣会士所坚持的观念——全世界的礼仪都应该用一种恰当的、统一的方式进行管理,是一致的[1]。因此对于传教士和中国皈依者来说,葬礼都是按照与欧洲非常类似的方式举行的:弥撒是葬礼的核心礼仪,神父是主要司仪。然而天主教葬礼的逐渐本土化过程显示,经历了一个长约百年的阶段,情况变得复杂得多。那些可以由世俗信徒举行的非圣礼或者非教会礼仪,在中国天主教徒日常生活中变成了最重要的。因此,礼仪之间有了一个较清楚的区分:圣事诸如感恩礼和告解,仍然是严格的教会礼仪;洗礼由圣职人员和地方传教员举行;聚会祈祷和守斋(虽然也由圣职人员参加),成为普通天主教徒将自己和举行与此类似的佛教、道教仪式的中国人区分开来的最为重要的礼仪形式;葬礼成为家庭和天主教团体的基本礼仪,里面只为神父保留了一个边缘角色。丧葬礼仪还进一步将家庭与团体分别开来。天主教徒葬礼中的家族礼仪与《家礼》中的规定重合(这些礼仪经常被说成属于弥散型宗教),也就是说,由家族成员举行的作揖、叩头、上供等礼仪被世俗地移植了进来。然而,中国制度型

---

[1] Maher(2002),216—17.

宗教中的那些仪式，被尽可能地排除了。这些礼仪要求有礼仪专家（他们可能是天主教神父的竞争者）出席。中国制度型宗教的礼仪，被某些由传教士主持的礼仪、更主要的是被天主教团体举行的仪式（如祈祷、洒圣水）取代了。这些礼仪相对地较少要求礼仪专家出席，因为它们可由世俗信徒举行，虽然不必由家族成员（类似于教派）举行。这种区分确证了传教士和中国天主教徒所使用的范畴：天主教神父只举行"圣教之礼"；普通信徒举行"圣教之礼"（如念诵天主教祷文）和"无邪之礼"（如作揖和叩头）；家族成员同样举行后者，并可以举行其他一些"无邪之礼"（如供奉食物）；遭到抵制的，是那些所谓的"邪礼"，其中包括弥散型宗教的某些礼仪（如烧纸钱）和直接与中国制度型宗教相关的所有礼仪（如念诵佛教经文）。（参看附录，图A4）

杜瑞乐的分类，也可以拿来解释葬礼在天主教的这种转变中所扮演的角色。天主教刚被介绍到中国之时，是以一种排外团体的面貌出现的，这是所有东地中海宗教的典型特征。像洗礼、感恩礼和告解等礼仪，都对这种排外性的产生负有责任，因为它们只是面向团体"内部"人群的。值得注意的是，与欧洲同样的礼仪相比，来到中国之后这些礼仪几乎没有发生任何大的变化[1]。同时，葬礼等其他礼仪，使天主教显出另外一种面貌：一个将自身礼仪嫁接或补缀到原有家礼之上的、面向世俗的团体。是中国的文化强制——它强调正统实践，造就了这种"之间"的状态。面向超越存在的那些礼仪，可以用它们自己的独特方式，在一个边缘和相对排外的团体中进行。但面向世俗世界的那些礼仪，不得不用和周围人群同样的方式举行。因此，天主教葬礼在中国的调整之路，为中国宗教生活的结构提供了一种珍贵的观察。

四、葬礼与身份塑造

这些团体及其礼仪的"交织"特征，引出了身份（identity）的问题。在

---

[1]　参看 Dudink（2007）及 *Forgive Us Our Sins*（2006）.

目前的互动框架中,参与者没有一个静态的、固定的身份,他们的身份通过与他者的接触构建出来。这种动态和对话(dialogic)的观点,认为身份认同是"一个过程,社会成员通过它认识自我、并主要依据一项/一组给定的文化属性来构建身份含义,这项/组文化属性被赋予了超过其他意义来源的优先性,或者排斥了其他社会结构中的更广泛的因素。[1]"正如许多研究已经显示的,礼仪可以成为身份认同构建的核心部分。

各种不同文化交织于其中的礼仪,为回答身份的问题提供了一种特殊的视角。葬礼的参与者可以根据多种多样的属性来构建身份含义:例如,"中国人"、"天主教徒"、"儒士"、"耶稣会士"、"佛教徒",等等。和其他活动相比,参加共同的礼仪,使得参与者的身份也呈现出一种新的面貌。由于缺乏直接的材料,现在还不清楚他们是如何断言或者展示自己的身份的。虽然如此,他们的身份大致上可被称作"中间者"(intermediary),这点前面已经讨论过。和包含中间者的礼仪一样,这类身份也具有"之间"的性质(附录,图 A5)。而且,礼仪的关键形态,比如它的门槛状态(liminal phase),一定程度上可以说明这种身份是什么样的。"转换之礼"(rites of passage)的初始阶段,这个概念最先是 Arnold van Gennep 使用的,在 Victor Turner 那里得到了进一步发展。Van Gennep 观察到,所有的变迁或者"转变"(transition)之礼,都有三个阶段:分离(separation)、边缘(margin,或者 *limen*,在拉丁语中意为门槛)以及(再)聚合〔(re-)aggregation〕。第一个分离的阶段,含有一系列象征性的行为,它们意味着个体或群体从它们早期在社会结构中的固定位置,从一套文化背景(一种"状态"),或者从以上两者之中脱离出来。在进入新环境的"门槛"时期,礼仪主体(变迁者)的特征是模糊的。它们经历了一个与过去或即将到来的阶段鲜有或没有共同特征的文化环境。到了第三个阶段,也就是重新聚合或者组合的阶段,变迁就完成了,礼仪的主体——个人或者团体,再次进入一种相对稳定的状态[2]。虽然这些概念最初是为某些特

---

〔1〕 Castells(1996),22;(1997),6.
〔2〕 Turner(1969),94—95.

定的礼仪而设定的,但 Turner 把它们用于宗教运动的起源及其所经历的过程[1]。其他学者也用类似的话语描述发生在"宗教移植"动态过程中的三个阶段[2]。

葬礼的参与者可以说就处在这样一种门槛的、边缘的、模糊的、之间的状态:他们处于欧洲与中国之间、儒家信徒与天主教徒之间。事实上,葬礼比其他任何礼仪都让他们清楚地感觉到迁移中的紧张,但同时又使得礼仪迁移成为可能。在本书所讨论的礼仪转变阶段,葬礼参与者进入了一个构建身份的过程。这种构建首先暗示了一种分离。离开了欧洲,传教士们就和为他们提供身份属性的文化环境分离了。同样,中国信徒通过参加这些外来的活动,在很多方面也脱离了他们原来在自己文化中的固定位置。分离总伴随着失去,这种损失在礼仪上表现出来。中国天主教徒放弃了某些为家族成员举行葬礼时的礼仪,像佛教和道教的仪式;在参加他人葬礼的时候,也不能参与某些活动,像烧纸钱。传教士们同样也有损失。中国的文化指令最终使得葬礼这种中国文化中最为重要的礼仪,仍旧处于传教士控制之外。与欧洲的情形相比(在那里神父是葬礼的主要参与者),中国葬礼的组织和上演,落入普通教徒的手中,他们从始至终主导着葬礼活动。

然而,参加礼仪活动不仅会导致某种身份的丧失,而且也会建立起一种新的身份。某些礼仪,尤其是那些异类文化很难掺入其中的,似乎为参与者提供了一种相当清晰和明确的身份:参加中国的新年庆典,证实了一种中国人的身份;参加弥撒,证实了一种天主教徒的身份。文化属性的礼仪表达和人们在构建自己的身份时赋予它的优先性之间,似乎存在着紧密的联系。因此,如果一个人拒绝庆祝中国新年,就无法证明他是中国人;拒绝参加弥撒,也无法证明他是天主教徒。

本项从文化碰触的角度进行的葬礼研究证实,在中国,葬礼是身份塑

---

[1] Turner(1969),131ff.
[2] Pye(1969),第 237 页描述为:"接触—模糊—补偿"(contact-ambiguity-recoupment)。

造中的关键活动。如果举行得不得体,不仅会给个人,而且会给团体带来
损害[1]。中国天主教徒的葬礼也是如此。如果没有合适的仪式和排
场,葬礼的参与者会被指责缺乏孝心、自动疏离公认的文化核心价值。通
过照料教友兄弟的坟墓、通过接受皇帝的葬礼恤典,传教士们也获得了另
一重身份。肯定地说,中国信徒和传教士可以举行那些他们认为在自己
的身份认同中处于核心的礼仪(如弥撒),只要他们能用恰当的方式举行
葬礼——因为这样做就证明他们顺从了中国身份认同的指令。葬礼是开
放的礼仪,因此更容易接受变化。最引人注目的,是天主教葬礼在中国文
化指令的影响下经历的那些变化。但天主教徒所举行的葬礼,同样顺从
于天主教的文化指令。因此,如果葬礼不按天主教的指令恰当地进行,它
们也不会被认为是"天主教的"。

　　本项研究所关注的是葬礼,它们夹在几种文化传统之中、处于一种
"之间"(in-between)的状态,就像举办葬礼的那些团体也处在这种状态
之间。葬礼提供了一种礼仪背景,中国和天主教中间人的身份,在其中得
以塑造和表达。中国天主教丧葬礼仪最重要的一面可能是,它不仅确认
了参与者的天主教徒身份、巩固了他们的身份认同,而且使得他们能够继
续融入广阔的中国社会。的确,葬礼推动了非排外性的融合,这种融合是
中国传统自身的一个普遍现象。

---

[1]　Lozada(2001),153.

附录

有效礼仪团体示意图（参看本书结论部分）

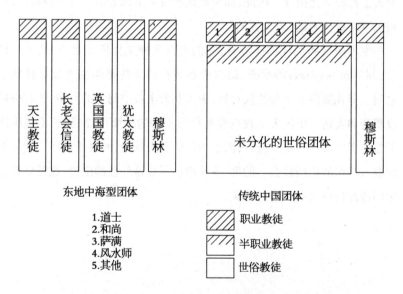

东地中海型团体

1.道士
2.和尚
3.萨满
4.风水师
5.其他

传统中国团体

职业教徒

半职业教徒

世俗教徒

A1. 东地中海型礼仪团体与传统中国礼仪团体的比较（根据杜瑞乐）。

杜瑞乐（Joël Thoraval）对世俗教徒（长方形下半部分）和宗教"职业家"（顶端阴影部分）做了区分。东地中海宗教的礼仪团体（左）显示出一种强烈的排他性的柱形结构——这种排他的属性将世俗教徒和宗教职业家紧密联系起来，柱形结构之间不存在身份重叠（不但不同宗教之间，即使天主教、长老会、英国国教以及其他基督宗教派别之间，同样不存在重叠）。而在传统中国（右），世俗团体和宗教专家之间有着明显的区别。在宗教活动上，世俗团体总的来说是未分化的，与派别多样、界限清楚的宗教专家团体形成了对比——这些专家连同一些活跃的半职业世俗教徒，在教义和礼仪方面是排外的。

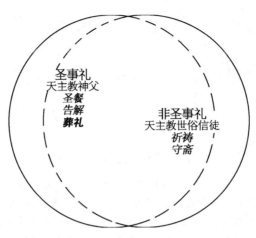

A2. 欧洲天主教教会礼仪与世俗礼仪的大幅重叠(根据 Robert Scribner)。

　　这种排他性的柱状结构,在欧洲导致了这样一种情况:宗教专家的礼仪活动(用圆圈表示)很大程度上与世俗信徒的礼仪活动重叠。天主教神父是感恩、告解等圣事礼的主要主持者。圣职人员虽然可以不必出席由世俗信徒举行的非圣事礼仪(如念诵玫瑰经、守斋等),但实际上在许多仪式里他们都会出场。葬礼也是如此。葬礼虽然并不被当作圣事,但也逐渐圣职化了,由神父主持的弥撒,成为天主教丧葬礼仪的核心部分。

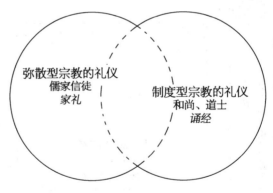

A3. 传统中国专业宗教礼仪与世俗礼仪的有限重叠。

　　杨庆堃所指出的中国弥散型与制度型宗教在礼仪上的差别,与杜瑞乐对世俗团体与宗教专家的划分一致。支持儒家正统的世俗民众,实行那些"弥散"在世俗组织中的礼仪,像《家礼》详细规定的那些家族中的礼仪。相反,僧人和道士实行那些依据独立的宗教活动形式建立的礼仪,如诵经。在葬礼中,这两个圈子只有部分重叠,某些制度型宗教的礼仪,移植到了弥散型宗教礼仪之中。一些正统的儒家学者,试图清除家礼中的佛教、道教元素。

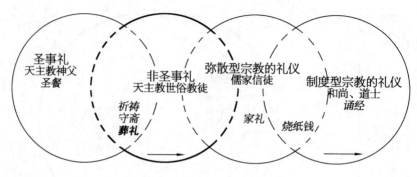

A4. 17 世纪中国天主教礼仪的重组。

　　世俗信徒举行的礼仪、而非神父举行的圣事礼,成为中国天主教徒礼仪生活中最核心的部分,这是天主教礼仪在中国发生的最显著的变化。在这种变化中(左边箭头所示),与欧洲相比圣事礼和非圣事礼之间较少重叠。例如,在欧洲已经基本被圣职化的葬礼,在中国成为家族和天主教团体的基本礼仪,只为神父保留了一个边缘角色。葬礼中举行的天主教礼仪,与《家礼》描述的、弥散型宗教中普遍的礼仪活动部分交叠。因此,天主教团体在前近代中国的地位,类似于与弥散型宗教相对的制度型宗教。只有排斥某些礼仪(右边箭头所示)、尤其是其他制度型宗教的礼仪,这才可能。

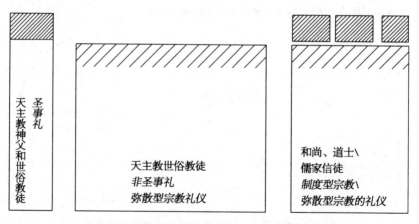

A5. 天主教团体的"之间"(in-between)状态。

　　天主教团体的"内部—中间"状态在中国的葬礼活动中表现得很明显。通过举行非圣事礼仪和那些不被当作迷信的弥散型宗教礼仪,由世俗教徒组成的天主教团体在欧洲结构(侧重于那些将信众和宗教专家团结起来的仪式)和中国结构(世俗团体和宗教专家之间存在着巨大差别)中处于"之间"的状态。

缩　略　语

100 RD:*100 Roman Documents Concerning the Chinese Rites Controversy* (*1645—1941*). 1992. Trans. Donald F. St. Sure. Ed. Ray R. Noll. San Francisco: Ricci Institute.

ARSI Jap. Sin.: Archivum Romanum Societatis Iesu, Japonica-Sinica Collection, Rome.

BAV: Bibliotheca Apostolica Vaticana, Rome.

BnF: Bibliothèque nationale de France, Paris. See also Maurice Courant. 1902—1912. *Catalogue des livres chinois, coréens, japonais, etc.* 8 vols. Paris: Ernest Leroux.

CCS: *Collectanea Commissionis Synodalis* (*in Sinis*). 1928—1947. Beijing.

CCT ARSI:《耶稣会罗马档案馆明清天主教文献》,12 册,钟鸣旦、杜鼎克编,台北:利氏学社,2002。

CCT ZKW:《徐家汇藏书楼明清天主教文献》,5 册,钟鸣旦、杜鼎克、黄一农、祝平一编,台北:辅仁大学出版社,1996。

CMCS:《四库全书存目丛书》,济南:齐鲁书社,1997。

CPF (1893): *Collectana S. Congregationis de Propaganda Fide seu decreta, instructiones, rescripta pro apostolicis missionibus ex tabulario eiusdem Sacrae Congregationis deprompta.* 1893. Rome: Typographia Polyglotta.

CPF (1907): *Collectana S. Congregationis de Propaganda Fide seu decreta, instructiones, rescripta pro apostolicis missionibus.* Vol. 1. *Ann. 1622—1866.* 1907. Rome: Typographia Polyglotta.

DMB: *Dictionary of Ming Biography.* 1976. 2 vols. Ed. L. Carrington Goodrich and Chao-ying Fang. New York and London: Columbia University Press.

ECCP: *Eminent Chinese of the Ch'ing Period* (*1644—1912*). 1943—1944. 2 vols. Ed. Arthur W. Hummel. Washington: US Government Printing Office.

FR: Matteo Ricci. *Fonti Ricciane.* 1942—1949. 3 vols. Ed. Pasquale d'Elia. Rome: La Libreria dello Stato.

257

HCC:*Handbook of Christianity in China*:*Volume One*(*635—1800*). 2001. Ed. Nicolas Standaert. Leiden:Brill.

OS:*Opere Storiche del P. Matteo Ricci S. I.* Vol. 1,*Commentari della Cina*, 1911. Vol. 2,*Le Lettere dalla Cina*(*1580—1610*),*con appendice di documenti inediti*,1913. Ed. Pietro Tacchi Venturi. Macerata:Filippo Giorgetti.

SF:*Sinica Franciscana*

III. Anastasius van den Wyngaert,ed. 1936. *Relationes et Epistolas Fratrum Minorum Saeculi XVII.* Quaracchi.

IV. Anastasius van den Wyngaert,ed. 1942. *Relationes et Epistolas Fratrum Minorum Saeculi XVII et XVIII.* Quaracchi-Firenze.

V. Anastasius van den Wyngaert and Georges Mensaert,ed. 1954. *Relationes et Epistolas Illmi D. Fr. Bernardini della Chiesa O. F. M.* Rome.

VI. Mensaert,Georges,ed. 1961. *Relationes et Epistolas Primorum Fratrum Minorum Italorum*(*Saeculi XVII et XVIII*). Rome.

VII. Georges Mensaert,Fortunato Margiotti,and Antonio Sisto Rosso ed. 1965. *Relationes et Epistolas Fratrum Minorum Hispanorum in Sinis qui a. 1672—1681 Missionem Ingressi Sunt.* Rome.

VIII. Georges Mensaert,ed. 1975. *Relationes et Epistolas Fratrum Minorum Hispanorum in Sinis qui a. 1684—1692 Missionem Ingressi Sunt.* Rome.

SKQS:(文渊阁)《四库全书》,台北:商务印书馆,1983—1986。

WX:《天主教东传文献》,吴相湘编("中国史学丛书"24),台北:学生书局,1965。

WXSB:《天主教东传文献三编》,6 册,吴相湘编("中国史学丛书续编"21),台北:学生书局,1972。

WXXB:《天主教东传文献续编》,3 册,吴相湘编("中国史学丛书"40),台北:学生书局,1966。

XC:《熙朝崇正集·熙朝定案(外三种)》,韩琦、吴旻编,北京:中华书局,2006。

引 用 文 献

西文部分

A. L. 1939. "La classificazione e catalogazione dell'antica biblioteca del Pe-t'ang."
Il Pensiero missionario 11:242—43.

Acta Cantonensia Authentica in quibus praxis Missionariorum Sinensium Societatis Jesu circa ritus Sinenses approbata est communi consensu Patrum Dominicanorum, & Jesuitarum, qui erant in China; atque illorum subscriptione firmata. 1700. s. l.

Ahern, Emily Martin. 1973. *The Cult of the Dead in a Chinese Village.* Stanford: Stanford University Press.

Ames, Roger T., and David L. Hall. 2001. *Focusing the Familiar: A Translation and Philosophical Interpretation of the Zhongyong.* Honolulu: University of Hawai'i Press.

Amiot, Joseph Marie. 1780. "Mort et funérailles de l'Impératrice Mère (1777)." In *Mémoires concernant l'histoire, les sciences, les arts, les mœurs, les usages des Chinois*, vol. 6, 346—73. Paris: Nyon.

Ariès, Philippe. 1977. *L'homme devant la mort.* Paris: Seuil.

———. 1981. *The Hour of Our Death.* Trans. H. Weaver. Harmondsworth: Penguin.

———. 1985. *Images of Man Death.* Trans. J. Lloyd. Cambridge, MA: Harvard University Press.

Augustine. 1963. *The City of God Against the Pagans.* 7 vols. Trans. William M. Green. Cambridge: Harvard University Press.

Bailey, Gauvin Alexander. 1999. *Art on the Jesuit Missions in Asia and Latin America, 1542—1773.* Toronto: University of Toronto Press.

Bartoli, Daniello. 1663. *Dell' historia della compagnia di Giesu: La Cina terza parte dell' Asia.* Rome: Varesei.

Bell, Catherine. 1992. *Ritual Theory, Ritual Practice*. Oxford: Oxford University Press.

——. 1997. *Ritual: Perspectives and Dimensions*. Oxford: Oxford University Press.

Berling, Judith A. 1987. "Orthopraxy." In *The Encyclopedia of Religion*, ed. Mircea Eliade, vol. 11, 129—32. New York: Macmillan.

Bernand, Carmen, and Serge Gruzinski. 1988. *De l'idolâtrie: Une archéologie des sciences religieuses*. Paris: Seuil.

Bernard, Henri. 1945. "Les adaptations d'ouvrages européens: bibliographie chronologique depuis la venue des portugais à Canton jusqu'à la Mission française de Pékin, 1514—1688." *Monumenta Serica* 10: 1—57, 309—88.

Bettray, Johannes. 1955. *Die Akkommodationsmethode des P. Matteo Ricci S. J. in China*. Rome: Univ. Pont. Gregoriana.

Biermann, Benno. 1927. *Die Anfänge der neueren Dominikanermission in China*. Münster: Aschendorff.

Binski, Paul. 1996. *Medieval Death: Ritual and Representation*. London: The British Museum Press.

Black, Christopher. 1989. *Italian Confraternities in the Sixteenth Century*. Cambridge: Cambridge University Press.

Bontinck, François. 1962. *La lutte autour de la liturgie chinoise aux 17e et 18e siècles*. Leuven: Nauwelaerts.

Bosmans, Henri. 1912. *Ferdinand Verbiest: Directeur de l'observatoire de Peking (1623—1688)*. Leuven: Cueterick.

Breviarium Romanum (ex Decreto Sacrosancti Concilii Tridentini restitutum). 1568. Repr., Antwerpiae: Ex officina Plantiniana, 1617.

Brockey, Liam Matthew. 2005. "Flowers of Faith in an Emporium of Vices: The 'Portuguese' Jesuit Church in Seventeenth Century Peking." *Monumenta Serica* 53: 45—71.

——. 2007. *Journey to the East: The Jesuit Mission to China, 1579—1724*. Cambridge, MA: Harvard University Press.

Brokaw, Cynthia J. 1991. *Ledgers of Merit and Demerit: Social Change and Moral Order in Late Imperial China*. Princeton: Princeton University Press.

Brook, Timothy. 1989. "Funerary Ritual and the Building of Lineages in Late Imperial China." *Harvard Journal of Asiatic Studies* 49(2): 465—99.

Brunner, Paul. 1964. *L'Euchologe de la mission de Chine: Editio princeps et développements jusqu'à nos jours (Contribution à l'histoire des livres des prières)*. Münster (i. W.): Aschendorffsche Verlagsbuchhandlung.

[Buglio, Lodovico]. 1688. "Abregé de la vie et de la mort du R. Père Gabriel de Magaillans, de la Compagnie de Jesus, Missionnaire de la Chine: Fait par le R. Père Loüis Buglio, son Compagnon inséparable durant trente-six ans; & envoyé de Pe Kim l'an 1677." In *Nouvelle relation de la Chine, contenant la description des particularitez les plus considerables de ce grand empire*, by Gabriel de Magalhães, 371—85. Paris: Claude Barbin.

——. 1689. "An Aridgment of the Life and Death of F. Gabriel Magaillans, of the

Society of Jesus, Missionary into China, written by F. Lewis Buglio, his insepa-
rable Companion for six and thirty Years; and sent from Pe Kim in the Year
1677. "In *A New History of the Empire of China, Containing a Description of
the Politick Government, Towns, Manners and Customs of the People, &c.*, by
Gabriel de Magalhães, 340—52. London: Samuel Holford.

Bürkler, Xaver. 1942. *Die Sonn-und Festtagsfeier in der katholischen Chinamission:
Eine geschichtlich-pastorale Untersuchung*. Rome: Herder.

Callewaert, Camillus. 1940. "De officio defunctorum. "In *Sacris Erudiri*, by Camillus
Callewaert, 169—77. Steenbrugge: Abbatia S. Petri de Aldenburgo.

Castells, Manuel. 1996. *The Rise of the Network Society*. Oxford: Blackwell.

———. 1997. *The Power of Identity*. Oxford: Blackwell.

Catholic Encyclopedia, Online Edition. 2003.

Certeau, Michel de. 1969. *L'étranger ou l'union dans la différence*. Paris: DDB.

———. 1973. *L'absent de l'histoire*. Paris: Maison Mame.

Chan, Albert. 1990. "Towards a Chinese Church: The Contribution of Philippe Cou-
plet S. J. (1622—1693). "In *Philippe Couplet, S. J. (1623—1693), The Man
Who Brought China to Europe*, ed. J. Heyndrickx, 55—86. Nettetal: Steyler Ver-
lag.

———. 2002. *Chinese Books and Documents in the Jesuit Archives in Rome: A Descrip-
tive Catalogue: Japonica-Sinica I-IV*. New York: M. E. Sharpe.

Chau, Adam Yuet. 2006. *Miraculous Response: Doing Popular Religion in Contempo-
rary China*. Stanford: Stanford University Press.

Chazel, François. 1990. "Influence. "In *Encyclopaedia Universalis*, vol. 12, 299—301.
Paris: Encyclopaedia Universalis.

Chen, Gang. 2000. "Death Rituals in a Chinese Village: An Old Tradition in Con-
temporary Social Context. "Ph. D. diss. , Ohio State University.

*China on Paper: European and Chinese Works from the Late Sixteenth to the Early
Nineteenth Century*. 2007. Ed. Marcia Reed and Paola Demattè. Los Angeles:
Getty Research Institute.

Chiffoleau, Jacques. 1980. *La comptabilité de l'au-delà: Les hommes, la mort et la re-
ligion dans la région d'Avignon à la fin du moyen age*. Rome: Ecole française
de Rome.

Chow, Kai-wing. 1994. *The Rise of Confucian Ritualism in Late Imperial China: Eth-
ics, Classics, and Lineage Discourse*. Stanford: Stanford University Press.

———. 2004. *Publishing, Culture, and Power in Early Modern China*. Stanford: Stanford
University Press.

Chung, Sue Fawn, and Priscilla Wegars. 2005. *Chinese American Death Rituals: Re-
specting the Ancestors*. Lanham: AltaMira Press.

Cieslik, Hubert. 1950. "Begräbnisritten in der alten Japan-Mission. "*Zeitschrift für
Missions-und Religionswissenschaft* 34: 241—57. Repr. in Hubert Cieslik, *Pub-
likationen über das Christentum in Japan: Veröffentlichungen in europäischen
Sprachen*, ed. Margret Dietrich and Arcadio Schwade, 325—37. Frankfurt am

Main：Peter Lang, 2004.

Clifford, James. 1988. *The Predicament of Culture*：*Twentieth-Century Ethnography*, *Literature, and Art*. Cambridge, MA：Harvard University Press.

Cohen, Paul A. 1984. *Discovering History·in China*：*American Historical Writing on the Recent Chinese Past*. New York：Columbia University Press.

Cohn, Samuel K. 1988. *Death and Property in Siena, 1205—1800*. Baltimore：John Hopkins University Press.

Cole, Alan. 1998. *Mothers and Sons in Chinese Buddhism*. Stanford：Stanford University Press.

Collani, Claudia von. 2004. "The Events of Beijing：Ritual Problems from China as Described in the 'Acta Pekinensia' by Kilian Stumpf SJ. "Paper presented at the workshop"Chinese and Christian Rituality in Late Imperial China," K. U. Leuven, 17—19 June 2004.

Cordier, Henri. 1909. *Catalogue des albums chinois et ouvrages relatifs à la Chine*, *conservés au Cabinet des estampes de la bibliothèque nationale*. Paris：Imprimerie Nationale. Same version in *Journal asiatique*, September-October, 1909, 209— 62.

Couplet, Philippe. 1688. *Histoire d'une dame chrétienne de la Chine, ou par occasion les usages de ces Peuples, l'établissement de la Religion, les manières des Missionnaires, & les Exercices de Pieté des nouveaux Chrétiens sont expliquez*. Paris：Esteinne Michallet.

——. 1691. *Historia de una gran Señora christiana de la China, llamada Dona Candida Hiu*. Madrid：Antonio Roman.

——. 1694. *Historie van eene groote, christene mevrouwe van China met naeme mevrouw Candida Hiu*. Antwerp：Knobbaert by Franciscus Muller.

Cummins, James Sylvester. 1993. *A Question of Rites*：*Friar Domingo Navarrete and the Jesuits in China*. Aldershot：Scolar Press.

Curto, Diogo Ramada. 2005. "The Jesuits and Cultural Intermediacy in the Early Modern World. "*Archivum Historicum Societatis Iesu* 74：3—22.

Dapper, Olfert. 1670. *Gedenkwaerdig bedryf der Nederlandsche Oost-Indische Maetschappye, op de kuste en in het keizerrijk van Taising of Sina：behelzende het tweede gezandschap... en het derde gezandschap aen Konchy, Tartarsche keizer van Sina en Oost-Tartarye：onder beleit van zijne Ed. Pieter van Hoorn. Beneffens een beschryving van geheel Sina... geschreven door Dr. O. Dapper*. Amsterdam：Jacob van Meurs.

——. 1671. [erroneously attributed to Arnoldus Montanus] *Atlas Chinensis：Being a Second Part of A Relation of Remarkable Passages in Two Embassies from the East-India Company of the United Provinces to the Vice-Roy Singlamong and General Taising Lipovi and to Konchi, Emperor of China and East-Tartary...* London：J. Ogilby.

Dean, Kenneth. 1988. "Funerals in Fujian. "*Cahiers d'Extrême Asie* 4：19—78.

Dehergne, Joseph. 1956. "Les congrégations dans l'empire de Chine aux XVIIe et

XVIIIe siècles. "In *Maria: Études sur la Sainte Vierge*, ed. Hubert du Manoir, vol. 4, 967—80. Paris: Beauchesne.

——. 1973. *Répertoire des jésuites de Chine de 1552 à 1800*. Rome: Institutum Historicum S. I. (中文版:荣振华、耿昇译:《在华耶稣会士列传及书目补编》,北京:中华书局,1992。)

Der Neue Welt-Bott: Allerhand so Lehr-als Geistreiche Letter, Schrifften und Reis-Beschreibungen, Welche von denen Missionariis der Gesellschafft Jesu Aus Beyden Indien, und andern Über Meer gelegenen Ländern Seit An. 1642. biβ auf das Jahr 1726 in Europa angelanget seynd (Tomus 1). 1726. Ed. Joseph Stöcklein. Augspurg: Veith.

Despland, Michel. 1979. *La religion en Occident: Évolution des idées et du vécu*. Montréal and Paris: Fides and Cerf.

Despland, Michel, and Gérard Vallée. 1992. *Religion in History: The Word, the Idea, the Reality*. Waterloo, ON: Wilfrid Laurier University Press.

De Ursis, Sabatino. 2000. "P. Matheus Ricci S. I. Relação escripta pelo seu companheiro, P. Sabatino De Ursis S. I." ARSI Jap. Sin. 113. Modern edition *Relazione della morte del P. Matteo Ricci: Uno dei primi Padri della Compagnia di Gesù che entrarono nel regno della Cina con alcune cose riguardanti la sua vita*, ed. and trans. Gaetano Ricciardolo. Rome: private edition.

Dictionnaire de théologie catholique. 1903—1972. 15 vols. Paris: Letouzey.

Doolittle, Justus. 1867. *Social Life of the Chinese: With Some Account of their Religious, Governmental, Educational, and Business Customs and Opinions*. 2 vols. New York: Harper.

Doré, Henri. 1911. *Recherches sur les superstitions en Chine*. Vol. 1, *Les pratiques superstitieuses*. Shanghai: Impr. de la Mission catholique.

A Dream of Red Mansions (《红楼梦》). 1978. 3 vols. Trans. Yang Hsien-yi and Gladys Yang. Beijing: Foreign Languages Press.

DuBois, Thomas D. 2005. *The Sacred Village: Social Change and Religious Life in Rural North China*. Honolulu: University of Hawai'i Press.

Dudink, Ad. 2000. "*Nangong shudu* (1620), *Poxie ji* (1640), and Western Reports on the Nanjing Persecution (1616/1617)." *Monumenta Serica* 48: 133—265.

——. 2001. "The Image of Xu Guangqi as Author of Christian Texts (A Bibliographical Appraisal)." In *Statecraft and Intellectual Renewal in Late Ming China: The Cross-Cultural Synthesis of Xu Guangqi (1562—1633)*, ed. Catherine Jami, Peter Engelfriet, and Gregory Blue, 99—152. Leiden: Brill.

——. 2006. *Chinese Books and Documents (pre—1900) in the Royal Library of Belgium at Brussels*. Brussels: Koninklijke Bibliotheek van België.

——. 2007. "The Holy Mass in Seventeenth and Eighteenth Century China." In *A Lifelong Dedication to the China Mission: Essays Presented in Honor of Father Jeroom Heyndrickx, CICM*, ed. Noël Golvers and Sara Lievens, 207—326. Leuven: Ferdinand Verbiest Institute.

Du Halde, Jean-Baptiste. 1735. *Description geographique, historique, chronologique, pol-*

itique et physique de l'empire de la Chine et de la Tartarie chinoise. 4 vols. Paris: P. -G. Le Mercier.

———. 1736. *Description geographique, historique, chronologique, politique et physique de l'empire de la Chine et de la Tartarie chinoise.* 4 vols. La Haye: H. Scheuleer.

———. 1738—1741. *A Description of the Empire of China and Chinese-Tartary, Together with the Kingdoms of Korea and Tibet: Containing the Geography and History (Natural as well as Civil) of those Countries.* 2 vols. London: T. Gardner.

Dunyn-Szpot, Thomas-Ignatius. 1700—1710. "Collectanea Historiae Sinensis ab anno 1641 ad annum 1700 ex variis documentis in Archivo Societatis existentibus excerpta, duobus tomis distincta." ARSI Jap. Sin. 104—5, I—II.

Ebersole, Gary L. 2000. "The Function of Ritual Weeping Revisited: Affective Expression and Moral Discourse." *History of Religions* 39(3): 211—46.

Ebrey, Patricia Buckley, trans. 1991a. *Chu Hsi's Family Rituals: A Twelfth-Century Chinese Manual for the Performance of Cappings, Weddings, Funerals, and Ancestral Rites.* Princeton: Princeton University Press.

———. 1991b. *Confucianism and Family Rituals in Imperial China: A Social History in Writing about Rites.* Princeton: Princeton University Press.

Edwards, E. D. 1948. "A Classified Guide to the Thirteen Classes of Chinese Prose." *Bulletin of the School of Oriental and African Studies* 12: 770—88.

Eire, Carlos M. N. 1995. *From Madrid to Purgatory: The Art and Craft of Dying in Sixteenth-Century Spain.* Cambridge: Cambridge University Press.

Elliott, Mark C. 2001. *The Manchu Way: The Eight Banner and Ethnic Identity in Late Imperial China.* Stanford: Stanford University Press.

Elman, Bejamin A. 2000. *A Cultural History of Civil Examinations in Late Imperial China.* Berkeley: University of California Press.

Esherick, Joseph W. 1998. "Cherishing Sources from Afar." <u>Modern</u> <u>China</u> 24(2): 135—61.

Europe Informed: An Exhibition of Early Books Which Acquainted Europe With the East. 1966. Cambridge and New York: Harvard College Library et al.

Feil, Ernst. 1986. *Religion: Die Geschichte eines neuzeitlichen Grundbegriffs von Frühchristentum bis zum Reformation.* Göttingen: Vandenhoeck & Ruprecht.

———. 1997. *Die Geschichte eines neuzeitlichen Grundbegriffs zwischen Reformation und Rationalismus (ca. 1540—1620).* Göttingen: Vandenhoeck & Ruprecht.

Fezzi, Luca. 1999. "Osservazioni sul *De Christiana Expeditione apud Sinas suscepta ab Societate Iesu* di Nicolas Trigault." *Rivista di Storia e Letteratura Religiosa* 35(3): 541—66.

Filippucci, Francesco Saverio. 1700. *De Sinensium ritibus politicis acta, seu R. P. Francisci Xaverii Philipucci Missionarii Sinensis è Societate Jesu, Praeludium ad plenum disquisitionem, an bonâ vel malâ fide impugnentur opiniones et praxes Missionariorum Societatis Jesu in regno Sinarum ad cultum Confuci et defunctorum pertinentes.* Paris: Nicolaum Pie. Ms. version in Biblioteca Nazionale Centrale Vittorio Emanuele II, Rome Ges. 1249/7.

Fontaney, Jean de. 1707. "Lettre du Pere de Fontaney, missionnaire de la Compagnie de Jésus à la Chine, au R. P. de La Chaize, de la mesme Compagnie, Confesseur du Roy. A Tcheou-chan, port de la Chine dans la province de Tche-Kian a 18 lieues de Nimpo, le 15 fevrier 1703. " In *Lettres édifiantes et curieuses, écrites des Missions Étrangères par quelques Missionnaires de la Compagnie de Jésus*: *VII. Recueil*, 61—366. Paris: Nicolas Le Clerc.

——. 1979. "Les débuts de la mission française de Pékin. " In *Lettres édifiantes et curieuses de Chine par les missionnaires jésuites 1702—1776*, ed. Isabelle and Jean-Louis Vissière, 116—43. Paris: Garnier-Flammarion.

Forgive Us Our Sins: *Confession in Late Ming and Early Qing China*. 2006. Ed. Nicolas Standaert and Ad Dudink. Monumenta Serica Monograph Series 55. Sankt Augustin/Nettetal: Steyler Verlag.

Fortescue, Adrian, and J. B. O'Connell. 1962. *The Ceremonies of the Roman Rite Described*. London: Burns & Oates. (Orig. 1917).

Foss, Theodore N. 1983. "Nicholas Trigault, S. J. —Amanuensis or Propagandist? The Rôle of the Editor of *Della entrata della Compagnia di Giesù e Christianità nella Cina*. " Addendum to International Symposium on Chinese-Western Cultural Interchange in Commemoration of the 400th Anniversary of the Arrival of Matteo Ricci, S. J. in China. Taipei: Fujen.

Franke, Herbert. 1942. "Patents for Hereditary Ranks and Honorary Titles during the Ch'ing Dynasty. " *Monumenta Serica* 7: 38—67.

Französisches etymologisches Wörterbuch. 1948—1957. 14 vols. Ed. Walther von Wartburg. Tübingen: Mohr Siebeck.

Freedman, Maurice. 1974. "On the Sociological Study of Chinese Religion. " In Wolf, ed., *Religion and Ritual in Chinese Society*, 19—42.

Gabiani, Giandomenico. 1673. *Incrementa Sinicae Ecclesiae Tartaris Oppugnatae*. Vienna: L. Voigt.

Gall, Anne. 1990. "Inventaire avec indication de provenance des collections d'albums d'estampes et de peintures chinoises au departement des estampes. " s. l. Photocopied list. Cabinet des estampes, Bibliothèque nationale de France.

Gaubil, Antoine. 1970. *Correspondance de Pékin, 1722—1759*, ed. R. Simon. Geneva: Droz.

Gayoso, Francisco. 1683. "Letter to Ferdinand Verbiest, " 23 November. Latin Autograph in Madrid, Archivo Histórico Nacional, Jesuitas, Leg. 270, nr. 161. Copy in Bibliotheca da Ajuda, Lisbon, Jesuítas na Ásia 49—V—19: nr. 111, 408r—415r.

Geertz, Clifford. 1977. "Centers, Kings, and Charisma: Reflections on the Symbolics of Power. " In *Culture and Its Creators*: *Essays in Honor of Edward Shils*, ed. Joseph Ben-David and Terry Nichols Clark, 150—71. Chicago: University of Chicago Press.

Gernet, Jacques. 1982. *Chine et christianisme*: *Action et réaction*. Paris: Gallimard. (中

文版:谢和耐:《中国文化与基督教冲撞》,沈阳:辽宁人民出版社,1989;谢和耐著,耿昇译:《中国与基督教》,上海:上海古籍出版社,1991。)

——. 1985. *China and the Christian Impact : A Conflict of Cultures*. Cambridge : Cambridge University Press.

——. 2003. "*Della entrata della Compagnia di Giesù e Christianità nella Cina* de Matteo Ricci(1609) et les remaniements de sa traduction latine(1615). " In *Académie des Inscriptions & Belles-Lettres : Comptes rendus des séances de l'année 2003(janvier-mars)*. Paris : Boccard.

Gerson, Jean. 1966. *Oeuvres complètes*. Vol. 7, *L'oeuvre française*. Paris : Desclée.

Ginzburg, Carlo. 1999. "Alien Voices : The Dialogic Element in Early Modern Jesuit Historiography. " In *History, Rhetoric, and Proof*, 71—91. Hanover : University Press of New England.

The Golden Lotus (《金瓶梅》). 1939/1988. Trans. C. Egerton. 4 vols. Singapore : Graham Brash.

Golvers, Noël. 1998. "D. Papebrochius, S. J. (1628—1714), Ph. Couplet (1623—1693)en de Vlaamse jezuïetenmissie in China. "*De zeventiende eeuw* 14(1) : 39—50.

——. 1999. *François de Rougemont, S. J. , Missionary in Ch'ang-shu(Chiang-nan) : A Study of the Account Book(1674—1676) and the Elogium*. Leuven : Leuven University Press. (中文版:高华士著,赵殿红译:《清初耶稣会士鲁日满常熟账本及灵修笔记研究》,郑州:大象出版社,2007。)

González, Jose Maria. 1955—1967. *Historia de las misiones dominicanas de China*. 5 vols. Madrid : Imprenta Juan Bravo.

Gouvea, António de. 1671. *Innocentia Victrix sive Sententia Comitiorum Imperij Si [nici] pro Innocenti[a] Christianae Religionis*. Trans. François de Rougemont. Canton.

——. 1995—2001. *Asia extrema*. 2 vols. Ed. Horácio P. Araújo. Lisboa : Fundação Oriente.

Granet, Marcel. 1922. "Le langage de la douleur d'après le rituel funéraire de la Chine classique. "*Journal de psychologie*, 15 February, 97—118.

The Great Ming Code/Da Ming lü(1397). 2005. Trans. Jiang Yonglin. Seattle : University of Washington Press.

Grimaldi, Filippo. 1927. "Breve relazione della vita e morte del P. Ludovico Buglio Missionario della Cina, scritta dal P. Filippo Grimaldi nella Corte Imperiale di Pekim alli 4 ottobre 1682. "Mss. Archivio Segreto Vaticano, Miscellanea, Armadio VIII, t. 58. Repr. , "Onoranze della Corte Imperiale di Pekino : In morte di un missionario, nel secolo XVII, "[by M. Barbera]. *La Civiltà Cattolica* 78, no. 2(1927) : 322—30.

Groot, Jan Jacob M. de. 1892—1897. *The Religious System of China : Book I. Disposal of the Dead*. 3 vols. Leiden : Brill.

Grueber, Johannes. 1985. *Als Kundschafter des Papstes nach China : 1656—1664 : Die erste Durchquerung Tibets*. Ed. Franz Braumann. Stuttgart : Erdmann.

引 用 文 献

Gruzinski, Serge. 1999. *La pensée métisse*. Paris: Fayard.

——(Ku Chieh-kang). 1981. "Funeral Processions. "Trans. Nancy Gibbs. In *Chinese Civilization and Society: A Sourcebook*, ed. Patricia Buckley Ebrey, 289—93. New York: The Free Press.

Gy, Pierre-Marie. 1955. "Les funérailles d'après le rituel de 1614. "*La Maison-Dieu* 44(September) :70—82.

Handlin, Joanna F. 1983. *Action in Late Ming Thought: The Reorientation of Lü K'un and Other Scholar-Officials*. Berkeley: University of California Press.

Handlin Smith, Joanna F. 1987. "Benevolent Societies: The Reshaping of Charity during the Late Ming and Early Ch'ing. "*The Journal of Asian Studies* 46: 309—37.

Harmening, Dieter. 1979. *Superstitio: Überlieferungs-und theoriegeschichtliche Untersuchungen zur kirchlich-theologischen Aberglaubensliteratur des Mittelalters*. Berlin: Schmidt.

Henschenius, Godefridus, and Daniël Papebrochius. 1685—1688. *Acta sanctorum quotquot toto orbe coluntur, vel a catholicis scriptoribus celebrantur: Propylaeum ad 7 Tomos Mensis Maii*. Antwerp: J. B. Verdussen. Repr. , Paris and Rome: Victor Palme, 1868.

Héris, Ch. -V. 1955. "Théologie des suffrages pour les morts. "*La Maison Dieu* 44 (September) :58—67.

Herrera Maldonado, Francisco de. 1620. *Epitome historial del Reyno de la China, muerta de su Reyna, madre de Este Rey que oy viue, que sucedio a treinta de Março del Año de mil y seiscientos y diez y siete. Sacrificios y Ceremonias de su Entierro. Con la Description de aquel Imperio. Y la Introduccion en el de nuestra Santa Fe Catolica*. Madrid: Andreas de Parra.

——. 1622. *Nouuelle histoire de la Chine, ou la mort de la Reyne Mere du Roy qui regne auiourd'huy en la Chine, les Ceremonies & les Sacrifices qui se firent à ses Funerailles sont fidellement racontez, Avec le commencement & le progrez que les P. P. de la Compagnie de Iesus ont fait faire à la Religion Chrestienne en ce Royaume là*. Trans. I. I. Bellefleur Percheron. Paris: Charles Chastellain.

Histoire de ce qui s'est passe'es Royaumes de la Chine et du Japon, Tirées des lettres escrites és années 1619, 1620 & 1621, Adressées au R. P. Mutio Vitelleschi, General de la Compagnie de Jesus. 1625. Paris: Sébastien Cramoisy.

Honey, David B. 1981. "Liturgy or Literature? Three Approaches to *Ji wen* in the *Wen xuan*. "*Journal of Asian Culture* 5 :76—106.

Hucker, Charles. 1985. *A Dictionary of Official Titles in Imperial China*. Stanford: Stanford University Press.

Huntington, Richard, and Peter Metcalf. 1979. *Celebrations of Death: The Anthropology of Mortuary Ritual*. Cambridge: Cambridge University Press.

Ikels, Charlotte. 2004. "Serving the Ancestors, Serving the State: Filial Piety and Death Ritual in Contemporary Guangzhou. "In *Filial Piety: Practice and Discourse in Contemporary East Asia*, ed. Charlotte Ikels, 88—105. Stanford: Stanford University Press.

Jankowiak, William R. 1993. *Sex, Death, and Hierarchy in a Chinese City: An Anthropological Account*. New York: Columbia University Press.

Jennes, Joseph. 1946. "A propos de la liturgie chinoise: Le Bref Romanae Sedis Antistes de Paul V(1615). "*Neue Zeitschrift für Missionswissenschaft* 2: 241—54.

Jensen, Lionel. 1997. *Manufacturing Confucianism: Chinese Traditions and Universal Civilization*. Durham: Duke University Press.

Johnson, David. 1989. *Ritual Opera, Operatic Ritual: "Mu-lien Rescues his Mother" in Chinese Popular Culture*. Berkeley: IEAS Publications.

Johnson, Elizabeth L. 1988. "Grieving for the Dead, Grieving for the Living: Funeral Laments of Hakka Women. "In Watson and Rawski, eds. , *Death Ritual in Late Imperial and Modern China*, 135—163.

Jones, Adam. 1990. "Decompiling Dapper: A Preliminary Search for Evidence. "*History in Africa* 17: 171—209.

Josson, Henri, and Léopold Willaert. 1938. *Correspondance de Ferdinand Verbiest de la Compagnie de Jésus(1623—1688)*. Brussels: Palais des Académies.

Jungmann, Joseph. 1961. *The Mass of the Roman Rite: Its Origins and Development (Missarum Sollemnia)*. 4th ed. Trans. F. Brunner. London: Burns & Oates.

Kataoka, Inácia Rumiko. 1997. *A vida e a acção pastoral de D. Luís Cerqueira S. J. , bispo do Japão(1598—1614)*. Macau: Instituto Cultural.

Kelly, Edward T. 1971. "The Anti-Christian Persecution of 1616—1617 in Nanjing. "Ph. D. diss. , Columbia University.

Kirschbaum, Engelbert et al. 1968—1976. *Lexikon der christlichen Ikonographie*, 8 vols.

Kuhn, Thomas S. 1977. *The Essential Tension: Selected Studies in Scientific Tradition and Change*. Chicago: University of Chicago Press.

Kutcher, Norman. 1999. *Mourning in Late Imperial China: Filial Piety and the State*. Cambridge: Cambridge University Press.

Laamann, Lars Peter. 2006. *Christian Heretics in Late Imperial China: Christian Inculturation and State Control, 1720—1850*. London: Routledge.

Lach, Donald F. , and Edwin J. Van Kley. 1993. *Asia in the Making of Europe*. Vol. 3, *A Century of Advance* ₂ bk. 1, *Trade, Missions, Literature* and bk. 4, *East Asia*. Chicago: University of Chicago Press.

Lagerwey, John. 1987. *Taoist Ritual in Chinese Society and History*. New York: Macmillan.

Landry-Deron, Isabelle. 2002. *La Preuve par la Chine. La "Description" de J. -B. Du Halde, jésuite, 1735*. Paris: Editions de l'EHESS.

Las Cortes, Adriano de. 1991. "Relación del viage, naufragio y captiverio que, con otras personas, padeció en Chaucao, reino de la gran China. . . . "In *P. Adriano de las Cortes(S. I.), Viaje de la China*, ed. Beatriz Moncó. Madrid: Alianza. Ms. in mss. Sloane 1005, British Library, London.

——. 2001. *Le voyage en Chine d'Adriano de las Cortes s. j. (1625)*. Trans. Pascale

Girard and Juliette Monbeig. Introd. by Pascale Girard. Paris: Editions Chandeigne.

Launay, Adrien. 1920. *Histoire des missions de Chine: Missions du Se-tchoan*. Paris: Téqui.

Laures, Johannes. 1941. *Japanische Ansprachen und Gebete aus einem alten Rituale gedruckt zu Nagasaki 1605: Text und deutsche Übersetzung*. Tokyo: Sophia Universität.

——. 1957. *Kirishitan Bunko: A Manual of Books and Documents on the Early Christian Mission in Japan*. Tokyo: Sophia University.

Lecomte[Le Comte], Louis. 1990. *Un jésuite à Pékin: Nouveaux mémoires sur l'état présent de la Chine 1687—1692*. Ed. Frédérique Touboul-Bouyeure. Paris: Phébus. Originally published as *Nouveaux mémoires sur l'état présent de la Chine*. Paris: Jean Annison, 1697.

——. [Lewis Le Comte]. 1737. *Memoirs and Remarks...Made in above Ten Years Travels through the Empire of China*. London: J. Hughs.

Legge, James. 1885. *The Li Ki*. F. Max Müller, *The Sacred Books of the East*, vol. 27. Oxford: Oxford University Press.

——, trans. 1991. *The Chinese Classics*. 5 vols. Repr. Taibei: SMC Publishing.

Liturgisch Woordenboek. 1958—1962. 2 vols. Roermond: Romen.

Liu, Kwang-Ching. 1990. "Introduction: Orthodoxy in Chinese Society." In *Orthodoxy in Late Imperial China*, ed. Kwang-Ching Liu. Berkeley: University of California Press.

[Liu Xie 刘勰] Liu Hsieh. 1959. *The Literary Mind and the Carving of Dragons*, trans. Vincent Yu-chung Shih. New York: Columbia University Press.

Lobo, Inácio. 1915. "Carta del P. Ignacio Lobo S. J. al Antonio de Santa María O. F. M. -Fo-Cheu-Fu: 19 de Septiembre de 1635." In *Archivum Franciscanum Historicum*, vol. 8, 584—85. Quaracchi-Florence: Collegium S. Bonaventurae.

Loomba, Ania. 1998. *Colonialism/Postcolonialism*. London/New York: Routledge.

López Gay, Jesús. 1964. "La 'liturgia de los difuntos' en la misión del Japón del siglo XVI." *Missionalia Hispanica* 21: 5—23.

——. 1970. *La liturgia en la misión del Japón del siglo XVI*. Rome: Univ. Gregoriana.

Lorenzo Pinar, Francisco Javier. 1991. *Muerte y ritual en la edad moderna*. Salamanca: Ediciones Universidad de Salamanca.

Lozada, Eriberto P. 2001. *God Aboveground: Catholic Church, Postsocialist State, and Transnational Processes in a Chinese Village*. Stanford: Stanford University Press.

Luzbetak, Louis J. 1963. *The Church and Cultures: An Applied Antropology for the Religious Worker*. Techny, IL: Divine Word Publishing

——. 1988. *The Church and Cultures: New Perspectives in Missiological Anthroplogy*. Maryknoll, NY: Orbis Books.

Maas, Otto. 1926. *Die Wiedereröffnung der Franziskanermission in China in der*

Neuzeit. Münster: Aschendorff.

Maher, Michael W. 2002. "Jesuits and Ritual in Early Modern Europe." In *Medieval and Early Modern Ritual: Formalized Behavior in Europe, China and Japan*, by Joëlle Rollo-Koster, 193—218. Leiden: Brill.

Mahieu, Wauthier de. 1991. "Begrafenisrituelen toegelicht vanuit de antropologie." *Tijdschrift voor Liturgie* 75:226—37.

Malatesta, Edward, and Gao Zhiyu, ed. 1995. *Departed, Yet Present: Zhalan, The Oldest Christian Cemetry in Beijing*. Macau: Instituto Cultural.

Manuale ad sacramenta Ecclesiae ministranda. D. Ludouici Cerqueira Japonensis Episcopi opera ad usum sui cleri ordinatum. 1605. Ed. Luís Cerqueira. Nangasaquij: In Collegio Japonico Societatis Iesu.

Marcus, Ivan G. 1996. *Rituals of Childhood: Jewish Acculturation in Medieval Europe*. New Haven, CT: Yale University Press.

Margiotti, Fortunato. 1958. *Il Cattolicismo nello Shansi dalle origini al 1738*. Rome: Edizioni 'Sinica Franciscana.'

——. 1961. "Congregazioni mariane della antica missione cinese." In *Das Laienapostolat in den Missionen*, ed. J. Specher and P. W. Bühlmann, 131—51. Festschrift J. Beckmann, NZM Supplement 10. Schöneck-Beckenried: NZM.

——. 1962—1963. "Congregazioni laiche gesuitiche della antica missione cinese." *Neue Zeitschrift für Missionswissenschaft* 18 (1962):255—74; 19 (1963):50—65.

Martini, Martino. 1658. *Sinicae historiae decas prima, res à gentis origine ad Christum natum in extrema Asia, sive Magno Sinarum Imperio gestas complexa*. Munich: J. Wagner.

——. 1981. *Novus Atlas Sinensis*. Trento: Museo Tridentino di Scienze Naturali. Reprint of first edition. Amsterdam: Blaeu, 1655.

Menegon, Eugenio. 2002. "Ancestors, Virgins and Friars: The Localization of Christianity in Late Imperial Mindong (Fujian, China), 1632—1863." Ph. D. diss., University of California, Berkeley.

Metzler, Josef. 1980. *Die Synoden in China, Japan und Korea 1570—1931*. Paderborn: Schöningh Verlag.

Mignolo, Walter D. 1995. *The Darker Side of the Renaissance: Literacy, Territoriality, and Colonization*. Ann Arbor: University of Michigan Press.

Mish, John L. 1964. "Creating an Image of Europe in China: Aleni's *Hsi-fang tawen*." *Monumenta Serica* 23:1—87.

Missale Romanum (ex Decreto Sacrosancti Concilii Tridentini restitutum). 1570. Repr. 1574. Antwerp: Ex officina Christophori Plantini.

Mungello, David E. 2001. *The Spirit and the Flesh in Shandong, 1650—1785*. Lanham: Rowman & Littlefied.

Naquin, Susan. 1988. "Funerals in North China: Uniformity and Variation." In Watson and Rawski, eds., *Death Ritual in Late Imperial and Modern China*, 37—70.

——. 2000. *Peking : Temples and City Life ,1400—1900.* Berkeley : University of California Press.

Nivison , David S. 1962. "Aspects of Traditional Chinese Biography. "*Journal of Asian Studies* 21 :457—63.

O'Daly , Gerard. 1999. *Augustine's City of God : A Reader's Guide.* Oxford : Clarendon Press.

Odell , Dawn. 2001. "The Soul of Transactions : Illustration and Johan Nieuhof's Travels in China. "*De zeventiende eeuw* 17(3) :225—42.

Oxfeld , Ellen. 2004. "'When You Drink Water , Think of Its Source' : Morality , Status , and Reinvention in Rural Chinese Funerals. "*The Journal of Asian Studies* 63(4) :960—90.

Palmeiro , André. 1629. "Ordens que o Padre Andre Palmeiro Visitador de Japão e Chine deixou a Viceprovincia da China vizitandoa no anno de 1629 aos 15 de Agosto. "ARSI Jap. Sin. 100 :20r—39v.

Pantoja , Diego de. 1605. *Relacion de la entrada de algunos Padres de la Compañia de Jesus en la China , particulares sucessos que tuvieron , y de cosas muy notables que vieron en el mismo Regno... Carta del Padre Diego de Pantoja , Religioso de la Compañia de Jesus , para el Padre Luys de Guzman Provincial en la Provincia de Toledo , su fecha en Paquin , corte del Rey de la China , a nueve de Março de mil y seiscientos y dos años.* Sevilla : Alonso Rodriguez Gamarra.

——. 1625. "A Letter of Father Diego de Panoia , one of the Company of Iesus , to Father Luys de Guzman , Provinciall in the Province of Toledo ; written in Paquin , which is the Court of the King of China , the ninth of March , the yeere 1602. "In *Hakluytus Posthumous or Purchas His Pilgrimes* , by Samuel Purchas , vol 3 , bk. 2 ,350—79. London : Fetherstone.

Pelliot , Paul. 1924. "La Brevis Relatio. "*T'oung Pao* 23 :355—72.

Pereira , Tomé. "Relação Breve da Morte e Emterramento do Padre Gabriel de Magalhães em Pekim. "Peking , 25 June 1677. Bibliotheca da Ajuda , Lisbon : Jesuítas na Ásia 49—V—17 :565r—569v.

Pfister , Louis. 1932—1934. *Notices biographiques et bibliographiques sur les Jésuites de l'ancienne mission de Chine , 1552—1773.* 2 vols. Shanghai : Imprimerie de la Mission. (中文版 : 费赖之著 , 耿昇译 :《在华耶稣会士列传及书目》,2 册 , 北京 : 中华书局 , 1995 ; 费赖之著 , 梅乘骐、梅乘骏译 :《明清间在华耶稣会士列传(1552—1773)》, 上海 : 天主教上海教区光启社 , 1997。)

Philippeau , H. R. 1956. "Origines et évolution des rites funéraires. "In *Le mystère de la mort et sa célébration* , 186—206. Lex orandi 12. Paris : Cerf.

——. 1957. "Pour un souhaitable ressourcement et complément du rituel de l'agonie et des funérailles. "*Ephemerides liturgicae* 71 :369—407.

Pih , Irene. 1979. *Le Père Gabriel de Magalhães : Un Jésuite portugais en Chine au XVIIe siècle.* Paris : Fundação Caluste Gulbenkian.

Plaks , Andrew , trans. 2003. *Ta Hsüeh and Chung Yung (The Highest Order of Cultivation and On the Practice of the Mean).* London : Penguin Books.

Pratt, Mary Louise. 1992. *Imperial Eyes: Travel Writing and Transculturation.* London/ New York: Routledge.

Purchas, Samuel. 1625. *Hakluytus Posthumus or Purchas his Pilgrimes, Contayning a History of the World, in Sea Voyages, & Lande Travells, by Englishmen & Others.* London: Fetherstone.

Pye, E. M. 1969. "The Transplantation of Religions. " *Numen* 16:234—39.

Rawski, Evelyn S. 1988a. "A Historian's Approach to Chinese Death Ritual. " In Watson and Rawski, eds. , *Death Ritual in Late Imperial and Modern China,* 20—34.

——. 1988b. "The Imperial Way of Death: Ming and Ch'ing Emperors and Death Ritual. "In Watson and Rawski, eds. , *Death Ritual in Late Imperial and Modern China,* 228—53.

——. 1998. *The Last Emperors: A Social History of Qing Imperial Institutions.* Berkeley: University of California Press.

Recüeil de Tombeaux Chinois. 18th century. BnF, Cabinet des estampes, Oe 27.

Reil, Sebald. 1970. "Neues zur Missionsgeschichte Shensis: Ein unbekannter Brief des P. Francisco Gayosso SJ. " *Zeitschrift für Missionswissenschaft und Religionswissenschaft* 54:1—13.

Reinders, Eric. 2004. *Borrowed Gods and Foreign Bodies: Christian Missionaries Imagine Chinese Religion.* Berkeley: University of California Press.

Ricciardolo, Gaetano. 2003. *Oriente e Occidente negli scritti di Matteo Ricci.* Napoli: Chirico.

Ripa, Matteo. 1939. *Memoirs of Father Ripa, During Thirteen Years' Residence at the Court of Peking in the Service of the Emperor of China.* Selected and trans. Fortunato Prandi. London: John Murray, 1855. Repr. Beijing.

Rituale Romanum(Pauli V. Pont. Max. Jussu Editum). 1614. Repr. 1617. Antwerp: Ex officina Plantiniana.

Romano, Antonella. 2004. "Observer, vénérer, servir: Une polémique jésuite autour du Tribunal des mathématiques de Pékin. " *Annales: Histoire, Sciences Sociales* 59 (4) :729—56.

Rowell, Geoffrey. 1977. *The Liturgy of the Christian Burial: An Introductory Survey of the Historical Development of Christian Burial Rites.* (Alcuin Club Collections 59) London: S. P. C. K.

Rubiés, Joan Pau. 1993. "New Worlds and Renaissance Ethnology. " *History and Anthropology* 6(2—3) :157—97.

——. 1995. "Christianity and Civilization in Sixteenth-Century Ethnological Discourse. "In *Shifting Cultures: Interaction and Discourse in the Expansion of Europe,* ed. Henriette Bugge and Joan Pau Rubiés, 35—60. Münster: Lit Verlag.

Ruland, Ludwig. 1901. *Die Geschichte der kirchlichen Leichenfeier.* Regensburg: G. J. Manz.

Ruland, Vernon. 1994. "The Inflated Catholic Difference. " *America,* June 4, 20—22.

Rule, Paul. 1986. *K'ung-tzu or Confucius? The Jesuit Interpretation of Confucianism.*

Sydney: Allen & Unwin.

Rutherford, Richard. 1970. *The Death of a Christian: The Rite of Funerals*. New York: Pueblo Publishing Compagny.

Schall〔von Bell〕, Johann Adam. 1942. Ed. and trans. Paul Bornet and Henri Bernard. *Lettres et mémoires d'Adam Schall S. J. : Relation historique. Texte latin avec traduction française*. Tianjin: Hautes Etudes. Originally published as *Historica Narratio de Initio et Progressu Missionis Societatis Jesu apud Chinenses, Praesertim in Regia Pequinensi*. Vienna: M. Cosmerovi, 1665.

Schipper, Kristofer. 1996. "Some Naive Questions about the Rites Controversy: A Project for Future Research." In *Western Humanistic Culture Presented to China by Jesuit Missionaries(XVII-XVIII centuries) : Proceedings of the Conference held in Rome, October 25—27, 1993*, ed. Federico Masini, 293—308. Rome: Institutum Historicum S. I.

Schwartz, Stuart B. 1994. "Introduction. " In *Implicit Understandings: Observing, Reporting, and Reflecting on the Encounters between Europeans and Other Peoples in the Early Modern Era*, ed. Stuart B. Schwartz. Cambridge: Cambridge University Press.

Scribner, Robert W. 1987. *Popular Culture and Popular Movements in Reformation Germany*. London: The Hambledon Press.

———. (Bob). 1997. "Historical Anthropology of Early Modern Europe. " In *Problems in the Historical Anthropology of Early Modern Europe*, ed. R. Po-Chia Hsia and R. W. Scribner, 11—34. Wiesbaden: Harrassowitz.

Semedo, Álvaro. 1655. *The History of the Great and Renowned Monarchy of China: Wherein all the Particular Provinces are Accurately Described: As Also the Dispositions, Manners, Learning, Lawes, Militia, Government, and Religion of the People, Together with the Traffick and Commodities of the Countrey*. London: E. Tylor.

———. 1996. *Histoire Universelle du Grand Royaume de la Chine*. Trans. and introd. Jean-Pierre Duteil. Paris: Kimé. Originally published as *Histoire universelle de la Chine*. Paris: Sébastien Cramoisy, 1645.

Shang, Wei. 2003. *Rulin waishi and Cultural Transformation in Late Imperial China*. Cambridge: Harvard University Asia Center.

Shih, Joseph. 1978. " Introduction. " In Ricci and Trigault, *Histoire de l'expédition chrétienne au royaume de la Chine(1582—1610)*, 11—59.

Smith, Jonathan Z. 1998. "Religion, Religions, Religious. " In *Critical Terms for Religious Studies*, ed. Mark C. Taylor, Chicago: University of Chicago Press.

Smith, Wilfred Cantwell. 1963. *The Meaning and End of Religion*. New York: Macmillan.

Song Yingxing(SungYing-hsing). 1966. *Chinese Technology in the Seventeenth Century: T'ien-kung k'ai-wu*. Trans. E-tu Zen Sun and Shiou-chuan Sun. University Park: The Pennsylvania State University Press. Repr. , Mineola: Dover, 1997.

Standaert, Nicolas. 1988. *Yang Tingyun, Confucian and Christian in Late Ming Chi-*

na:*His Life and Thought*. Sinica Leidensia 19,Leiden:Brill. (中文版:钟鸣旦:《杨廷筠:明末天主教儒者》,北京:社会科学文献出版社,2002。)

——. 1997. "New Trends in the Historiography of Christianity in China." *Catholic Historical Review* 83(4):573—613. (中文版:钟鸣旦著,马琳译:《基督教在华传播史研究的新趋势》,《国际汉学》1999 年第 4 期,第 477—520 页;《基督教文化学刊》1999 年第 2 期,第 243—285 页。)

——. 2001. "Christianity in Late Ming and Early Qing China as a Case of Cultural Transmission." In *China and Christianity*:*Burdened Past, Hopeful Future*, ed. Stephen Uhally, Jr. and Xiaoxin Wu, 81—116. London and New York: M. E. Sharpe.

——. 2002. *Methodology in View of Contact Between Cultures*:*The China Case in the 17th Century*. CSRCS Occasional Paper no. 11. Hong Kong:Centre for the Study of Religion and Chinese Society,Chung Chi College,The Chinese University of Hong Kong. (中文版:钟鸣旦著,刘贤译:《文化相遇的方法论:以 17 世纪中欧文化相遇为例》,《清史研究》2006 年第 4 期,第 65—86 页。)

Stary,Giovanni. 1998. "Mandschurische Inschriften und Zeugnisse zu Johann Adam Schall von Bell." In *Western Learning and Christianity in China*:*The Contribution and Impact of Johann Adam Schall von Bell*,*S. J.* (*1592—1666*),ed. Roman Malek, 155—89. Monumenta Serica Monograph Series 35 (1). Nettetal: Steyler Verlag.

Strocchia,Sharon T. 1992. *Death and Ritual in Renaissance Florence*. Baltimore:The John Hopkins University Press.

Stuart,Jan,and Evelyn S. Rawski. 2001. *Worshiping the Ancestors*:*Chinese Commemorative Portraits*. Washington and Stanford:Smithsonian Institution and Stanford University Press.

[Stumpf,Kilian],1705—1712. "Acta Pekinensia seu Ephemerides Historiales eorum,quæ Pekini acciderunt à 4.ª Decembris Anni 1705 1.ª adventûs III. mi et Exc. mi Dni. D. Caroli Thomæ Maillard de Tournon Pariarchæ Antiocheni Visitatoris Apostolici,cum potestate Legati de latere &c." ARSI Jap. Sin. 138.

Sutton,Donald S. 2007a. "Ritual,Cultural Standardization,and Orthopraxy in China: Reconsidering James L. Watson's Ideas." *Modern China* 33:3—21.

Sutton,Donald S. 2007b. "Death Rites and Chinese Culture:Standardization and Variation in Ming and Qing Times." *Modern China* 33:125—53.

Szonyi,Michael. 2002. *Practicing Kinship*:*Lineage and Descent in late Imperial China*. Stanford:Stanford University Press.

Tedlock,Barbara,and Dennis Tedlock. 1985. "Text and Textile:Language and Technology in the Arts of the Quiché Maya." *Journal of Anthropological Research* 41(2):121—46.

Tedlock,Dennis. 1979. "The Analogical Tradition and the Emergence of a Dialogical Anthropology." *Journal of Anthropological Research* 35(4):387—400.

Tedlock,Dennis,and Bruce Mannheim. 1995. *The Dialogic Emergence of Culture*. Urbana and Chicago:University of Illinois Press.

Teiser, Stephen F. 1994. *The Scripture on the Ten Kings and the Making of Purgatory in Medieval Chinese Buddhism.* Honolulu: Kuroda Institute/University of Hawai'i Press.

Thomas, Antoine. 1688. "Lettre du Pere Antoine Thomas, ecrite de Pekin, le huit Sept. 1688. "BnF,7485 n. a. F. :188—93.

Thompson, Stuart E. 1988. "Death, Food, and Fertility." In Watson and Rawski, eds. ,*Death Ritual in Late Imperial and Modern China*,71—108.

Thoraval, Joël. 1992. "Pourquoi les 'religions chinoises' ne peuvent-elles apparaître dans les statistiques occidentales?" *Perspectives chinoises* 1:37—44. Translated as "The Western Misconception of Chinese Religion: A Hong Kong Example." *China Perspectives* 3(1996):58—65. (中文版:杜瑞乐:《西方对中国宗教的误解:香港的个案》,《二十一世纪》29(1995),第137—148页)

Todorov, Tzvetan. 1979. "Bakhtine et l'altérité." *Poétique* 40 (November):502—13. Also published in *Mikhaïl Bakhtine, le principe dialogique*, by Tzvetan Todorov,145—71. Paris: Seuil, 1981. Translated by Wlad Godzich as "Philosophical Anthropology," in *Mikhail Bakhtin The Dialogical Principle*, by Tzvetan Todorov, trans. Wlad Godzich,94—112. Minneapolis: University of Minnesota Press.

——. 1982a. "Comprendre une culture: Du dehors/du dedans." *Extrême-Orient Extrême-Occident* 1:9—15.

——. 1982b. *La conquête de l'Amérique: La question de l'autre.* Paris: Seuil.

——. 1984. *Conquest of America: The Question of the Other.* Trans. Richard Howard. New York: Harper & Row.

——. 1989. *Nous et les autres: La réflexion française sur la diversité humaine.* Paris: Seuil. Translated by Catherine Porter as *On Human Diversity: Nationalism, Racism and Exoticism in French Thought.* Cambridge: Harvard University Press, 1993.

Tong, Chee-Kiong. 2004. *Chinese Death Rituals in Singapore.* London: Routledge Curzon.

Trigault, Nicolas, and Matteo Ricci. 1615. *De Christiana expeditione apud Sinas. Suscepta ab Societate Iesu. Ex P. Matthaei Ricij eiusdem Societatis commentarijs.* Augsburg: Christoph Mangium.

——. 1953. *China in the Sixteenth Century: The Journals of Matthew Ricci,1583—1610.* Trans. Louis J. Gallagher. New York: Random House.

——. 1978. *Histoire de l'expédition chrétienne au royaume de la Chine (1582—1610).* Paris: DDB/Bellarmin. Originally published as *Histoire de l'expedition chrestienne au royaume de la Chine entreprise par les PP. de la Compagnie de Iesus.* Trans. David de Riquebourg-Trigault. Lyon: Horace Cardon,1616. .

Tsuchiya, Franz-Xaver. 1963. "Das älteste bekannte Missions-Rituale: Nagasaki 1605." *Trierer Theologische Zeitschrift* 72:221—32.

Turner, Victor W. 1969. *The Ritual Process: Structure and Anti-Structure.* London: Routledge & Kegan Paul.

Van den Bulck, Jan. 1996. *Kijkbuiskennis: De rol van televisie in de sociale en cogni-*

tieve constructie van de realiteit. Leuven: Acco.

Vande Walle, Willy. 1994. "Ferdinand Verbiest and the Chinese Bureaucracy. " In *Ferdinand Verbiest(1623—1688)*, *Jesuit Missionary, Scientist, Engineer and Diplomat*, ed. John W. Witek, 495—515. Monumenta Serica Monograph Series 30. Nettetal: Steyler Verlag.

Van Engen, John. 1986. "The Christian Middle Ages as a Historiographical Problem. " *American Historical Review* 91(3) : 519—52.

Van Hée, Louis. 1931. "Les Jésuites Mandarins. " *Revue d'Histoire des Missions* 8 : 28—45.

Väth, Alfons. Repr. 1991. *Johann Adam Schall von Bell S. J.* : *Missionar in China, kaiserlicher Astronom und Ratgeber am Hofe von Peking, 1592—1666; Ein Lebens-und Zeitbild*. Monumenta Serica Monograph Series 25. Nettetal: Steyler Verlag.

Verhaeren, Hubert. 1939—1940. "Ordonnances de la Sainte Église 圣教规程. " *Monumenta Serica* 4 : 451—77.

——. 1949. *Catalogue de la Bibliothèque du Pé-T'ang*. Beijing: Imprimerie des Lazaristes; repr. 1969. Paris: Les Belles Lettres.

Vovelle, Michel. 1981. *Les intermédiaires culturels* : *Actes du Colloque du Centre Meridional d'Histoire Sociale, des Mentalités et des Cultures, 1978*. Aix-en-Provence: Université de Provence.

Waldenfels, Bernhard. 1995. "Response to the Others. " In *Encountering the Other* (*s*) : *Studies in Literature, History, and Culture*, ed. G. Brinker-Gabler, 35—44. Albany: SUNY.

Watson, James L. 1988a. "The Structure of Chinese Funerary Rites : Elementary Forms, Ritual Sequence, and the Primacy of Performance. " In Watson and Rawski, eds. , *Death Ritual in Late Imperial and Modern China*, 3—19.

——. 1988b. "Funeral Specialists in Cantonese Society : Pollution, Performance, and Social Hierarchy. " In Watson and Rawski, eds. , *Death Ritual in Late Imperial and Modern China*, 109—34.

Watson, James L. 2007. "Orthopraxy Revisited. " *Modern China* 33 : 154—158.

Watson, James L. , and Evelyn S. Rawski, eds. 1988. *Death Ritual in Late Imperial and Modern China*. Berkeley and Los Angeles: University of California Press.

Weinberg, Neil L. 2002. "Muzhi : The Transformation of a Ritual Genre. " Ph. D. Diss. , Harvard University.

Welch, Homes. 1967. *The Practice of Chinese Buddhism 1900—1950*. Cambridge: Harvard University Press.

Wieck, Roger S. 1988. Repr. 2001. *Time Sanctified* : *The Book of Hours in Medieval Art and Life*. New York: George Braziller.

——. 1998. *Painted Prayers* : *The Book of Hours in Medieval and Renaissance Art*. New York: George Braziller.

Wills, John. E. 1984. *Embassies and Illusions* : *Dutch and Portuguese Envoys to K'ang-hsi, 1666—1687*. Cambridge: Harvard University Press.

Wills, John E. Jr. 1993. "Maritime Asia, 1500—1800: The Interactive Emergence of European Domination." *American Historical Review* 98(1): 83—105.

——. 1994. "Brief Intersection: Changing Contexts and Prospects of the Chinese-Christian Encounter from Matteo Ricci to Ferdinand Verbiest." In *Ferdinand Verbiest(1623—1688)*, *Jesuit Missionary, Scientist, Engineer and Diplomat*, ed. John W. Witek, 383—94. Monumenta Serica Monograph Series 30. Nettetal: Steyler Verlag.

Witek, John W. 1982. *Controversial Ideas in China and in Europe: A Biography of Jean-François Foucquet, S. J. (1665—1741)*. Rome: Institutum Historicum S. I. (中文版: 魏若望著, 吴莉苇译:《耶稣会士傅圣泽神甫传: 索隐派思想在中国及欧洲》, 郑州: 大象出版社, 2006。)

——, ed. 1994. *Ferdinand Verbiest(1623—1688)*, *Jesuit Missionary, Scientist, Engineer and Diplomat*. Monumenta Serica Monograph Series 30. Nettetal: Steyler Verlag. (中文版: 魏若望编:《南怀仁(1623—1688): 传教士, 科学家, 工程师, 外交家》, 北京: 社会科学文献出版社, 2001。)

——. 1995. "Reporting to Rome: Some Major Events in the Christian Community in Peking, 1686—1687." In *Actes du VIIe colloque international de sinologie*, *Chantilly 1992: Échanges culturels et religieux entre la Chine et l'Occident*, 301—18. Variétés Sinologiques 83. Taibei: Ricci Institute.

Wolf, Arthur P. ed. 1974. *Religion and Ritual in Chinese Society*. Stanford: Stanford University Press.

Yang, C. K. 〔Qingkun〕. 1961. *Religion in Chinese Society: A Study of Contemporary Social Functions of Religion and Some of Their Historical Factors*. Berkeley: University of California Press. (中文版: 杨庆堃:《中国社会中的宗教: 宗教的现代社会功能与其历史因素之研究》, 上海: 上海人民出版社, 2007。)

Zhang, Xianqing. 2003. "An Examination of Giulio Aleni's Attitude to Fujian Folk Beliefs and his Influences." Trans. Esther Tyldesley. *China Study Journal* 18(1—2): 41—58.

Zürcher, Erik. 1990a. "The Jesuit Mission in Fujian in Late Ming Times: Levels of Response." In *Development and Decline of Fukien Province in the 17th and 18th Centuries*, ed. Edward B. Vermeer, 417—57. Leiden: Brill.

——. 1990b. "Bouddhisme et christianisme." In *Bouddhisme, christianisme et société chinoise*, 11—42. Paris: Conférences, essais et leçons du Collège de France Translated as "The Spread of Buddhism and Christianity in Imperial China: Spontaneous Diffusion Versus Guided Propagation." In *China and the West* (*Proceedings of the International Colloqium held in the Koninklijke Academie voor Wetenschappen, Letteren en Schone Kunsten van België, Brussels, November 23—25, 1987*), 9—18. Brussels: Paleis der Academiën, 1993.

——. 1993. "A Complement to Confucianism: Christianity and Orthodoxy in Late Imperial China." In *Norms and the State in China*, ed. Chun-Chieh Huang and Erik Zürcher, 71—92. Leiden: Brill. (中文版: 许理和:《文化传播中的形变》,《二十一世纪》第9辑(1992), 第107—115页。)

——. 1994. "Jesuit Accommodation and the Chinese Cultural Imperative." In *The Chinese Rites Controversy:Its History and Meaning*,ed. David E. Mungello,31—64. Monumenta Serica Monograph Series 33. Nettetal:Steyler Verlag.

——. 1997. "Confucian and Christian Religiosity in Late Ming China." *The Catholic Historical Review* 83(4):614—53.

——. 1999. "Christian Social Action in Late Ming Times:Wang Zheng and his 'Humanitarian Society.'" In *Linked Faiths:Essays on Chinese Religions and Traditional Culture in honour of Kristofer Schipper*,ed. Jan A. M. De Meyer and Peter M. Engelfriet,269—86. Sinica Leidensia 46. Leiden:Brill.

——. 2002. "In the Yellow Tiger's Den:Buglio and Magalhaes at the Court of Zhang Xianzhong,1644—1646." *Monumenta Serica* 50:355—74.

——. 2005. "Liu Jiugong and his *Meditations(Shensi lu)*." In *Encounters and Dialogues:Changing Perspectives on Chinese-Western Exchanges from the Sixteenth to Eighteenth Centuries*,ed. Wu Xiaoxin,71—92. Monumenta Serica Monograph Series 55. Sankt Augustin/Nettetal:Steyler Verlag.(中文版:许理和著:《李九功与〈慎思录〉》,收入卓新平编《相遇与对话:明末清初中西文化交流国际学术研讨会文集》,北京:北京文化出版社,2003,第72—95页。)

——,trans. 2007. *Kouduo richao:Li Jiubiao's Diary of Oral Admonitions,a Late Ming Christian Journal.* Monumenta Serica Monograph Series 61. Sankt Augustin/Nettetal:Steyler Verlag.

中文、日文部分

艾儒略(Aleni,Giulio):《西方答问》(1637),2卷,BAV,Borgia Cinese 324. 重印刷本收入 John L. Mish,"Creating an Image of Europe for China:Aleni's *Hsifang ta-wen*." *Monumenta Serica* 23(1964):4—30.

《安先生行述》(亦作《远西景明安先生行述》),(约1677),利类思(Lodovico Buglio)、南怀仁(Ferdinand Verbiest)编,ARSI Jap. Sin. III,23.5;II,165.3. 收入 CCT ARSI,vol. 12,323—34. 现代标点本收入XC,407—9.

陈东风:《耶稣会士墓碑人物志考》,北京:中国文联出版社,1999。

陈怀桢:《中国婚丧风俗之分析》,《社会学界》8(1934年6月号),第117—153页。

陈江:《明代中晚期的礼仪之变及其社会内涵:以江南地区为考察中心》,《史林》2006年第1期,第92—102页。

陈继儒:《陈眉公先生全集》(约1641),60卷。

陈确:《陈确集》,2册,北京:中华书局,1979。

陈戌国:《中国礼制史:元明清卷》,长沙:湖南教育出版社,2002。

《大明会典》(万历,1587),台北:新文丰出版公司,1976年重印。

《(大)明集礼》(1530),徐一夔等编,53卷,北京:内府刻本,收入《四库全书》第649—650册。

《大清会典》(康熙朝,1696),162卷,影印本,台北:文海出版社,1992。

《大清十朝圣训》,台北:文海出版社,1965。

《大清通礼》(1736),50卷,收入《四库全书》第655册。

戴震:《戴震集》,上海:上海古籍出版社,1980。

丁凌华:《中国丧服制度史》,上海:上海人民出版社,2000。

《读礼通考》(1696),徐乾学纂,120卷,收入《四库全书》第112—114册。

《铎书》(约1641),韩霖编,收入CCT ZKW,vol. 2,599—862.

冯建至:《婺源县溪头乡下呈村丧葬仪式考察报告》,《中国音乐学》2006年第1
期,第101—104页。

顾颉刚:《两个出殡的道子账》(1928—1929)收入《苏粤的婚丧》,第30—41页,台
北:福禄图书公司,1969。

《古今图书集成》(1726—1728),陈梦雷等编,北京:内府印本。上海:中华书局,
1934重印。

何彬:《江浙汉族丧葬文化》,北京:中央民族大学出版社,1995。

何淑宜:《明代士绅与通俗文化:以丧葬礼俗为例的考察》,台北:台湾师范大学历
史研究所,2000。

黄一农:《择日之争与康熙历狱》,《清华学报》21(2,1991),第1—34页,本文英译
本"Court Divination and Christianity in the K'ang-hsi Era."载 *Chinese Sci-
ence* 10(1991):1—20.

黄一农:《耶稣会士汤若望在华恩荣考》,《中国文化》7(1992),第160—170页。

黄一农:《从韩霖〈铎书〉试探明末天主教在山西的发展》,《清华学报》34(1),第
67—102页,2004。

黄一农:《〈铎书〉里上官方色彩的天主教乡约》,收入黄一农著《两头蛇:明末清
初的第一代天主教徒》,第253—285页,台北:清华大学出版社,2005。

《湖广通志》(1733),迈桂编,120卷,收入《四库全书》第531—534册。

《家礼》(1341),朱熹纂,《朱子成书》本。重印本收入 Patricia Buckley Ebrey,*Chu
Hsi's Family Rituals:A Twelfth-Century Chinese Manual for the Performance of
Cappings,Weddings,Funerals,and Ancestral Rites*,183—212. Princeton:Prince-
ton University Press,1991.

《家礼仪节》(又题《文公家礼仪节》,1474〔1518〕),丘濬纂,8卷,收入《四库全书
存目丛书》经部第114册,第430—636页。

《家礼仪节》(又题《文公家礼仪节》,1608),丘濬纂,8卷,杨廷筠重刊本,东京:内
阁文库。

《教要解略》(1615),王丰肃纂,ARSI Jap. Sin. I,57. 收入 CCT ARSI,vol. 1,117—
306.

《金瓶梅词话》(1617年序),笑笑生撰,《全本金瓶梅词话》重印本,香港:太平书
局,1993。

金尼阁(Nicolas Trigault)、利玛窦(Matteo Ricci)著,何高济、王遵仲、李申译:《利
玛窦中国札记》,桂林:广西师范大学出版社,2001。

今野春:《キリシタンの葬制:考古學的見地からの檢證》,《キリシタン文化研究
會會報》,123:1—52,2004。

康志杰:《上主的葡萄园:鄂西北磨盘山天主教社区研究(1634—2005)》,台北:辅
仁大学出版社,2006。

《康熙起居注》:北京:中华书局,1984。

《口铎日钞》(约1630—1640),李九标等纂,8卷,ARSI Jap. Sin. I,81. 收入 CCT ARSI,vol. 7,1—594.

梁其姿:《施善与教化:明清的慈善组织》,台北:联经出版事业公司,1997。

《礼部志稿》(1620),俞汝楫编,收入《四库全书》第597—598册。

《礼记》:《礼记逐字索引》本,《先秦两汉古籍逐字索引丛刊》,香港:商务印书馆,1992。

李九功:《证礼刍议》(未署年,1681年前),ARSI Jap. Sin. I,38/42,42/2c,and 40/8. 又收入 CCT ARSI,vol. 9,63—90;91—118.

《临丧出殡仪式》(早期抄本,文本A),Anon. ARSI Jap. Sin. II,169. 4. 收入 CCT ARSI,vol. 5,439—46.

《临丧出殡仪式》(晚期抄本,文本B),李安当、方济各(Francesco Saverio Filippucci)编,ARSI Jap. Sin. I,153. 收入 CCT ARSI,vol. 5,447—65.

刘勰著,周振甫注译《文心雕龙今译》,北京:中华书局,1998。

《利先生行述》(约1682),南怀仁(Ferdinand Verbiest)、闵明我(Claudio Filippo Grimaldi)、徐日昇(Tomé Pereira)纂,ARSI Jap. Sin. II,165. 1. 收入 CCT ARSI,vol. 12,335—40. 现代标点本收入 XC,409—10.

李孝悌:《十七世纪以来的士大夫与民众——研究回顾》,《新史学》4(4,1993),第97—139页,1993。

《励修一鉴》(约1639—1645),李九功纂,收入WXSB,vol. 1,411—529.

吕坤:《四礼翼》(1573年序),8卷,收入《四库全书存目丛书》经部第115册,第80—111页。

吕坤:《四礼疑》(1614年序),6卷,收入《四库全书存目丛书》经部第115册,第36—79页。

吕维祺:《四礼约言》(1624年序),4卷,收入《四库全书存目丛书》经部第115册,第112—122页。

毛奇龄:《丧礼吾说》(康熙刊本),10卷,收入《四库全书存目丛书》经部第87册,第646—735页。

毛奇龄:《三年服制考》(1697—1700),收入《丛书集成续编》第九卷(经部)第61—69页,上海:上海书店,1994。

蒙林:《满族及其先世丧葬习俗之流变》,《内蒙古社会科学》4(1997),第54—60页。

《明实录》,影印本,北京:中华书局,1987。

《弥撒经典》(*Missale Romanum, auctoritate Pauli V Pont. M., Sinice redditum*, 约1670),利类思(Lodovico Buglio)纂,北京。BAV,Borgia Cinese 352. 1—5.

南怀仁(Ferdinand Verbiest):《善恶报略说》(1670),ARSI Jap. Sin. I,〔38/42〕38/1. 2. 收入 CCT ARSI,vol. 5,509—30.

南怀仁:《天主教丧礼问答》(1682),ARSI Jap. Sin. I,〔38/42〕38/1. 1. 收入 CCT ARSI,vol. 5,495—508.

《农政全书》,徐光启纂辑,张国维鉴定,1639,60卷。

《辟妄》(亦作《辟释氏诸妄》,约1615),收入WXXB,vol. 2,621—51. 亦见 CCT ZKW,vol. 1,37—70.

《破邪集》(1640),徐昌治纂,8卷,日本1855年重刊本。

《钦定大清会典则例》(1768),180 卷,收入《四库全书》第 620—625 册。

《钦定礼部则例》(1844),台北:成文出版社,1966 年重印本。

《清稗类钞》,徐珂纂,9 卷,北京:中华书局,1996。

《清实录》,北京:中华书局,1985。

中国第一历史档案馆编:《清中前期西洋天主教在华活动档案史料》,4 册,北京:
中华书局,2004。

秦蕙田:《五礼通考》(1761),260 卷,收入《四库全书》第 135—142 册。

《仁会会规》(未署年,佚名),ARSI Jap. Sin. II,169. 1. 收入 CCT ARSI,vol. 12,
473—78.

《睿鉴录》(1735—1737),戴进贤(Ignatius Koegler)编,Rome:Biblioteca Casanat-
ense,Ms. 2104.

《三才图会》(1607),王圻编,106 卷,6 册,台北:成文出版社,1970。

《丧礼哀论》(未署年,佚名),ARSI Jap. Sin. I,〔38/42〕40/9c. 收入 CCT ARSI,
vol. 11,269—78.

《丧葬仪式》(早期抄本,文本 C),李安当、方济各(Francesco Saverio Filippucci)
编,ARSI Jap. Sin. I,164. 收入 CCT ARSI,vol. 5,467—79.

《丧葬仪式》(晚期抄本,文本 D),李安当、方济各(Francesco Saverio Filippucci)
编,ARSI Jap. Sin. I,164a. 收入 CCT ARSI,vol. 5,481—91.

曾德昭(Alarvo Semedo)著,何高济译,李申校:《大中国志》,上海:上海古籍出版
社,1998。

《善终瘳苶礼典》(1675 年后),利类思编,BAV,Borgia Cinese 324(9).

《善终助功规例》(1638 年前),伏若望(João Fróis)编,ARSI Jap. Sin. I,186. 收入
CCT ARSI,vol. 5,333—438.

《圣教规程》(未署年,佚名),北堂图书馆手稿,重印本,见 Hubert Verhaeren,"Or-
donnances de la Sainte Église." *Monumenta Serica* 4(1939—1940):469—77.

《圣经直解》(1636—1642),阳玛诺(Manuel Dias)纂,14 卷,收入 WXSB,vols. 4—
6,1553—3106.

《圣母会规》(1673 年前),洪度贞(Humbert Augery)纂,ARSI Jap. Sin. I,173. 2a.
收入 CCT ARSI,vol. 12,439—62.

《圣母会规》(未署年,佚名),ARSI Jap. Sin. II,169. 3. 收入 CCT ARSI,vol. 12,
489—94.

《圣事礼典》(*Manuale ad Sacramenta ministranda iuxta ritum S. Rom. Ecc. Sinice
redditum*,1675),利类思(Lodovico Buglio)编,北京。ARSI Jap. Sin. I,161 and
161a. 收入 CCT ARSI,vol. 11,205—598.

《司铎课典》(*Breviarium Romanum Sinice redditum*,1674),利类思(Lodovico Bu-
glio)编,北京。BnF,Chinois 7388—7389.

宋应星:《天工开物》(1637),3 卷,武进:陶氏涉园,1929 年重印本。

塔娜:《满族传统丧葬习俗》,《满族研究》1(1994),第 48—52 页。

万建中:《中国历代葬礼》,北京:北京图书馆出版社,1998。

《万历起居注》,北京:北京大学出版社,1988。

王徵:《仁会约》(1634),BnF,Chinois 7348.

《熙朝定案》(版本 1),收入 WX,71—224.

《熙朝定案》(版本 2),收入 WXXB,vol. 3,1701—1804.

《熙朝定案》(版本 3),BnF,Chinois 1329ii.

《熙朝定案》(版本 4),BnF,Chinois 1330ii.

小岛毅:《明代礼学的特点》,张文朝译,收入林庆彰、蒋秋华编《明代经学国际研讨会论文集》,第 393—409 页,台北:"中研院文哲所",1996。

谢肇淛:《五杂俎》,2 卷,北京:中华书局,1959。

徐福全:《台湾民间传统丧葬仪节研究》,博士学位论文,台湾师范大学,1984。

徐吉军:《中国丧葬史》,南昌:江西高校出版社,1998。

《荀子》:《荀子逐字索引》本,《先秦两汉古籍逐字索引丛刊》,香港:商务印书馆,1996。

《杨淇园先生(性超)事迹》,(未署年,约 1630),丁志麟、艾儒略编,收入 CCT ZKW,vol. 1,217—37。

严谟:《李师条问》(约 1694),ARSI Jap. Sin. I〔38/42〕40/2. 收入 CCT ARSI,vol. 11,115—216.

《仪礼》:《仪礼逐字索引》本,《先秦两汉古籍逐字索引丛刊》,香港:商务印书馆,1992。

《已亡者日课经》(约 1675 年后),利类思编,北京,BnF,Chinois 7397.

张捷夫:《中国丧葬史》,台北:文津出版社,1995。

张寿安:《十七世纪中国儒学思想与大众文化间的冲突——以丧葬礼俗为例的探讨》,《汉学研究 》11(2,1993),第 69—80 页。

张象燦:《家礼合教录》(未署年,约 1680 年代),ARSI Jap. Sin. I,(38/42)40/9d. 收入 CCT ARSI,vol. 11,279—304.

张先清:《官府、宗族与天主教:17—19 世纪福安乡村教会》,香港:香港中文大学出版社,2007。

张先清:《清代禁教期天主教经卷在民间社会的流传》,收于张先清编《史料与视界:中文文献与中国基督教史研究》,第 84—142 页,上海:人民出版社,2007。

《正教奉褒》,黄伯禄编,上海:慈母堂,1894。

郑小江:《中国死亡文化大观》,南昌:百花洲文艺出版社,1995。

《中国日用类书集成》,东京:汲古书院,1999。

图书在版编目(CIP)数据

礼仪的交织：明末清初中欧文化交流中的丧葬礼 /
(比)钟鸣旦著;张佳译. —上海：上海古籍出版社，
2019.11
（复旦文史丛刊）
ISBN 978-7-5325-9356-9

Ⅰ.①礼… Ⅱ.①钟… ②张… Ⅲ.①罗马公教-葬
俗-风俗习惯-研究-中国-明清时代 Ⅳ.①B979.2

中国版本图书馆 CIP 数据核字(2019)第 213776 号

复旦文史丛刊

礼仪的交织

——明末清初中欧文化交流中的丧葬礼

[比] 钟鸣旦 著

张 佳 译

上海古籍出版社出版、发行

（上海瑞金二路 272 号 邮政编码 200020）

(1) 网址：www.guji.com.cn

(2) E-mail：guji1@guji.com.cn

(3) 易文网网址：www.ewen.co

常熟市新骅印刷有限公司印刷

开本 635×965 1/16 印张 18.75 插页 5 字数 260,000
2019 年 11 月第 1 版 2019 年 11 月第 1 次印刷
印数：1—1,500
ISBN 978-7-5325-9356-9

K · 2706 定价：85.00 元
如有质量问题,请与承印公司联系

復旦文史 丛刊（精装版）